興亡の世界史

シルクロードと唐帝国

森安孝夫

講談社学術文庫

目次

シルクロードと唐帝国

バイカル湖
アルタイ山脈
セレンゲ河
ウランバートル
大興安嶺
モンゴル
ウルムチ
脈
山
トゥルファン
クチャ
ゴビ砂漠
敦煌
酒泉
北京
タクラマカン砂漠
ソウル
ータン
ータン)
武威
青海湖
黄河
蘭州
黄海
崑崙山脈
洛陽
西安
揚州
長江
杭州
チベット高原
中華人民共和国
ラサ
ヒマラヤ山脈
ネパール
ブータン
ガンジス河
バングラデシュ
ミャンマー
ベトナム
ラオス
唐の一時的な最大勢力圏
主要なシルクロード
ベンガル湾
タイ
※地形、国境線、国名、都市名は現在のもの
600
400
200
AD
BC
200
400
突厥
ローマ帝国
ペルシア帝国
後漢
前漢
古墳
弥生
縄文
日本

唐の最大勢力圏とシルクロード

本図は唐帝国の最大勢力圏を示すもので、領土ではない。一時的な最大領土は184〜185頁に掲げたが、チベットはそのどちらにも含まれたことがない（チベット帝国の最大領土は365頁を参照）。

シルクロードは、単なる東西交易路ではなく、東西南北を結ぶネットワークだった。交易を担ったオアシスの民・ソグド人は、中国本土内にも進出、また軍事力を誇る北の遊牧民とも結び、外交・軍事・文化面にも多大な力を発揮した。

地図・図版作成
ジェイ・マップ
さくら工芸社

興亡の世界史

シルクロードと唐帝国

序章　本当の「自虐史観」とは何か

本書のめざすところ

シルクロードと唐帝国に惹かれる日本人

日本人の多くはシルクロードという言葉に惹《ひ》かれ、唐《とう》帝国に憧《あこが》れ、両者を重ねてロマンチックな幻想を抱きがちであるが、それはどうしてだろうか。多分、その鍵は仏教にある。日本に仏教が伝来したのは六世紀中葉であるが、本格的な仏教文化の輸入は七世紀からの唐前半期である。唐都・長安《ちょうあん》はユーラシア大陸を貫くシルクロードの東のターミナルとされてきたが、日本人はそれを勝手に博多・大阪・奈良・京都にまで延ばして解釈してきた。そしてそれは、あながち間違っていないどころか、日本文化の源流の一つを、歴史に関心の薄い人々にさえ認識させる役割を果たしてきたのである。

「日本」という国名が成立したちょうどそのころの我が国は、仏教文化によって唐と結びついたのであり、その唐はシルクロードによって仏教文化の栄えた西域《さいいき》・インドと結びついていた。当時の日本民族形成期の昂揚感《こうようかん》と仏教に対する好印象が、千数百年の時を越えて現代日本人の遺伝子のなかに受け継がれているのである。もちろんそこには、西域《せいいき》からインドへ仏教の原典を求める旅をした三蔵法師《さんぞう》のイメージが重なる。奈良時代以来、仏教は日本人にとって最も親しみのある宗教となっていった。さらに、明治以来の学問の発達と普及により、今や正倉院御物《しょうそういんぎょぶつ》と聞けば誰でも条件反射的にシルクロードやガンダーラを連想するようになった。

インドから漢《かん》代の中国に伝来した仏教は南北朝時代にようやく根付き、隋唐《ずいとう》において北朝仏教と南朝仏教が融合し、唐代には玄奘《げんじょう》・義浄《ぎじょう》に代表される教学仏教や善導《ぜんどう》によって大成された浄土教の隆盛、さらに不空《ふくう》に代表される密教が加わり、歴代皇帝による保護・尊崇と相《あい》俟《ま》って、唐は中国仏教の黄金時代となった。それゆえ唐を仏教王国、唐都・長安を仏教都市といっても決して過言ではない。

唐代の人口は約五〇〇〇万、仏教僧侶はお上の認可を受けない私度《しど》僧を含めれば少なくとも五〇万は超えていたと思われるから、一〇〇人に一人が仏僧であったことになる。長安では正式の仏教僧尼数が二万以上あったことはほぼ確実とされているから、長安の人口を一〇〇万とみても、僧尼の割合は五〇人に一人以上となる。ところが近現代の中国人や欧米人に唐が仏教王国だったという印象が薄れているのは、宋代以降、とりわけ明代以降に編纂された大型の漢籍叢書類に見られる傾向として、仏教・仏教文化に関する史料が、遊牧文化や少数民族に関する情報と並んで意図的に排除ないし無視されていったからである。しかるに仏教が現代にまで生き残った日本に住む我々が唐帝国に抱く印象は、やはり仏教とは切っても切り離せない。

唐王朝は、高祖《こうそ》・李淵《りえん》によって建国された六一八年から朱全忠《しゅぜんちゅう》によって滅ぼされる九〇七年まで、約三〇〇年続いたが、名実ともに帝国の名にふさわしい偉容を保ったのは、六三〇年の東突厥《とっくつ》《とっけつ》滅亡・併合から七五五年の安史《あんし》の乱《らん》勃発までである。安史の乱後、唐は甘粛《かんしゅく》省以西を失っただけでなく、中国本土内にも多数の地方政権（藩鎮《はんちん》）の半独立を許し、それまでとはまったく別の小さな国になるのである。文学史では唐代を初唐《しょとう》（建国〜八世紀初頭）、盛唐《せいとう》（玄宗《げんそう》時代〜安史の乱終息後の七六五年）、中唐《ちゅうとう》（七六六〜八三五年）、晩唐《ばんとう》（八三六〜九〇七年）の四期に分けるが、政治史では太宗《たいそう》の「貞観《じょうがん》の治《ち》」を含む初唐と玄宗の「開元《かいげん》の治」を含む盛唐を併せた前期と、中唐・晩唐を併せた後期とに二分する方がよい。帝国の絶頂期は盛唐と思われがちであるが、均田制《きんでんせい》・府兵《ふへい》制・租庸調《そようちょう》制に代表される律令《りつりょう》体制が発展・完成したのは初唐であり、玄宗時代にはすでにその崩壊が始まっている。安史の乱はそれにとどめを刺しただけである。とはいえ文化的繁栄は後期にまで及び、学術・文学の分野では後世に残る名著が次々に生み出されただけでなく、文学ジャンルが多様化し、木版印刷術も普及し始める。

唐は中国史の中で最も国際性・開放性に富んだ王朝であり、しかも中国文化自体も最高潮に達する輝かしい時代を築いた。七〜八世紀の唐は名実ともに世界一の帝国であり、その世界主義《コスモポリタニズム》は、国内諸都市における外国人居留地《コロニー》の存在、外国人使節・留学生・商人・芸人の遍在、外交・商業ルートによる外国文物《ぶんぶつ》の洪水のような流入、芸術・文化における西域趣味、道教・儒教に対抗した普遍宗教である仏教、さらに三夷教といわれた摩尼《マニ》教・景《けい》教・祆《けん》教、等々によって特徴づけられる。これらはいずれもとらずシルクロードと密接に関わっている。

学問的にみれば本当は元《げん》朝すなわちモンゴル帝国時代こそが真に世界的な帝国を形成したのであり、しかも日本は仏教文化の面でも元朝からは唐に劣らぬ大きな恩恵を被《こうむ》ったのであるが、「蒙古《もうこ》襲来」という負のイメージが強すぎて、普通の日本人はこの時代をあまり好きではない。また漢《かん》代や三国魏《さんごくぎ》はあまりに遠く、宋《そう》・明《みん》は中華主義的すぎるし、清《しん》朝は大国であったにもかかわらず、日清戦争に勝利したために憧れの対象からははずれてしまう。

『古事記』の時代から明治維新まで、漢文は長らく日本の公用語であった。飛鳥《あすか》・奈良・平安・鎌倉・室町・江戸時代と、我が国のお役人や知識人たちは正式な書写言語として漢文ないしは日本語混じりの変体《へんたい》漢文を使ってきたのであり、その間に大量の漢語がそのまま日本語に入って、定着した。今の日本語の中から漢語を取り去ったら、まともな文章は書けない。片仮名《カタカナ》や平仮名《ひらがな》さえも漢字を改良して作られたものに過ぎない。つまり日本の文字文化は、近世以前は徹頭徹尾《てっとうてつび》、中国の御陰《おかげ》を被ってきたといっても過言ではない。しかるに明治維新以後、日本の政治家・官僚・経済人・文化人の目は欧米を向き、とりわけ第二次世界大戦後は、芸術・娯楽の分野を通じて一般大衆にいたるまでこぞってアメリカ合衆国になびくようになった。

かつての日本にとって中国は、現在のアメリカ合衆国以上の圧倒的存在であった。戦後六〇年を経て、今や日本の政府首脳や高級官僚が、日米同盟こそ日本外交の基本方針であると公言してはばからない外交不毛の情けない時代とはいえ、選択肢としてはヨーロッパもあればアジアもある。しかし飛鳥・奈良時代から平安時代前期の日本にとって大唐帝国は、いわば唯一無二《ゆいいつむに》の絶対的存在であった。百済《くだら》・新羅《しらぎ》や渤海《ぼっかい》があったとはいえ、それらはいずれも漢字と律令制と仏教文化を受け継いだ東アジア文明圏の兄弟のようなものであって、父であり母であり師匠であったのはひとえに唐であった。

現代日本人の欧米コンプレックス

資本主義・自由主義を標榜《ひょうぼう》するアメリカが現代文明の最先端にいるからといって、そのアメリカがつい一〇〇年前まで西欧より進んでいなかったことを知らないインテリはどこにもいないだろう。欧米中心の現代文明といっても、実はそのルーツのほとんどが西欧であることを、普通の知識人なら誰でも知っている。しかし、その西欧がそれより数百年前には軍事力も経済力も、そして文化力もアジアより劣っていたことは、アジアの先進国を自負する日本でも、ほとんど認識されていない。

ユーラシア大陸の地図を見てみると、近現代の世界と価値観をリードしたアルプス以北の西欧諸国はこの地図の西北の端に位置するのみであり、どちらかといえば寒冷な気候帯に属することが一目瞭然である。つまり小麦・大麦・粟《あわ》などに依拠するエジプト、メソポタミア、インダス、黄河のいわゆる四大農耕文明圏をつなぐラインよりかなり北側にある（五四頁の地図参照）。

機械化以前の時代には人間それ自身が最良の道具であり、人口増加がなければ文明は発達しない。人口増加の基盤は豊富な食糧である。食糧生産の基本である農業技術の水準は、西欧ではようやく一八世紀になって、中国では北魏《ほくぎ》時代の六世紀に成立した農業指南書『斉民《せいみん》要術』と同じになったとさえいわれる。安価な食糧を大量に、しかも一年中安定して供給するには、穀物やイモ類という保存のきく食糧を大規模に生産している農耕地帯の存在、もしくはそこから容易に輸送できる手段のいずれかが不可欠である。

鉄道やトラックなど内陸の大量輸送機関が発達する以前のアルプス以北の西欧に、そのような条件が備わっていたとはとてもいえない。実際、イギリスに産業革命をもたらした大量の労働者たちの食糧は、新大陸から入ってきて寒冷地や荒地にも適応したジャガイモやトウモロコシによって支えられたといわれる。そのように貧しかった西欧が古代から世界の中心であったはずはない。にもかかわらず現代日本人の多くがそのような錯覚に陥っているのはなぜだろう。

答えは簡単である。それは我々の先輩たちが明治維新後に留学生や御雇《おやと》い外国人を通じて欧米の文明を丸ごと受け入れ、技術や工業製品のみならず、その思想・文学・芸術など文化全般の摂取や模倣に腐心《ふしん》してきたからである。大学の理工系学部ではもちろん、文科系学部でさえ西洋学中心に講じられてきた。今でも一般の大学で学ばれる西洋語は英語を筆頭にドイツ語・フランス語・ロシア語、総合大学ではさらにイタリア語・スペイン語、時には西欧の文語としてのラテン語・ギリシア語まであるのに、東洋語は長らく中国語・漢文のみであった。韓流ブームに乗って韓国語が加わってきたのはごく最近のことである。法学部にはローマ法やゲルマン法などヨーロッパ法の専門家はいても、中国や日本の律令の専門家は旧帝国大学においてさえ必ずしもいるとは限らない。経済学部ではマルクス経済学かそれに対する近代経済学など。このような我が国の大学における西洋学偏重の結果が、古代から現代まで一貫して西欧が世界の中心であったという日本人一般にみられる錯覚を招いたのである。

現代の日本人の多くは、欧米人に対しては劣等感を持ち、アジア人に対しては優越感を持っている。これは明治維新以後に西洋から入ってきた西欧中心史観（一般的には西洋中心史観という）が、「脱亜入欧論」を唱えた福沢諭吉のような明治の啓蒙《けいもう》家たちや、中学・高校の歴史教科書によって喧伝《けんでん》された上に、日清戦争での勝利と台湾領有、日露戦争での勝利と日韓併合、そして第二次世界大戦での敗北という歴史的事件が重なって生み出された「負《ふ》の遺産」である。

進んだアジア、遅れたヨーロッパ

しかしながら、千年、二千年の単位でユーラシア全体の歴史を眺めている我々東洋史学者の目から見れば、この劣等感・優越感はいずれも不当かつ不要なものである。紙・羅針盤《らしんばん》・印刷術・火薬・銃火器（鉄砲・大砲）のどれひとつとってもヨーロッパで発明されたものはない。ヨーロッパの中でもフランス・イギリス・オランダ・ドイツに代表される西欧というのは、ユーラシア大陸の東の辺境に位置する朝鮮・日本の対極にある西の辺境である。つまりいわゆる「四大文明圏」からみれば「ど田舎」であり、いつもアジア本土から一方的に多大の恩恵を受け、時に強大なプレッシャーを被《こうむ》る受け身の立場にあったのである。

一方、南欧のギリシア・イタリア・スペイン、そして東欧を含む西洋全体で見ても、キリスト教は西アジアから伝播《でんぱ》し、ゲルマン民族大移動は中央アジアからのフン族の西進によって誘発された。次いでイスラムの勃興によってカール大帝（シャルル＝マーニュ）のフランク王国が変貌し、十字軍運動によってはじめて西洋は「キリスト教民族」として自己アイデンティティを確立したが、モンゴル帝国の登場によって激動に見舞われ、その後にようやく南欧のイタリアからルネサンス運動が興るのである。一三世紀後半にアジアを旅したマルコ＝ポーロには、ヨーロッパがアジアより勝《まさ》っているなどという思い込みや自惚《うぬぼ》れなど生まれるはずもなかった。オスマン帝国によるコンスタンティノープル占領、すなわちビザンツ帝国（東ローマ帝国）の滅亡によって西洋中世が終わったといわれるのは一四五三年のことである。

日本人や東洋人には、西欧は古典古代の昔から人類文化の中心であったと単純に信じ込んでいる人が多い。しかし、近代以後の状況をそのまま過去に投影するのは大きな間違いである。例えば、八〜九世紀におけるユーラシア大陸の東端と西端の文化状況を比べてみよう。花の都パリという言葉があるが、当時にあって真に花の都の名に値するのは唐の長安である。長安には本屋があって賑《にぎ》わっていたが、それは紙がどこにでも豊富にあり、軽くて安価な書籍が提供されたからである。科挙《かきょ》という試験制度があって受験用に書物の需要が伸びたこと、まだ毛筆の時代ではあるが木版印刷術も発明されて日用性の高い暦書・家庭医学書・道徳書や字書・韻書・唐詩、さらには仏典の印刷が始まっていたこと、商業が発達しており、大都市が多数あってその中に大量の識字層が形成されていたことなども、唐に本屋という商売が成立し得た大きな要因である。

かたやフランク王国に代表される当時の西欧はまだ羊皮紙《ようひし》の時代であり、書物は重くて扱いにくく、しかも高価であった。その上、カール大帝は遊牧国家のリーダーにも似て始終《しじゅう》国内を巡回しており、フランク王国にはついに首都と呼べるものは現れなかった。パリにはわずか二万〜三万の人口しかなかったのであるから、本屋など成り立つはずもない。軽くて安い紙が中国から中央アジアのサマルカンドに伝播したのが八世紀、アラブ世界に普及するのが九〜一〇世紀、南欧イタリアに出現するのはようやく一二世紀であり、西欧ではもっと遅れるのである。本屋であればある程度以上の数量の在庫が必須であり、高価でしかも重くてかさばる羊皮紙の書物を、いつ売れるあてもなく保管しておくのは無理である。西洋では書物などというものは、ごく一部の王侯貴族とキリスト教聖職者の周囲にしかなかったのである。西洋において書物が「世俗化」して需要が増大するのは、大学というギルド的学問所の揺籃《ようらん》期に当たる一三世紀からであり、本格化するのはグーテンベルクによって活字印刷術が改良（発明ではない）された一五世紀からなのである。印刷術の普及には安くて大量の紙がいる。本屋の有無が文化水準のバロメーターであることは、古今東西変わるまい。

ルネサンスといえば我が国では芸術の方が有名かもしれないが、その本質はギリシア・ローマの古典の復興である。これらの古典は古代地中海世界の南欧から直接近代西欧に受け継がれたわけではない。それを伝えたのは、ローマからは野蛮人の代名詞とみなされたゲルマン人の支配する中世西欧世界であるはずはなく、実は西アジア～北アフリカのイスラム世界と東欧のギリシア正教世界だったのである。

日本人がアジアに対して優越感を持つようになるのが明治期以降の武力進出後であるのと同様に、ヨーロッパ人がアジア人に対して優越感を持つようになるのも、どんなに早くても一八世紀からの武力進出以後にすぎない。オスマン帝国・サファービー朝・ムガール帝国・大清帝国というでいずれもモンゴル帝国の衣鉢《いはつ》を継ぐ大国が並び立っていた一七世紀まで、経済力においても軍事力においてもヨーロッパとくに西欧がアジアを凌駕《りょうが》したことは一度たりともなかったのである。アジアとヨーロッパの勢力が本当に逆転し始めるのは、オスマン帝国が神聖ローマ帝国を脅かす第二次ウィーン包囲に失敗した一六八三年以後のことである。

「国民史」から「グローバル世界史」へ

歴史とは自然に、あるいは単純に発展するものではない。歴史とは人間がつくり出すものである。近代西洋がつくり出した「国民国家（nation-state）」という概念も、人類文化の一つの帰結にすぎず、国民国家の枠組みを固めるために、次いでその枠組みを守るために生み出されたものが、一国史とか国民史であった。中華世界では王朝の正統性を主張するための史観が二〇〇〇年の伝統を持っているのに対し、一九世紀の西洋においては、歴史学が国民的な学問として形成され、歴史家は国民のアイデンティティを作るのに貢献し、学校の歴史教育は国民に共属意識を植え付け、国家の安定をまず第一とする権力システムに正当性を与えるために利用された。

同じく一九世紀に生まれた唯物《ゆいぶつ》史観は、それとはまったく立場を異にするものであり、二〇世紀世界においては極めて大きな影響力を持ったが、それも東西ドイツ統合とソ連崩壊を目《ま》の当たりにした今ではすっかり色褪《あ》せた。ドイツのマルクスやエンゲルスに始まる唯物史観とは別に、フランスのアナール学派に由来する社会史も二〇世紀の西洋史学界ではそれなりの流行を見せたが、日本では日本史・東洋史を含む歴史学界全体の潮流とはなり得なかった。

二〇世紀の末から二一世紀初頭にかけて、マルクス史観崩壊による一種の揺り戻し現象として、再び一国史や国民の歴史というレベルに逆戻りする向きもあるが、それはどちらかといえば政治的な動きであり、学問的には取るに足りない。今や新しい歴史学の方向としては、比較史とか関係史という視点を踏まえた「グローバル世界史」が叫ばれている。

歴史学の意義

近代ヨーロッパより一〇〇〇年も早く、科挙という実力主義で「民主的な」高級官吏登用試験を採用したのは中国である。伝統中国では多くの場合、読書人と政治家・官僚は表裏一体であった。両者をつないだのが科挙である。唐代の文人・詩人（今でいう文科系の学者・

知識人）にして科挙を目指さなかった者は、仏教や道教の僧侶を除いては、ほぼ皆無に近かった。初唐の張説《ちょうえつ》・陳子昂《ちんすごう》、盛唐の杜甫《とほ》・王維《おうい》・孟浩然《もうこうねん》、中唐の白楽天《はくらくてん》（白居易《はくきょい》）・元稹《げんしん》・韓愈《かんゆ》・柳宗元《りゅうそうげん》、晩唐の杜牧《とぼく》・李商隠《りしょういん》・韋荘《いそう》など、皆そうである。詩仙と呼ばれて超俗の感ある李白《りはく》でさえ、一再ならず官途に就こうとして任官活動をし、玄宗に仕えたことがあるのである。

科挙受験のために必要だったのは儒学である。儒教精神に基づく儒学は実際の政治経済を重視したという点でまさしく「実学」であったのに対し、仏教・道教の学問はむしろ「虚学」である。現代において法学部・経済学部の学問が実学と呼ばれるのに対し、文学部の学問は往々にして虚学と呼ばれる。それはそれで結構であり、歴史学者である私は、金儲けと無縁の虚学に誇りを持っている。しかし、歴史学は本当に虚学なのだろうか。決してそうではあるまい。

歴史学は人類にとって役に立つ学問であろうか。私は役に立つと断言する。医学がどれだけ進歩しようと、病気をしない人には役立たない。だからといって、医学が不要であると考える人はいまい。学問とはそういうものである。どんなに些細な事実の発見であれ、それが人類の「知の地平」を切り拓くものである以上は、おおいに役に立つのである。まして歴史学は事実の発見のみに留まっているわけではない。

杜甫は安史の乱前後の歴史状況を詳細に詩に詠《よ》んだ「詩史」を残し、白楽天は諷喩詩《ふうゆし》を作る目的を文学のためではなく政治のためであると明言した。いずれもそこに歴史的な教養・

学問に支えられた社会批判の目がある。現代においても、政治家・官僚・外交官並びにそれを監視するジャーナリスト、さらには明確な未来へのヴィジョンが必須とされる財界人や企業の経営者に、歴史を振り返る教養が求められる。それと同時に、彼らを見守りつつ世論を形成していく広い範囲の一般読書人の水準向上もまた大事である。新聞・テレビなどのマスコミ報道の裏に、歴史の流れを感じ取り、人類を破滅に導く虚偽や不正の言動を見抜くセンスの涵養《かんよう》こそが、日本の未来を切り開く鍵となるはずである。

本書の枠組みと目的

唐が中央アジアのトゥルファン盆地にあった麴氏高昌国《きくしこうしょうこく》を併呑《へいどん》して西域支配の道を開いた六四〇年から、安史の乱が勃発する七五五年までが、唐がシルクロード東部を直接押さえ、東西南北の文物の移動と人的交流がとりわけ活発に行なわれた時代である。この時代を中心に、日本は唐から実に多くのものを学んだ。それゆえ日本は、いわば必然的に長安・洛陽など唐の大都市を通じて、シルクロードとも密接に繫《つな》がったのである。シルクロードと唐帝国は、日本史の一部であるといっても過言ではない。受験エリートではなく、真に知的な国際人たらんとするこれからの若者と、それを育成する高校の歴史教員には、それくらいの見識が欲しい。

さて本書の読者としてまず第一に期待しているのは、高校の世界史・日本史・現代社会などの教員である。その理由はもはや自明であろう。すでに社会に出て諸分野で活躍している日本人の基本的な歴史知識は、ほとんどが高校時代の歴史教育ないし大学受験勉強に依存しているのである。私は一般向けの書物を執筆するのは今回が初めてであるが、大学受験界の世界史教育とは院生時代から長らく接点を持ってきた。予備校で教えたり、高校へ講演会に出かけたり、つい最近では、大阪大学二一世紀COEプログラム「インターフェイスの人文学」の一環として、全国高校歴史教員研修会を主宰したりもした。そういう経験を通じて、日本の歴史教育のネックは、高校の社会科教員であるという確信にいたっている。この方々の歴史意識が劇的に変わらなければ、日本の明治以来の欧米依存体質は今後も変わるまい。人は歴史に学ぶことは可能である。しかし教科書や、そのもとになる指導要領がまちがっていたのでは、大部分の高校社会科教員も含めて、研究者以外の一般の人にはどうしようもない。まちがった高校教科書にとって代わるものが、早急に提供されるべきである。本シリーズは、その一環となることを目指しているはずである。

本書の大きなねらいは、これまで幾度となく語られてきたシルクロードと唐帝国に関わる歴史を、西欧中心史観とも中華主義思想とも異なる中央ユーラシアからの視点で、わかりやすく記述することにある。いいかえれば、遊牧騎馬民集団とシルクロードの両者を内包する中央ユーラシア史の側からユーラシア世界史を、すなわち前近代の世界史を見直すのである。前近代とは近代以前と同義であるが、西洋史と我々のユーラシア世界史とでは見方が異なり、二世紀程度の時代差がある。西洋中心主義（ユーロ＝セントリスム）や中華主義（シノ＝セントリスム）は大きな意味で民族主義であるから、世界史認識からこれらを排することは、民族主義的な歴史の「捏造《ねつぞう》」に対して警鐘を鳴らすことでもある。

本書の具体的な叙述の主眼は、①シルクロード史と表裏一体のソグド人東方発展史、②唐建国史とその前後における突厥《とっくつ》の動向、③安史の乱による唐の変容とウイグルの活動、の三点にある。突厥とウイグルはともにモンゴリアに生まれ、中央ユーラシア東部に展開していくトルコ系遊牧民集団である。本書はこの三本柱に沿ってほぼ時代順に展開するが、①は②や③の時代にも連続するので、ソグド人は②③でも随所に顔を出すことになる。唐代の西域趣味に言及し、胡姫《こき》とその由来について奴隷貿易という視点を導入して詳しく論じるのもその一環である。また唐が真の意味で世界帝国であったのは安史の乱までの前半期だけであるから、叙述の重心も必然的にその時期に偏る。

これまでの概説書において蓄積されてきた、漢代から唐代までの東西文化交流についての興味深い事実や、シルクロードと遊牧騎馬民族との密接な関係の歴史を、すべて繰り返すことはしない。なぜなら、その点は今や古典的名著となった羽田亨『西域文明史概論・西域文化史』（合冊復刻）・石田幹之助『増訂　長安の春』・松田壽男『東西文化の交流』以来、シルクロードないし東西交渉史に関わる多数の概説書において繰り返されているからである。本書はそれらとは一線を画すため、むしろ私自身が研究の中心となって学界に発表し、世界の東洋史学界でほぼ定説化してきたが、まだ江湖《こうこ》の読書界ではほとんど知られていない史実の紹介に重点を置く。そのために原史料を多く取り上げる方針である。

本書の最大にして最終の目標は、西洋中心主義的歴史観からの脱却と見方の大転換を、江湖の読書人と未来の日本を支える学生諸君に促すこと、この一点にある。そのために、この序章は文明論的な色彩を帯びており、人類史全般に関わる大きな問題を取り上げている。しかし第一章からは、それらを念頭に置きつつも叙述は具体的となるので、シルクロード世界史における新たな事実の発見と、その面白さをじゅうぶん堪能《たんのう》していただけることであろう。

人種・民族・国民に根拠はあるか

人種に優劣はない

本書の舞台は多人種・多民族・多言語・多文化・多宗教の世界である。文明の衝突、宗教戦争、多国間ないし二国間戦争、一国内の民族紛争などは、アメリカ合衆国を中心とするグローバル化が進行する現代においても、極めて深刻な問題である。グローバル化とは国家の枠を取り払うということである。アメリカ合衆国自身が、多人種・多民族・多言語・多文化・多宗教の世界であり、そこにひそむさまざまな問題は、そのままグローバルな問題になっているだけでなく、交通・通信が日進月歩するにつれ、ますますそうなっていくことは火を見るより明らかである。それゆえ先ずここでは、国家と密接不可分の国民とは何か、その国民の構成要素となる民族とは何かを考えてみたい。民族とは決して太古から存在する自明のものではない。

現在の地球上に生息する人類はホモ＝サピエンス（新人、現生人類）ただ一種のみだそうである。かつて我々は、世界にはコーカソイド（白色人種、ユーロペオイドともいう）・モンゴロイド（黄色人種）・ニグロイド（黒色人種）の三大人種がいる、あるいはモンゴロイドからオーストラロイドを区別する四大人種説もある、と教わった。そしてこれらにはそれぞれ別の祖先がいて、つきつめれば別の類人猿がいて、進化してきたのだと思いこんだ。しかるにミトコンドリアDNAを駆使する現代の遺伝子人類学によって、現代の人類の祖先はみな、約二〇万年前にアフリカにおいて原人から進化した一人の新人「イヴ」に行き着《つ》くというのである（イヴ仮説）。その子孫がアフリカを出て、世界中に拡散し、先住の原人を駆逐《ちく》していったらしい。つまり、「人類は皆《みな》兄弟」というのは、理想でも言葉遊びでもなく、本当だったというわけである。

となれば、はじめから肌色の違う人種ありきではない。むしろアフリカから世界中に拡散した人類が、各地でその後の環境の違いによって肌の色や髪の毛を含む体質に変化を生じていったとみなさざるをえない。しかも、農業発明以前の石器時代には人類にまだ定住という文化はなく、人間集団は常に移動しているのであるから、人間集団の離合集散も頻繁に起こったはずである。その後、農業が発明されて歴史時代に入り、国家が生み出されてからも、人間集団の離合集散と混血は繰り返された。そのような人類大移動の結果としての近代の人類の分布を、身体的特徴を主にしつつも、言語と文化なども斟酌《しんしゃく》して、互いに近い集団ごとに括《くく》っていったところ、三つの大集団に分かれたので、それぞれをモンゴロイド・コーカソイド・ニグロイドと名付けたというのが実状なのである。

人種（レイス、race）は生物学上の亜種か変種に相当し、優劣はない。したがって人種差別（レイシズム、racism）に人類学的根拠はなく、それは単に心の問題ということになる。

民族と国民は近代の産物

このような人種（race）としばしば混同されるのが、民族と国民である。この両者も、人種と同じく近代になってから出現した概念である。「国民」とは一つの国家の内部に含まれる人々の集団であるから、それに対応する欧米語は、例えば英語のネーション（nation）になるが、民族にはそのようにうまく対応する語がない。実は「民族」というのは、明治維新後の日本人の造語であって、英語で対応語を探すとすれば、先ほどのネーション（nation）の外、ピープル（people）とかエスニック＝グループ（ethnic group）があり、さらにはレイス（race）の場合さえあるのである。このように「民族」の定義は決して一筋縄ではいかないが、大方の認知を得ているところでは、①まず言語を同じくし、②しかも風俗・習慣や歴史（神話も含む）を共有し、③さらに同じ民族に属しているという「民族意識」を持つ人々の集団である。内面的な宗教や外面的な身体的特徴は、一致する場合も多いが、往々にして一致しないこともある点に注意しなければならない。

民族の第一の特徴は言語の共有ということであるが、それがしばしば混乱を引き起こす元凶ともなる。なぜなら、言語はたった一世代で交替することが可能だからである。言語は遺伝するものではなく後天的に獲得するものであるから、簡単に変わるのである。アメリカに移民した日系人でも二世・三世になればもはや日本語は話さず英語をしゃべっている。もし第二次世界大戦後にアメリカ進駐軍のマッカーサー司令部が、戦後の日本の教育は英語でやれと命じていたならば、我々は今頃英語をしゃべっていたに違いない。現在のアメリカ合衆国では白人も黒人も黄色人種も英語をしゃべっている。つまり人種と言語は関係ないのである。とすれば言語に基づく民族の分類がいかに不安定なものか、想像がつこう。

以上のように見てくると、先ほどの①②③を短くして、民族とは「言語をはじめとする広い意味での文化を共有する人々の集団」と定義しても、実際にはさまざまな不都合が生じてくる。しかし、それを承知のうえでなお、我々は大きな歴史の流れを捉えようとする時、「民族」という概念を便宜的に使わざるを得ないのである。

トルコ民族の場合

本書の内容に深く関わる「トルコ民族」を例に挙げよう。トルコ民族とは、唐代から現代にいたる歴史的・言語的状況を勘案して、方言差はあっても非常に近似しているトルコ系の言語を話していたに違いないと思われる突厥《とっくつ》・鉄勒《てつろく》・ウイグル・カルルク・バスミル・沙陀《さだ》族などをひと括りにした呼称である。なお、最近の学界ではトルコとせずにテュルクとかチュルクとする表記もよく見られるが、本書ではトルコで統一する。

このトルコ民族の場合、唐代まではほとんどが黒髪・直毛・黒目のモンゴロイドであったが、唐代の終わり頃モンゴリアに本拠のあったウイグル帝国（東ウイグル可汗《カガン》国、以下では東ウイグルとも略称）が崩壊すると、ウイグル族をはじめとするモンゴロイドのトルコ民族がモンゴリア〜アルタイ地方から大移動して天山《てんざん》山脈一帯からタリム盆地全体を支配するようになった。その結果、そこにいた先住のコーカソイドの印欧《いんおう》語族（インド＝ヨーロッパ語族）は何世代か後にはトルコ語化し、全体が「トルキスタン」、すなわちペルシア語で「トルコ人の国、トルコ語を話す人々の土地」となった。この時、トルコ語民族はけっして先住の印欧語族を皆殺しにしたわけではない。全体が「トルコ語を話す人の国」になっただけであり、その状態が現代にまで続くのである。つまり言語はやすやすと人種の壁を越えたのである。それ以後、一口にトルコ民族といっても、その中には黒髪・直毛・黒目もいれば茶髪・巻き毛・碧眼、さらにその混血などさまざまな外見の人が入り交じっているのである。さらにトルコ民族が中央アジアから西アジアにまで進出し、まずセルジューク朝を、次いでオスマン朝を建てた暁《あかつき》には、コーカソイド系トルコ人の割合が増えるだけでなく、縮れ毛・黒い肌のニグロイド系トルコ人まで出現するようになるのである。これが史実である。

しかし歴史学としての問題は別にある。というのは、以上のトルコ人たちがすべて自分をトルコ民族と意識していたとは限らないからである。いや、実際にはしていなかった。卑近な例を挙げれば、江戸初期の越後《えちご》の人と土佐《とさ》の人と薩摩《さつま》の人に、自分たちは同じ日本民族だという意識はあったのだろうか。はなはだ疑問である。つまり上記の民族の定義に戻れば、③の条件は認定がきわめて困難なのである。

唐代と現代の「ウイグル」

ここで、本書に頻出する唐代のウイグル民族と、現代中国の新疆《しんきょう》ウイグル自治区のウイグルとの関係について述べておきたい。実は古い時代のウイグルが民族集団として活躍するのは唐帝国からモンゴル帝国（元朝）の時代までであり、それ以後ウイグルの名前はいったん消滅する。ウイグルの流れを汲むが、モンゴル時代以降徐々にイスラム化していった東トルキスタン東部のトルコ人たち、並びにそれより早くカラハン朝治下にイスラム化した東トルキスタン西部のトルコ人たちは、オアシス都市群ごとに自己認識し、トゥルファン人とかクチャ人とかカシュガル人というふうに出身地に応じてばらばらに呼ばれるようになる。それが二〇世紀前半になって東トルキスタンの政治的統一の必要に迫られた時、かつて栄光に包まれていたウイグルの名前を全体名称として採用するのである。そうした新ウイグルには、旧カラハン朝治下のカシュガル人・コータン人までも含まれ、後者がイスラム教徒（ムスリム）であったため誤解が増幅されたのであるが、本来の古代ウイグル人には一人もイスラム教徒はいなかった。彼らの宗教はモンゴル草原で遊牧をしていた時代はシャーマニズムとマニ教であり、天山地方に民族

ウイグル人の女性ダンサー　トゥルファンで。ウイグル人は帝国崩壊後、この地に移住した。著者撮影

移動して百年以上経て農耕・都市生活に馴染むと共に仏教への改宗が顕著となり、モンゴル帝国時代にはほとんどのウイグル人が仏教徒で一部にネストリウス派キリスト教徒が混じっていた程度である。

言語についていえば、唐～元代の古ウイグル語と近現代の新ウイグル語とは、基本的に同じトルコ語である。文法に大きな変化はない。しかし文字はすっかり変わり、また語彙《ごい》も相当に変わっている。つまりイスラム化以後はアラブ゠ペルシア系の文字と語彙が流入し、さらに清朝以後は大量の漢語が借用された。

このように民族というのも、人種と同じく近代人が机上で作り上げた概念にすぎず、前近代人が自分たちをどう意識していたかとは関係がない。一人種が言語を異にして多数の民族に分かれるだけでなく、トルコ民族のように、一民族が複数の人種からなることも往々にしてあるのである。とりわけ我々日本人が注意せねばならないのは、ユーラシア大陸の大部分は過去も現在も多言語世界であるという点である。一般民衆の間でも、バイリンガル（二言語話者）はなんら珍しいことではなく、商業従事者や通訳の場合にはトリリンガル（三言語話者）、ポリグロット（多言語話者）さえいくらでもいた。他の情報が極端に少ない前近代史の研究の際に、我々はどうしても言語だけで民族を決めたり、国家と民族を同一視したり、現代の枠組みを過去に投影しがちであるが、それには細心の注意が必要なのである。

現在の人類の起源をたどれば皆アフリカに行き着くのであるから、純粋の民族とか純粋の文化などというものは、世界史上に存在したことがない。人種と同じく民族も、すべてが混成の産物であり、世界中の民族は多かれ少なかれ人類共通の文化遺産を受け継いで今日にいたった歴史的所産である。人種でさえ長大なタイムスパン（時間枠）の中で徐々に形成された後天的なものであったのだが、民族はそれより遥かに短いタイムスパンで形成されたものであって、これからもどんどん変化していく。このように民族とは「生《なま》もの」なのである。

国民と民族の意図的混同

人種・民族と並んで概念上の混乱を招く要因になっている言葉として、すでに前項でも使っている国民（nation）がある。あくまで一応であるが、人種を生物学的分類、民族を文化的分類とすれば、国民は政治的分類である。国民とは一つの国家（state）の成員を指す。国家には必ず支配者層がおり、領土もある。国家の支配者層は、国民のためなどではなく自分たちの利益と繁栄のために、その国家の安泰を願い、国家構成員の同胞意識を高める政策や装置作りに腐心するものである。たまたま近代西欧で生み出されたその一つが、一国家内は一民族であるという国民国家のフィクションである。実際には、一民族一国家、一国家一民族といえるような模範的な実例は地球上に存在したことがない（一般人の目には日本がその例外に見えよう）。一民族が複数の国家に分かれ、一国家に複数の民族がいるのが歴史の実態であり、現実なのである。

歴史上に現れたやや大きめの国家はすべて、少なくとも創建時には多文化・多民族国家であった。それが何世代か継続すると、それがあたかも一民族のようになっていったり、現代の目から一民族に見えるようになるのである。民族とはその程度の流動的なものなのであって、神代《かみよ》の昔から変化しないものではない。しかるに日本という島国の特殊事情は、近代西欧で生み出された一民族一国家、一国家一民族というフィクションを利用するには最適であった。先ほど、江戸初期の越後の人と土佐の人と薩摩の人に、自分たちは同じ日本民族だという意識はあったのだろうかという疑問を投げかけたが、飛鳥・奈良時代の日本列島に住んでいた東北の蝦夷《えみし》と奈良の人々と大陸からの渡来人と九州の隼人《はやと》に、同じ日本人だという意識があったはずはなかろう。しかし明治政府は、これらがはなからひとつの日本民族になるものと決めつけたのである。

国家支配者層が意図的に国民を民族と読み替えていくだけでなく、民衆のなかでも多数派の間ではなんの抵抗感もなく、民族と国民が混同されるようになっていく例は、近現代史において少なくない。その時に鍵となるのは、またしても言語である。明治維新以後、日本国民にすぎないものを日本民族と読み替えさせるべく、朝鮮民族や台湾人などに日本語を強要したことがあり、失敗した。また旧ソ連では、ロシア語を各民族の自治共和国にまで強要した。今は中華人民共和国民にすぎないものを中華民族と読み替えて、あたかも文化的にさえ一体であるかのような連帯感をもたせつつ、政治的に利用しようとしている。

漢民族の実体

ただ中国の場合はいささか事情が違うのは、言語といっても口語ではなく文語、つまり書き言葉による統一への指向である。中国は歴史上常に多民族国家であったのに、いつも異民族は「漢人《かんじん》に同化」したとか「漢化《かんか》」したと多数派である漢民族が主張してきたのは、共通の文語すなわち漢文があったからである。

現代でいえば、漢民族はもとより、新疆のウイグル族もチベット高原のチベット族も内モンゴルのモンゴル族も広西のチュワン族もみな漢語（中国語）の読み書きができるようになっているから、「中華民族多元一体論」などというのが出現する。多元の中の中華というのは、結局は漢民族中心の中華思想であり、これまた国民国家をめざした近代主義的虚構にすぎないのである。チベット人は現代において中国人ではあるが、中華民族ではない。本当は互いに通じ合わない口語をしゃべっているにもかかわらず、強制的な文語の統一によって中華民族という一民族を創造するという無理をしなくても、中国は多民族国家だと宣言する現行憲法の精神にのっとりさえすれば、政治的になんの問題もなかろう。

中国人というのはあくまで中国国民であって漢民族とは別のはずである。しかもその漢民族でさえ一筋縄ではない。漢民族という呼称は漢帝国に由来するが、前漢《ぜんかん》・後漢《ごかん》時代の漢文化に北の遊牧文化、西方の仏教文化・イラン文化などが混じり合って唐文化が成立した。その背景には当然ながら五胡十六国《ごこじゅうろっこく》時代の大民族移動をはじめとする異民族（現代中国で言う少数民族）や異国人の大量流入があった。このように「漢文化」と「唐文化」は別物なのであるから、唐代の漢民族も正しくは「唐民族」というべきであるが、そこは話がややこしくなるので、本書でも普通の表現を踏襲する。そして唐代の漢民族・漢文化は遼《りょう》・金《きん》朝で再び変わり、モンゴル民族と色目人《しきもくじん》が入り込んだ元朝でもっと変わった。そして最後は満洲《まんしゅう》族の清朝の登場である。現在の漢民族の民族衣装の典型であるチャイナドレスというのは、満洲人の服装であって、漢代とも唐代ともなんの関係もない。現代中国語の標準語となっている北京《ペキン》語も、清朝の支配者となった満洲人たちが話した中国語である。中国史は決して漢民族史ではない。

断っておくが、私は中国を政治的に混乱させようとする分裂主義者ではない。しかしゲルマン民族大移動期が大分裂の時代であると同時に大融合の時代であり、後のヨーロッパ諸民族形成に大きなきっかけを与えたのと同様、五胡十六国時代も大分裂と同時に大融合の時代であって、新たな漢民族の形成期であった。そのような大分裂と大融合をその後も何度か繰り返して、今の漢民族があるという事実を、客観的に述べているだけである。

中世以降の西洋史は、古代のギリシア・ローマ人からは野蛮視されていた北方のゲルマン人が切り拓いたように、五胡十六国時代以降の中国史は漢民族からは野蛮視されていた北方の異民族が切り拓いたのである。そしてギリシア・ローマ人とゲルマン人が融合し、さらに後にアヴァール・ブルガール・ハザール・スラブ・マジャールなどとも混交して新しい西洋人が誕生していくように、漢族と五胡（三～五世紀の華北で活動した匈奴《きょうど》・鮮卑《せんぴ》・氐《てい》・羌《きょう》・羯《けつ》に代表される遊牧系少数民族の総称）が融合した上に突厥《とっくつ》・鉄勒《てつろく》・吐谷渾《とよくこん》・沙陀《さだ》・党項《とうこう》《タングート》・奚《けい》・契丹《きったん》・韃靼《だったん》《タタール》・女真《じょしん》・モンゴル・満洲族とも順次混交していくことによって新しい中国人が生まれていくのである。西洋人が多種であるように、中国人も多種であって、西洋民族な

ぎない。どというものがいないように中華民族も存在しない。漢民族はあくまで中国人の多数派にす

勝者の論理

今はまだアメリカ民族はいない。人種的にはもちろん、言語も宗教も文化も多様だからである。しかしながら、支配者層は同胞意識を植え付けようと躍起になっており、国旗と国歌がその統合の象徴になっている。オリンピックもうまく利用されている。あと一〇〇年もすれば、宗教の統一だけは無理でも、言語は英語になり、同じ風俗・習慣を持ち、同じ国内に住むということで、アメリカ民族が出現していてもおかしくないのである。そうすれば、今はまだアメリカ国民にすぎないアメリカ人が、アメリカ民族に化けるのである。我々が過去において知っている民族の多くは、多かれ少なかれ似たようなプロセスで登場したのである。

書かれた歴史は常に勝者の歴史である。一八世紀以後の世界史は西洋中心史観で記述され、中国史では中華主義がまかり通ってきたし、各国史はいつも多数派民族史である。政治的に圧力をかけ続けることによって、風俗・習慣や歴史（神話）を共有し、同胞意識を持たせるようなことは、古今東西において繰り返されてきたのであり、これからも繰り返されていくであろう。その意味では、明治以来の日本民族神代起源説から現代の西尾幹二『国民の歴史』（産経新聞ニュースサービス／扶桑社、一九九九年）並びに「新しい歴史教科書をつ

くる会」に代表される民族史観も、中国の中華民族多元一体論も、アメリカ合衆国の国家主義も同列なのである。

気をつけねばならないのは、その時々に勝者の論理によって作り出された枠組みとか概念、あるいはそれを表示する名称が市民権を得てしまった以上、現代の歴史学でもそれを踏襲せざるをえない点である。歴史を書き、歴史を読む者は、専門家であると否とにかかわらず、ここに落とし穴があることを、常に頭の片隅に置いておかなければならない。我々も学問上の便宜として、「民族」という術語を多用せざるをえないが、上述の定義、すなわち、①言語を同じくし、②風俗・習慣や歴史（神話も含む）を共有し、③同じ民族に属しているという「民族意識」を持つ、という三つの条件が満たされるのは現代史ないしはせいぜい近代史の領域だけである。前項でも述べたように、前近代史における「民族」では③の条件は必ずしも満たされないのである。逆に②の風俗・習慣の方に、宗教が含まれることが往々にしてある。このような学術用語としての「民族」の、ある種の意識された虚構性を許容しつつも、政治的に利用される時のあからさまに意図的な虚構性とは区別してもらいたい。

人種と民族と国民のあいだには、意図的混同と無意識的混同がある。先に人種差別の意味で言及したレイシズム（racism）は、民族主義とも訳されるのである。また政治的・軍事的・経済的に拡大したい時は国民の方が優先され、逆になると文化的に独立したくなって民族が優先される。その矛盾に、現代のあらゆる民族紛争が胚胎《はいたい》する。また民族主義者や国家主義者は、政敵を貶《おとし》めようとするときにはしばしば「売国奴《ばいこくど》」という言葉を発して、相手を威嚇《いかく》する。

真の愛国者とは

第二次大戦中に駐日フランス大使であった詩人のポール＝クローデルは、「私が絶対に滅亡するのを望まない民族がある。それは日本人だ。これほど興味ある古代からの文明を持っている民族を私は知らない」と言ったそうである。移民国家で歴史のきわめて浅い米国人は、やたらと星条旗を振り回して連帯感を高めているが、常日頃は西欧人に強いコンプレックスを抱いている。その西欧人の代表たるフランス人の、なかでも最高の知識人が、日本人・日本文化を羨《うらや》んでいるのである。日本人は大いに自分の歴史を誇っていいし、私も日本人であることを誇りに思っている。オリンピックやワールドカップの時は喜んで日の丸を振り、「君が代」だって違和感はない。私は誰にもまけない愛国者のつもりである。しかし、学校教育の場で国旗・国歌を強制するのには嫌悪感を覚える。なぜならそこには国家権力が顔を覗《のぞ》かせているからである。

権力の本質は暴力（軍事力）と経済力であり、当然ながら権力者とは傲慢なものである。国家権力とて例外ではない。国家の支配者層というものは、自己の政治的・経済的利益を保護するために「国益」という言葉を振り回し、自分たちに従わない勢力を「売国奴」呼ばわりしがちなのである。そのために、現代では教育やマスコミも動員される。しかしながら、長大な人類の歴史を顧みずに、また世界史の中における日本人の位置を知らずして、近視眼的に愛国心を煽るような教育やマスコミ報道の姿勢が、真に日本人のためになるはずがない。

日本の平和憲法は確かにアメリカの都合で作られた。しかしそこには人類の理想がある。私とてアメリカ・ロシアの軍事力や中国・朝鮮の核武装を含む軍備増強には脅威を覚えている。しかしだからといって防衛という名で「戦争のできる普通の国」を目指すというのでは、人類史を後ろ向きに歩むだけである。沖縄や広島・長崎を思い、平和憲法に共感を抱く人々を「平和ボケ」と揶揄《やゆ》しているのは、もはや自分や家族が徴兵制にひっかかる恐れがない地位を築いたか、軍需産業によって大きな儲けが期待できる人々である。防衛だろうが侵略だろうが戦争は経済行為なのであり、結局は「お金儲けのどこが悪いんですか」とうそぶく資本主義の申し子的連中が戦争をしたがるのである。そういう輩《やから》が口にする「国益」「国際貢献」とか「国家の品格」などという言葉ほどいかがわしいものはない。

歴史を学ぶ究極の意義は、人種にも民族にも言語にも思想にも何一つ純粋なものなどなく、すべては混じり合って形成されてきた歴史的産物であるから、そこにはいかなる優劣も差別もないということを、明確に認識することである。愛国者を自任するならば、人類史の中ではごく最近になって初めて国境を持つようになった国家というものの本質を考え抜き、国境を含めて国家という枠組みをどうするかという今後の人類最大の課題に真剣に取り組んでもらいたい。仏陀の教えの根幹には「諸行無常《しょぎょうむじょう》」があり、その無常とは「すべては変化する」という意味である。人種も民族も無常だということを知ったならば、真の仏教徒が人種差別や民族主義に陥ったりすることはありえまい。

西洋中心史観の打倒

近代西欧文明の優越と限界

宗教の桎梏《しっこく》から人間を解放したのが「近代」である。古代から中世まで、すなわち前近代の人類は長らく雷・暴風・洪水・地震・津波・疫病などの自然災害を神の摂理とみなして恐れてきた。しかし錬金術・魔術が化学・物理学に変わって合理的な自然科学が発達したことによって、自然災害は神の摂理ではなくなり、天動説も地動説に取って代わられた。そして科学文明と技術の発達に支えられた資本主義は、あらゆる数値が右肩上がりに伸びていくことを「進歩」とし、「善」として絶対視するようになる。そこに潜む陥穽《かんせい》にいちはやく気付いた者たちが、一九世紀に共産主義を生み出した。共産主義はアンチ資本主義であり、理想の人間革命をめざす壮大な試みであったが、人間は理論通りには動かなかった。共産主義が二〇世紀末にガラガラと音を立てて崩壊したことによって、資本主義の波はもはや止めようもなく世界を席巻しつつある。

資本主義の前提は民主主義であり、民主主義の基本は自由・平等・人権・多数決原理・法治主義のはずである。自由競争や機会均等や多数決というといかにも「民主的」で聞こえはいいが、数値が右肩上がりに伸びていくならば何をしてもいいことになり、環境を無視した開発至上主義を生み出した。そして貧富の差や社会的不平等は個人間だけでなく民族間、国家間においても拡大し、一部の者にだけ富をもたらす科学技術の進歩は、近代西欧による植民地支配から現代の果てしない環境破壊までの連鎖を、世界規模で引き起こすようになったのである。

二〇世紀のアジア・アフリカにおける「近代化」は「西欧化」であり、資本主義・民主主義化であった。確かにしばらく前までは、これらはその属性である自由・平等・基本的人権などと共に、キリスト教西欧世界が完成して全人類に贈った普遍的価値観と見なされてきた。また産業革命以来の科学文明の進歩は常に「正義」であって、西欧的価値観を世界中に推し進めることは絶対的に正しいと信じられてきた。

しかし今や二一世紀のエネルギー問題や人口問題が、さらには戦争放棄の平和主義の理想が、キリスト教西欧世界が生み出した資本主義・民主主義・自由主義だけで解決・実現できないことは誰の目にも明らかである。「自由《フリー》」さえもが金科玉条ではなくなり、経済界においては「自由《フリー》」はむしろ「公正《フェア》」に対立するマイナス概念にさえなりつつあるが、この点は今後、学問や思想の世界でも再検討を迫られるであろう。その際、我々は予言者ではないのであるから、なるだけ過去の歴史に学ぶしかないのである。いうまでもなく、その歴史は能《あた》う限り客観的で公平な立場から書かれたものでなくてはならない。

理科系的歴史学・文科系的歴史学・歴史小説

ところで私は歴史関係の論著を、理科系的歴史学・文科系的歴史学・歴史小説という三つの範疇《はんちゅう》に分類している。「知の地平」を拡大させるという意味では三者に優劣はないが、区別は歴然としてある。

理科系的歴史学というのは、原典史料に基づいて緻密に論理展開され、他人の検証に十分堪えうる、つまり理科系でいう「追実験《ついじっけん》」を可能にする学術的論著を指す。しかし、前近代の歴史史料というのはほとんどが偶然残ったものであり、必要な史料がないことの方が普通であるから、歴史というストーリーを組み立てるにはどうしても空白を埋めるための「推論」をせざるをえない。その推論に学問的良心を堅持するのが文科系的歴史学であり、責任をもたないのが歴史小説である。小説家が書く歴史物がよく売れるのは、読みやすくて面白いからであろうが、あちこちに事実誤認や願望を含む曲解があっても、それらに対して彼らは一切責任をとらない。

いまや劇画やパソコンゲームにさえなって人々に親しまれている「三国志」は、関羽《かんう》・張《ちょう》飛《ひ》・諸葛孔明《しょかつこうめい》が縦横無尽に活躍し、いろんな魅力があふれている。これは正史の『三国志』を下敷きにしているとはいえ、我々を興奮させてくれる面白い箇所のほとんどすべては作り話であるから、あれを歴史書といってはならない。もちろん私は一概に歴史小説を否定しているのではない。時代の雰囲気を正確に伝えるという基本原則さえ逸脱していなければ、そこに多少の空想や誇張があっても、人々の歴史意識の醸成に裨益《ひえき》するものとなる。しかし、往々にして歴史小説は、対象となる過去の時代ではなく、一〇年単位でトレンドが変化する現代の思想や政治情勢に流されやすく、時にプロパガンダ的でさえある。歴史小説を映像化したものも例外ではなく、最近では聖徳太子《しょうとくたいし》・新撰組《しんせんぐみ》・源 義経《みなもとのよしつね》などが映画やテレビに登場したが、いずれもそういう傾向を如実に表していた。

近現代史を見すえた歴史評論も、文科系的歴史学に含まれよう。しかし、自分の主張に都合のいい点だけをことさらに大きく取り上げて、人々をミスリードするならば、それは文科系的歴史学ではなくて、歴史小説つまりフィクションになってしまう。例えば、「自分は歴史の素人」であると明言する西尾幹二によって書かれた『国民の歴史』は、中華主義的中国史研究者の見方を排し、中国史を中央ユーラシアの立場から見直したり、西洋中心史観を排する点で本書とも通じあうところがある。しかし、戦前の日本軍国主義を反省する立場を「自虐史観《じぎゃく》」と批判し、問答無用の愛国心を育てるという政治的目的をもって活動している勢力と緊密に結びついており、残念ながら全体としてはとうてい文科系的歴史学の範疇には入れられない。

本書は、文科系的歴史学の範疇において、できるだけ「わかりやすくて面白い」ものをめざしている。しかし、理科系的歴史学の裏付けを保証する工夫もなされている。その一つが、人名・地名・官称号や出典の記載である。読者の中には、私はこう見るとか、誰々によれば、などという本書に頻出する表記に出会って面食らい、歴史は客観的事実の羅列なのだから、それは不要であると思う方もあろう。しかし、そうではない。理科系的歴史学で新説を発見した人は知的財産権も含めて正当に顕彰されるべきであるし、文科系的歴史学レベルでは解釈はさまざまに分かれることが多いから責任を明らかにする必要があるのである。シルクロードや唐帝国はまさしく多民族・多言語・多文化の世界であり、その研究には多大の困難をともなうため、問題意識を共有する多くの研究者の業績を利用し合い、時に情報交換や共同調査を行なうことが必須なのである。本書はそうした唐代を中心とするシルクロード史研究の最前線を読者に知らせようとするため、大家・若手を区別せず研究者の名前が頻出するのである。それは決して同業者への配慮などではない。むしろ、その点にこそ従来の概説書と本書との違いをみていただきたい。

本当の「自虐史観」とは

私の目から見れば、二〇世紀前半における日本帝国主義の負の側面、例えば日韓併合・満洲事変や南京《ナンキン》大虐殺や従軍慰安婦問題などを率直に記述するのは「自虐史観」でもなんでもない。本当の「自虐史観」とは、自分たちの足場であるアジアの偉大な文明から目をそらし、ヨーロッパに育った近代西欧文明こそが人類共通のめざすべき方向であるとした西欧中心史観に盲従した、明治以後の我が国の西洋史学界を中心とする歴史学界と、それがリードしてきた歴史教育の現場にこそある。農業の発明以来一万年の、とりわけ遊牧騎馬民族の登場以来三〇〇〇年の人類史の大きな潮流を客観的に把握することなく、一八世紀以降に初めて世界を制覇した西欧諸国が已《おの》れに都合のいいように記述した世界史の枠組みを、多少の追加修正をしただけで、ほとんどそのまま鵜《う》呑みにした明治以来の世界史教科書は、まさしく自虐史観の象徴的存在であるといえよう。

明治維新は西欧を模倣する近代化を至上命令としたから、日本の伝統的なもののすべてを古くさいもの、恥ずかしいものとして放棄した。仏像や浮世絵・根付けやちょんまげ・和服だけでなく、日本人としての誇りさえも捨てようとしたのである。世間的に有名ではあるが世界史をよく知らないと思われる評論家たちが、現代は世界史上初の画期的な「文明の統一」が行なわれる時代だとか、近代化は滔々たるグローバル世界の趨勢《すうせい》だ、などというのを聞く時、あらためて日本のインテリの骨の髄まで染み込んだ西欧中心主義に驚かされる。断っておくが、西欧的「近代化」の流れの中で、世界が一つの国になる可能性など絶対にない。それは世界史を知らず、軍事力（国内的には警察力で十分）と経済力を握っている権力側の人間が、自分たちに都合よく人々をコントロールするための宣伝文句、ないしは殺し文句である。今のアメリカ合衆国に輪をかけたような圧倒的軍事力による支配という、おぞましいシナリオの果ての世界の統一など、一体世界中の何分の一が望んでいるというのか。

現存する世界最古の本格的歴史書を書いたのは紀元前五世紀のギリシアのヘロドトスである。そこではギリシアの大敵であったアケメネス（アカイメネス）朝ペルシアとの戦争が最大のテーマである。実際には当時のペルシアとギリシアでは領土の広さ、人口、経済力のどれをとっても圧倒的にペルシアの方が優勢であった。ペルシア戦争においてギリシアはペルシアに勝ったわけではなく、たまたま負けなかっただけである。マラソン競技の由来譚《ゆらいたん》にだまされてはいけない。ペルシアの本当のライバルは黒海周辺の草原にいた遊牧民のスキタイであって、ギリシアなど本気で戦う相手ではなかった。しかしヘロドトスは、世界は昔からヨーロッパとアジアの二つに分かれて対立・抗争してきており、ペルシア戦争ではギリシアがペルシアに勝った、すなわちヨーロッパがアジアに勝ったとしたのである。そしてその後、ギリシア北方で東ヨーロッパ草原部に近いマケドニアにフィリッポス二世が現れてギリシアを破り、その後を継いだアレクサンドロスがアケメネス朝ペルシアに遠征してダレイオス三世を打倒したことにより、ヘロドトスの描いた「ヨーロッパは善であり、アジアは悪である」という図式は、後世のヨーロッパ人にいっそう受け入れられやすくなったのである。

ローマ帝国では当初、キリスト教を迫害していたが、中世以降、ヨーロッパはほぼ全面的にキリスト教化した。逆にキリスト教揺籃の地である西アジアではイスラム教が発展してキリスト教が廃れ、東方に布教した景教《けいきょう》（ネストリウス派キリスト教）などもさほどの勢力を獲得できず、キリスト教は完全にヨーロッパの宗教となった。岡田英弘や岡崎勝世の主張を私なりに解釈すれば、中国ほどの古い歴史記録をもたないヨーロッパでは、『旧約聖書』に描かれた歴史を現実のものとして取り込む努力がなされ、さらに『新約聖書』のヨハネ黙示録にあった「世界は善の原理と悪の原理の戦場である」という二元論が、ヘロドトスの残した図式と重なり合って、「世界はヨーロッパの善の原理とアジアの悪の原理との戦場である」となり、ついには「ヨーロッパの神聖な天命は、神を助けて、悪魔の僕であるアジアを打倒し征服することである。だからアジア人をいくら殺しても構わない」ということになっていくのである。

近代西欧列強のアジアへの武力進出にともなう容赦ない殺戮《さつりく》は、こうしたヘロドトス以来の歴史観に支えられていたのであり、アメリカのブッシュ政権がキリスト教とイスラム教の対立を文明対テロと言い換え、どちらを支持するのかと二者択一を迫ったのも、同じ根っこに由来する。

西欧の歴史が古代ギリシア・ローマから始まるとするのは、近代西欧が自分たちに都合のいいように生み出したフィクションである。そして一六世紀以降、海のルートで中国のことを直接知るようになった西欧世界は、当初はすなおに中国の悠久の歴史と高度な文明に感動し、人文主義を発展させ、いい意味の東洋趣味《オリエンタリズム》や支那趣味《シノワズリー》に酔いしれていた。ところが、アジアへの武力進出が進んだ一九世紀にはとうとう、進歩しつづけるヨーロッパ史に対し、アジア史の特徴は停滞であると論断するにいたり、それまで並列的に存在していた諸文明圏の歴史は西欧の世界制覇によって統合され、ここに初めて世界史が成立したとまで宣言したのである。まさに「勝てば官軍」である。そしてその一九世紀の明治維新で近代化すなわち西欧化をめざした日本は、欧米の物質文明のみならず、哲学・思想・芸術などありとあらゆるものを手当たり次第に吸い取った結果、西欧的歴史観が入り込み、それが現代まで生き残ったのである。

日本人の歴史意識を問い直す

実は現代西欧の知識人は一八〜一九世紀と違って今やアジアへの文化的コンプレックスを克服したから、古典古代のギリシア・ローマと西欧が地理的にはもちろん歴史的にも文化的にも直結しないことを認め始めている。プラトンやアリストテレスなど彼らの精神的よりどころとなる古典は、文化的に圧倒的優位にあったイスラム世界から学び取り、さらにはビザンツのギリシア正教世界から受け継いだのであり、真の西欧世界の誕生は一二世紀前後であるという見解を、多くの研究者たちはとるようになった。つまり現在の欧米では、現代世界をリードする西欧ならびに北米の文明はメソポタミア・エジプト文明を受け継いだ古典古代に始まり、中世にはやや衰えたがルネサンスによって見事に復活し、大航海時代を経てその輝かしい光が世界中におよんだのであるという西欧中心主義的世界史は一種のフィクションであったと、認識されるようになったのである。

それにもかかわらず我が国では、相変わらず西洋中心に記述された世界史のフィクションを引きずっているのはなぜか。それは明治以後の教育を受けた日本人自身の思考方法が西洋化してしまったからである。その責任は、明治期に輸入した一九世紀の西洋中心主義的世界史のパラダイムを変換することを基本的に許さない高校世界史教科書の指導要領と、それを錦の御旗として奉じる教科書検定官にあるのであり、さらには不勉強さを恥じつつも大学受験を隠れ蓑にして教科書の変更を望まない多くの高校世界史教員までがそれを支えているのである。清水宏祐の言葉を借りれば、モンゴル帝国時代に生まれたラシード＝ウッディーンの『集史』は「少なくとも、現在の高校世界史教科書よりは、「世界史」としての必然性と統一性とを備えているといってもよい」のである。

もちろん大学受験の現実を直視せざるを得ない高校側にのみ責任を押しつけるのはフェア

ではない。いつまでも西洋史と中国史を中心とする入試問題を出し続ける大学側にも大きな責任がある。新しい視野に立った入試問題を、世間やマスコミの批判を恐れずに出題する勇気と見識が大学側に問われているのである。

この序章において私は「自虐史観からの脱却」を説いてきたが、これは決して国家主義者やいい加減な愛国者を益するものではなく、日本が近隣諸国から信頼され、諸手をあげて国連の常任理事国として迎えられ、平和憲法という人類最高の理想を掲げて世界をリードできる「文明国」になることを夢見ながら、少なくとも国際人としての日本人にふさわしい歴史意識と誇りを持てるようにとの願いを込めたものなのである。

第一章　シルクロードと世界史

中央ユーラシアからの視点

「中央ユーラシア」とはどこか

世界史の再構築をめざす歴史学界ではすでに常識化し、最近では一般にも知られるようになった術語に「中央ユーラシア」がある。ユーラシアとはいうまでもなく、アジア大陸とその西方に半島のように付随しているヨーロッパ大陸とを合わせた概念である。これと地中海を挟んだ北アフリカとを合わせてアフロ＝ユーラシアというが、そこが近代以前の主要な世界史の舞台である。いわゆる「四大文明」はすべて、この中の乾燥地域で大河の流域に発生した。中央ユーラシアとは、ユーラシアないしアフロ＝ユーラシア全体の中央部分という意味であり、大興安嶺《だいこうあんれい》の周辺（満洲西部を含む）以西の内外モンゴリアからカスピ海周辺までの内陸アジアに、南ロシア（ウクライナ）〜東ヨーロッパ中心部を加えた領域である。

中央ユーラシアは、ユーラシア全体の中でもっとも雨量・水量の少ない砂漠地帯と、それに次ぐ乾燥地帯である草原地帯とからなり、乾燥地帯ではあるが大河を擁《よう》するかつての四大農耕文明圏より北方に位置している。中央ユーラシアの草原と砂漠の代表的なものを東から

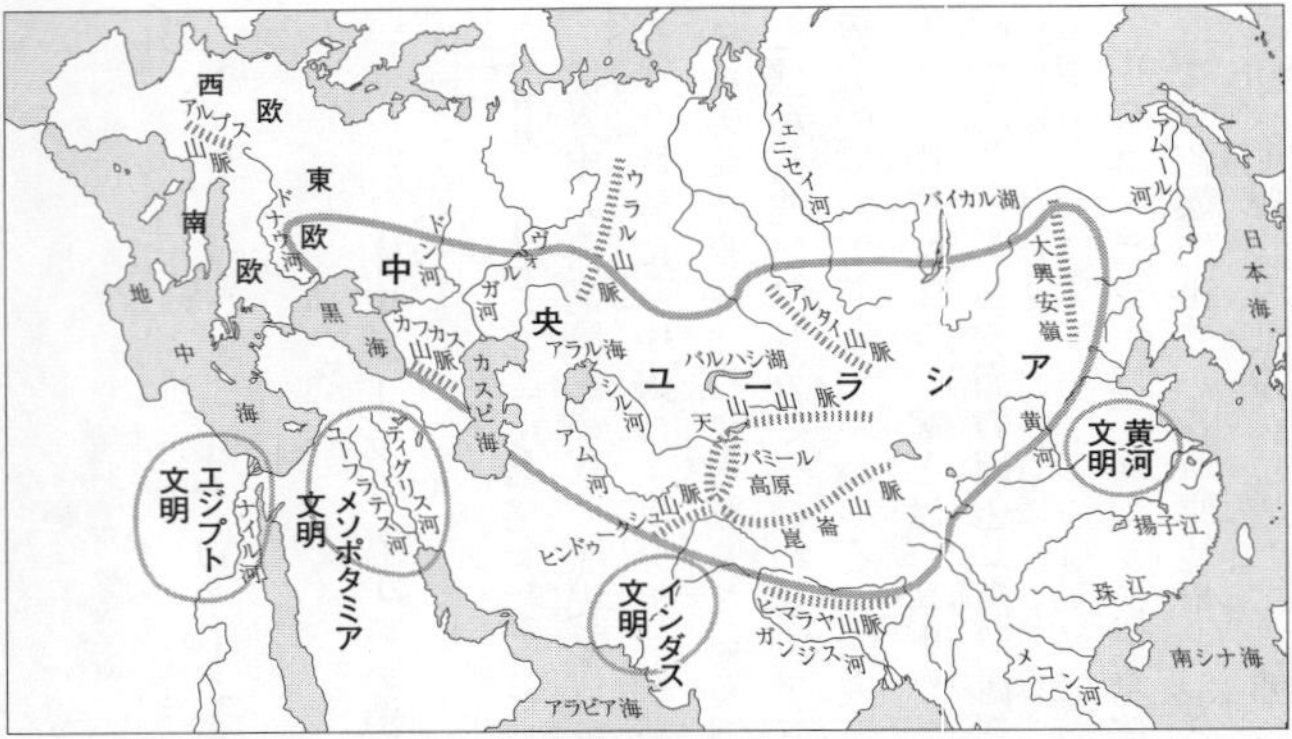

中央ユーラシアと四大文明圏の位置関係（付、西欧）

西へ順に見ていくと、大興安嶺周辺〜モンゴル草原〜ジュンガル草原〜天山《てんざん》山脈内部草原〜カザフ草原〜ウラル草原〜南ロシア草原〜カルパチア草原の草原ベルトがあり、その南側にゴビ砂漠〜タクラマカン砂漠〜キジルクム砂漠〜カラクム砂漠の砂漠ベルトがある。松田壽男《ひさお》によって提唱された天山＝シル河線というのは、まさしくこの草原地帯と砂漠地帯を分けるラインなのである。北極海とシベリアからの湿った空気が砂漠地帯にまでは届かないのである。さらにこの砂漠ベルトの南側に、内モンゴル（黄河湾曲部内のオルドスを含む）〜寧夏《ねいか》回族《かいぞく》自治区〜甘粛《かんしゅく》省〜青海《せいかい》省〜チベット〜カシミール〜ガンダーラ〜トハリスタン（旧バクトリア）など、草原と砂漠が入り組んだ半草原半砂漠ベルト地帯が連なる。つまり中央ユーラシア全体では、北から草原ベルトと砂漠ベルトと半草原半砂漠ベルトが三重構造になっているといえよう。

注意しなければならないのは、このような横の変化だけでなく、山脈部の縦の変化である。一応の目安にすぎないが、天山山脈を例にとれば、山中の海抜二〇〇〇〜三〇〇〇メートルあたりに多数散在する大小の盆地はいずれも見事な大草原になっている。南麓ではそれより海抜の低いところは急激に半砂漠状の山肌となり、さらに高度を下げると完全な禿げ山、そして砂漠になっていく。それに対して北麓では、海抜一〇〇〇メートルあたりまで下っても草原であるところが多く、それ以下になると砂漠に近い草原となる。ただし、海抜五〇〇メートルあたりでも北麓の河川の周辺には農耕地帯が広がっている。天山山脈はノコギリ歯状の重畳たる山の連なりであり、個々の山でみればいずれも北斜面の方が、直射日光の当たる南斜面より緑が濃い。二〇〇〇メートルを超えるあたりの北斜面には針葉樹の森林が発達し、南斜面の草原と好対照をなすが、三〇〇〇メートル以上になると山肌が露《あら》わになり、四〇〇〇メートルを超すと氷河や万年雪に覆われてくるのである。

中央ユーラシアには大山脈が多く、その広大な山麓や山脈内部に大草原を擁していることを見落としてはならない。とりわけ注目すべきは天山山脈であり、これまでユルドゥズ渓谷と呼ばれたために誤解を受けることの多かった現バインブラク草原は、なんと東西二五〇キロ以上、南北百数十キロに及ぶ大草原であって、渓谷などという日本語に惑わされてはいけない。これほどの規模ではないまでも、山脈中には大小の草原が多数内包されているのである。ユーラシアの背骨に当たるパミール・天山山脈・崑崙《クンルン》山脈・カラコルム山脈・ヒンドゥークシュ山脈はもとより、満洲とモンゴリアを分ける大興安嶺、モンゴリアとジュンガリア

天山山中の牧場　天山山脈の中の草原では、羊をはじめとする家畜が放牧される。山脈の中には大小多数の草原がある。著者撮影

を分けるアルタイ山脈、甘粛省と青海省を分ける祁連《きれん》山脈、チベットとインドを分けるヒマラヤ山脈、アジアとヨーロッパを分けるウラル山脈など、いずれもそういう自然景観をもっている。

　こうした山脈は巨大な貯水庫であり、遊牧民の揺籃《ようらん》の地たりえたのである。中央ユーラシア史上に活躍したトルコ民族の古代語には、一般に「山」を意味するターグ（taγ）のほかに、「大山脈中の森林と草原、山中牧場」を意味するイッシュ（yïš）という語が厳然として存在する。中央ユーラシア最高の大草原地帯で幾多の遊牧国家勃興の本拠地となったモンゴリアのオトュケン山（Ötükän yïš）とアルタイ山脈（金山 Altun yïš）、そして北魏から隋唐までの「拓跋《たくばつ》国家」（六二三頁参照）をひらいた鮮卑《せんぴ》系遊牧民集団の故郷である大興安嶺（Qadïrxan yïš）は、いずれもイッシュであってターグでないことに大きな意味があるのである。

遊牧騎馬民族の故郷

河川・湖沼の周囲や山中の海抜の高い北斜面などには森林も生長するが、概して中央ユー

ラシアは、草原と砂漠の卓越する乾燥地域であるといえる。そのような乾燥地域であるからこそ、本書の大きな主題の一つであるシルクロードが中央ユーラシアに出現したのである。シルクロードというのは人工的なハイウェイなどではなく、機械力を駆使することなど及びもつかない古代・中世において自然にできた踏み分け道であるから、道具と人力を使って切り拓く必要のある鬱蒼《うつそう》たる森林地帯は避け、一望千里の草原や砂漠を通るのが当然なのである。つまり中央ユーラシアは、「四大文明圏」を基礎として拡大発展する東アジア農耕文明圏、南アジア農耕文明圏、西アジア半農半牧文明圏、そしてそれらより遅れて出現するヨーロッパ半農半牧文明圏をつなぐ天然の交通路を内包していたのである。

中央ユーラシアが人類史上で果たしたもう一つの大きな役割は、今から約三〇〇〇年前に、遊牧騎馬民を生み出したことである。人類史上最大の発明は農業であると私は考えるが、農業は南北アメリカ大陸においても独自に発明され、オーストラリア大陸、及びサハラ砂漠以南のアフリカ大陸でも生まれたかもしれない。しかしながら、地球上の諸大陸のうちでひとりアフロ＝ユーラシア大陸のみが近代に直結する文明を生成・発展させることができたのは、ここだけに騎馬遊牧民が出現したからにほかならない。そしてそれは中央ユーラシアにのみ原産の馬がいたからである。四大文明圏から発展する農耕民と、中央ユーラシアから発展する騎馬遊牧民との対立・抗争・協調・共生・融合などの緊張関係こそが、アフロ＝ユーラシアのダイナミックな歴史を生み出し、近代に直結する高度な文明を育んだのである。なお、馬を持たない単なる遊牧民ならもっと前からいたのであるが、本書にいう遊牧民・遊牧民族はすべて遊牧騎馬民（騎馬遊牧民）・遊牧騎馬民族のことである。

さらに中央ユーラシアの草原地帯の世界史的意義として、その西部のウクライナ草原〜コーカサス地方にインド＝ヨーロッパ語族の発祥の地があり、東部のモンゴリア〜大興安嶺周辺地域にアルタイ語族の故郷があったことも忘れてはならない。これら両語族がその後の世界史上に演じた巨大な役割はまったく他の追随を許さないことに思いを致せば、おのずから中央ユーラシアの重要さが偲《しの》ばれるであろう。

北中国と中央アジア

本書の主要舞台となるのは中国本土、とりわけ唐帝国の政治的中心であり、陸のシルクロードと直結していた北中国（華北）と、その北方のモンゴリア、ならびに北中国より西方の中央アジアである。北中国には中華人民共和国に属する内蒙古自治区も含まれるが、そこはゴビ砂漠を挟んで現在のモンゴル国、すなわち外蒙古《がいもうこ》と対峙《たいじ》している。蒙古といったり、内外と区別するのはいずれも中華主義的なので、今後はゴビ以北をモンゴリア・モンゴル本土ないし漠北《ばくほく》、ゴビ以南を内モンゴルないし漠南《ばくなん》と呼んで区別する。ただし両者を合わせる必要がある時は内外モンゴル、またはモンゴル高原という。

一方、北中国の西方に位置する中央アジアは、古くは「西域《さいいき(せいいき)》」と呼ばれた。西域とは元来、漢代中国世界の西の玄関口となった敦煌《とんこう》西方の玉門関《ぎょくもんかん》・陽関《ようかん》以西の地域という意味であり、最初は漢帝国の支配が及んだ天山山脈以南のタリム盆地地方、すなわち天山南路だけを指したが、後にはさらにパミールの西方までも含むようになる。西域にはペルシアも含まれることがあるが、玄奘《げんじょう》の『大唐西域記《だいとうさいいきき》』のようにインドを含むのはやや例外的である。近現代の用法である中央アジアも、狭義から広義まで指す範囲に相当の「揺れ」がある。その「揺れ」は、中央アジアの中核をなすトルキスタンという呼称と深く関わっている。

上述したようにトルキスタンとはペルシア語で「トルコ人の国、トルコ語を話す人々の土地」の意である。九世紀のウイグル帝国崩壊後にウイグルをはじめとするトルコ系諸民族の大移動によって、天山山脈以南のタリム盆地のトルキスタン化が進行した。それまではトルキスタンというのはペルシア語を話す農耕中心の世界から見た用語であり、天山＝シル河線以北のトルコ系遊牧民族のいる草原世界を指していた。それなのに、九〜一〇世紀以降、天山＝シル河線以南でかつては印欧語族が占めていた砂漠オアシス地域がトルコ語化していくと、今度はむしろそこを指すようになってしまう。近現代のトルキスタンという呼称は、厳密には唐代より後にしかあてはまらないのであるが、従来の概説書では人文地理的概念として唐以前の古い時代の中央アジア（の一部）を特定する場合にも頻繁に使用されていることに注意されたい。

ゴビ砂漠　流砂は少なく砂利が多い。丈の短い草がある所でラクダや羊・ヤギが飼育される。著者撮影

近現代のトルキスタンは、東トルキスタン（別名シナ＝トルキスタン）と西トルキスタン（別名ロシア＝トルキスタン）とからなる。ただしこれにも広狭両義があり、広義の東トルキスタンは現在の中華人民共和国新疆《しんきょう》ウイグル自治区、西トルキスタンはウズベキスタン・カザフスタン・キルギス（キルギスタン）・トルクメニスタン・タジキスタンであり、旧ソ連時代の中央アジア五共和国に当たる。しかし、本来の狭義の場合は、東トルキスタンは新疆ウイグル自治区の南半分（天山南路）、西トルキスタンはパミール地区とその西でシル河以南のカザフスタン南部・ウズベキスタン・トルクメニスタンというオアシス農耕を中心とする地域を限定的に指す。これら狭義の東西トルキスタンがもっとも狭い意味の中央アジアである。

しかし中央アジアという語は、草原地帯を含む広義のトルキスタンと同義で使われることも少なくない。これが中間的な中央アジアである。ちなみにキルギス語・カザフ語・ウズベク語・トルクメン語はいずれもトルコ系の方言であり、タジク語のみはペルシア系の方言である。タジキスタンにもトルコ語を話す人は住んでいるが、旧ソ連時代を通じてこれら五ヵ国にはロシア語が浸透した。片や新疆ウイグル自治区では、ウイグル語やカザフ語をはじめとするトルコ系諸方言が優勢であったが、今や中国語（漢語）が急速に普及しつつある。なお、旧ソ連の学界の影響を受けた研究者の間には、ロシア語の影響から今でも旧ソ連時代の五共和国の範囲だけを中央アジアとする傾向が残るが、日本語としての中央アジアという概念には東トルキスタンを除外する伝統も用法もない。

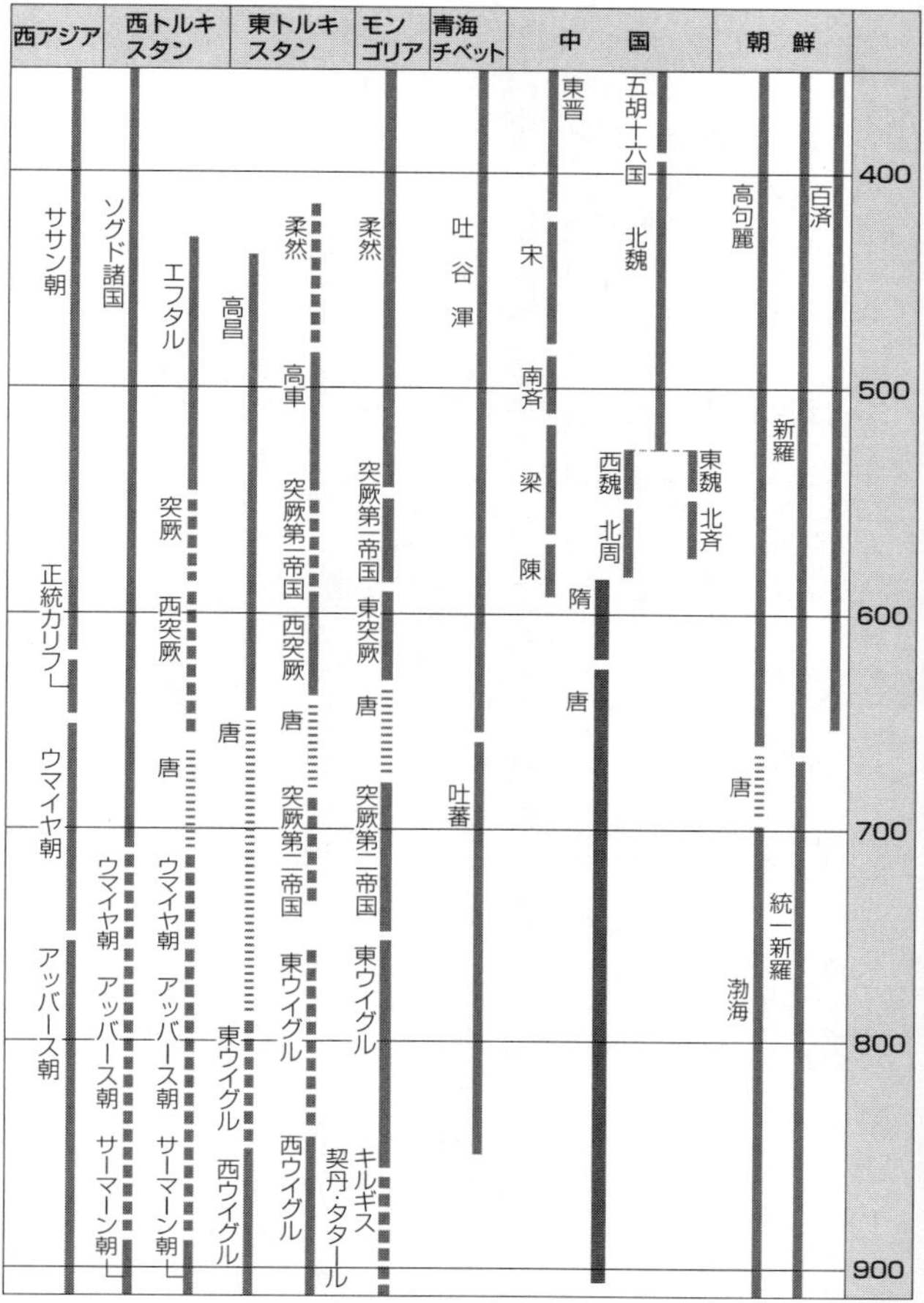
西アジア
西トルキスタン
東トルキスタン
モンゴリア
青海チベット
中国
朝鮮
400
500
600
700
800
900
ササン朝
正統カリフ
ウマイヤ朝
アッバース朝
ソグド諸国
ウマイヤ朝
アッバース朝
サーマーン朝
エフタル
突厥
西突厥
唐
ウマイヤ朝
アッバース朝
サーマーン朝
高昌
唐
東ウイグル
西ウイグル
柔然
高車
突厥第一帝国
西突厥
唐
突厥第二帝国
東ウイグル
西ウイグル
柔然
突厥第一帝国
東突厥
唐
突厥第二帝国
東ウイグル
キルギス
契丹・タタール
吐谷渾
吐蕃
東晋
宋
南斉
梁
陳
隋
唐
五胡十六国
北魏
西魏
北周
東魏
北斉
高句麗
唐
渤海
新羅
統一新羅
百済

主な王朝の交替略図（4～10世紀）

学界で最もよく使われるのは、さらに広義の中央アジアである。それは、広義のトルキスタンの東と南に拡大する。東ではゴビ砂漠を挟んでモンゴリア草原部と内モンゴルから甘粛省西北部の河西回廊《かせいかいろう》、そして南に回って青海省とチベット・カシミール・ガンダーラ・アフガニスタンである。別の見方をすれば、東は大興安嶺から西はウラル山脈・カスピ海までの間、南はヒマラヤ山脈から北はシベリアまでの草原・砂漠地帯のことである。この広義の中央アジアを内陸アジアと呼ぶことも多い。

中央アジアには以上のように広義と狭義とその中間的な用法があり、しかもその使い方は人それぞれであるので、これを厳密に定義することは不可能なだけでなく不都合さえ生じる。本書では、北アジアに分類されることもあるモンゴリアを明らかに含む場合には内陸アジアとか中央ユーラシア東部という言い方をするよう心がけるが、依拠する先学や論争する相手が中央アジアと言っている場合はそれに合わせざるをえず、ケースバイケースで対処することをあらかじめお断りしておく。

農牧接壌地帯

中国というとすぐさま農耕地帯と思われるかもしれないが、かつて中国本土の内部には内モンゴルの広大な草原だけでなく、さらにその南側にも広々とした草原地域があった。すなわち河北省北部・山西省北部・陝西《せんせい》省北部・寧夏回族自治区・甘粛省には可耕地と遊牧用草原とが入り組み、どちらにも利用できる土地の広がりが点在したのである。そして内モンゴル草原と合わせたこれらの遊牧可能地帯に、匈奴《きょうど》・羯《けつ》・鮮卑《せんぴ》・氐《てい》・羌《きょう》・稽胡《けいこ》・突厥《とっくつ》・沙陀《さだ》・党《とう》項《こう》《タングート》・吐谷渾《とよくこん》・奚《けい》・契丹《きったん》などさまざまな遊牧民集団が活躍したことを忘れてはならない。秦漢＝匈奴拮抗《きっこう》時代から五胡十六国時代を経て、北魏・隋唐・五代にいたり、さらに遼・金・元朝へと続く中国史において、草原を本拠地とする遊牧民族は決して客人ではなく、農耕漢民族と並ぶもう一方の主人であったのである。まずそのことを読者にはしっかりと認識していただきたい。中国史を中華主義の呪縛から解き放つには、まずここが肝腎《かんじん》なのである。

モンゴルの草原　広々とした草原には、騎馬遊牧民を生んだ馬が放牧されている。著者撮影

五胡十六国時代に先行する西晋《せいしん》に文臣として仕えた江統《こうとう》が、関中《かんちゅう》（長安を中心とする渭水《いすい》流域とその周辺）の人口百余万のうち半分は戎狄《じゅうてき》であると述べたのは、あながち誇張ではない。後漢末の戦乱で人口が激減したところに五胡が入り込み、三国時代・西晋を経た後、北中国には五胡の建てた諸国が興亡し、それを鮮卑族の北魏が統一した。この北魏が分裂した東魏《とうぎ》と西魏《せいぎ》、それらを受け継いだ北斉《ほくせい》と北周《ほくしゅう》、そしてこれに取って替わり、江南までも手中に収めて再び全中国を統一した隋・唐は、いずれも鮮卑系拓跋《たくばつ》部の出身者が開いた王朝であるから、鮮卑系諸王朝とか「拓《たく》跋《ばつ》国家」（杉山正明）と総称してよい。元来は大興安嶺周

辺の草原森林地帯を原住地としたが、徐々に南下して内モンゴルの草原地帯で次第に成長した鮮卑族は、さらに集団で南下して農業＝遊牧交雑地帯を根拠地とすることにより、北中国全体を掌握し、ついに中国を再統一する大帝国へと発展を遂げるのである。

　ここ一〇年くらい、内モンゴル草原ベルトそのものよりも、むしろその南側にあるこうした半農半遊牧地帯の重要性に注目する研究者が少しずつ増えている。そこは、漢民族とは農耕民・都市民であり、漢民族こそが中華民族（中国人）であるとする立場からは「辺境」というニュアンスを込めて「長城《ちょうじょう》地帯」と呼ばれてきたところでもあるが、漢民族の出自の半分さえも遊牧民であるとする我々の立場からは、ここは辺境どころかむしろ遊牧民と農耕民の交わる「接点」であり、中国史のダイナミズムを生み出してきた中核部ととらえるので、呼称もおのずから異なってくる。はじめ妹尾《せお》達彦《たつひこ》はこれを「農業＝遊牧境域線」と呼び、石見《いわみ》清裕《きよひろ》はラティモア説を踏まえて「リザーヴァー」ないし「（中国北辺）ベルト状地帯」とし、私は「農牧接壌《せつじょう》地帯」と呼んできたが、新たに妹尾が「農業＝遊牧境界地帯」と名付けた。本書では「農業＝遊牧交雑地帯」という意味を込めて、「農牧接壌地帯」という名称を続けて使用することにしたい。

　河北・山西北部の「燕雲十六州《えんうんじゅうろくしゅう》」から陝西・寧夏・甘粛の六盤《りくばん》山・賀蘭《がらん》山・祁連《きれん》山にいたるまで横長に広がるこの農牧接壌地帯は、中国諸王朝にとって両刃《もろは》の剣であり、そこをうまくコントロールできたことによって唐朝は前半期の大繁栄をみるが、同じところが今度は安史の乱を支える勢力の揺籃の地となり、さらに五代の沙陀諸王朝（トルコ系）と遼朝（モンゴル系）・西夏（タングート系）といういわゆる「征服王朝」出現の舞台となったのである。

ちなみに、単に牧畜するだけの小規模草原ならば、河北省南部・山東省・河南省北部・山西省南部・陝西省南部にさえ散在している。北中国の農業の土台とされてきた黄土の研究に正面から取り組んだ原宗子《もとこ》が最近著で、中国農本主義に対して、実態的には牧畜に依拠しながら、理念的にはこれを排斥・差別したものと批判し、齋藤勝が最新論文で北中国で行なわれた牧畜は農業より劣ったものではなく、むしろ儲かる生業だったと主張しはじめたのも、奇しきめぐりあわせというべきである。

「万里の長城」は農耕都市民と遊牧民とがせめぎ合ってきた中国史の流れに応じて、この農牧接壌地帯を北上したり南下したりして、揺れ動いてきたのである。そして農耕都市民と遊牧民の両者が一体化した時、万里の長城は文字通り無用の長物となるのであるが、その典型的時代の最初が唐朝であり、その後、元朝・清朝がこれに続くことになるのである。ちなみに一言付け加えておきたいのは、万里の長城は遊牧民の侵入を止めるためだけでなく、農耕中国で志を得られなかった知識人・軍人や税役に苦しむ貧窮農民の北方への逃亡を阻止するという役割さえ担っていたという点である。

妹尾達彦によれば、秦漢時代以来、中国の大都市はこの農業＝遊牧境界地帯に沿って発展し、長安・洛陽・太原・北京などという歴代中国の首都ないし副都となった大都市のほとんどは農業＝遊牧境界地帯のすぐ隣に集中するという。本書で私が提案するネットワークとしてのシルクロードは、当然ながらこれらの大都市を含まなければ完結しないのである。

シルクロードとは

シルクロードの定義の変遷

本書の表題にも掲げた「シルクロード」とは、もとはといえば一九世紀のドイツ人地理学者のカール＝リッターやリヒトホーフェンらが造り出したドイツ語のザイデンシュトラーセン「絹の道」に由来する術語であるが、その後英訳されてシルクロードとなり、それが今では世界中で、実に多種多様な意味と範囲で使用されるようになったのである。中央アジアへの学術探検でオーレル＝スタインやスウェン＝ヘディンが活躍した二〇世紀前半までは、古代の絹織物の遺物や、絹貿易に関わる文書が発見される遺跡は、中央アジアでもほとんどがオアシス地帯に限られていたため、シルクロードがもっぱら「オアシスの道」の代名詞として定義され、その意味で使用されてきたのは当然であった。

しかしながら明治以来、我が国の東洋史学、とりわけその中核の一翼を担った内陸アジア史学と東西交渉史学がめざましい発展を遂げると、一九三〇年代以降、シルクロードは「オアシスの道」だけでなく、中央ユーラシアを貫く「草原の道」と、東南アジアを経由する「海洋の道」とを含むようになっていく。その際、もっとも大きな役割を果たしたのは、松田壽男《ひさお》博士の研究である。博士はまず、モンゴル高原〜天山山脈の広大な草原の上に建てられた匈奴・鮮卑・突厥・ウイグルなどの遊牧国家の主要産物たる馬と中国の絹とが平和時には恒常的に交易されたという事実を掘り起こし、それに「絹馬《けんば》交易（絹馬貿易）」という名称を与えた。そして、中央ユーラシアの遊牧国家の発展にとって商業が必要不可欠の要素であったこと、とりわけ絹が商品とも貨幣ともなって移動した遠距離交易路としての「草原の路」がいかに重要であったかを明らかにした。さらに博士は、アジア史全体にまで目を向けて優れた概説書をいくつも著したが、そこでは「海洋の道」までがシルクロードに含まれるようになり、今ではその主張が学界の定説となったのである。

オアシス都市・敦煌　河西回廊の西端、西域の入り口に位置し、南の青海・チベットとも結びついた。著者撮影

歴史研究において東西交渉史学なる分野を開拓し、シルクロードとしての「草原の道」を発見したのは、我が国の東洋史学界が果たした偉大な貢献である。しかるに我が国の高校世界史教科書のシルクロードは、リヒトホーフェンの原義にしたがって「オアシスの道」のみを指すことが多い。ここにも高校世界史教科書における西欧中心主義の残滓《ざんし》がみられるのであるが、現在の東洋史学界の実状を反映して定義すれば、シルクロードとはまず第一に「オアシスの道」と「草原の道」の両者を含むものとすべきである。本書で単にシルクロードという場合

は、この両者を含めた「陸のシルクロード」のことである。しかしながら、ユーラシア史全体を俯瞰《ふかん》する時には、当然ながら南中国から東南アジアやインドを経由して西アジアに至る「海洋の道」も視野に入れなければならない。その場合には単にシルクロードとしないで、「海のシルクロード」と呼ぶことにする。

東西南北のネットワーク

シルクロードとは決して「線」ではなく、「面」である。初歩的な概説書や学習参考書の類では、シルクロードとして挙げられるのは中央アジアの天山北路（草原の道）と天山南路（オアシスの道）であり、南路はさらにタリム盆地北辺沿いの西域北道と南辺沿いの西域南道とに分かれ、これらは東西に延びる三本の線で図示されている。あたかもシルクロードは立派に舗装でもされた人工の一本道であるかのような錯覚を与える。しかし実際のシルクロードは砂漠や草原の道なき道が大部分であり、誰もが同じところを通ることになる狭い峡谷や峠以外はどこを通ってもいいのである。その峡谷や峠にしても、自然条件や人為的理由によって通りにくくなれば、人々はすぐに別の峡谷や峠へと迂回するのである。

さらに問題なのは、天山南北路はいずれも東西に走っているので、シルクロードとは東西交易路だと誤解されてしまうことである。比較的詳しい概説書の付図や歴史地図を見ればわかるのであるが、シルクロードとは東西だけでなく南北にも延びており、多くの支線と合わせると細かい網の目状になっている。無数にある網の結び目（ジャンクション）の多くは交

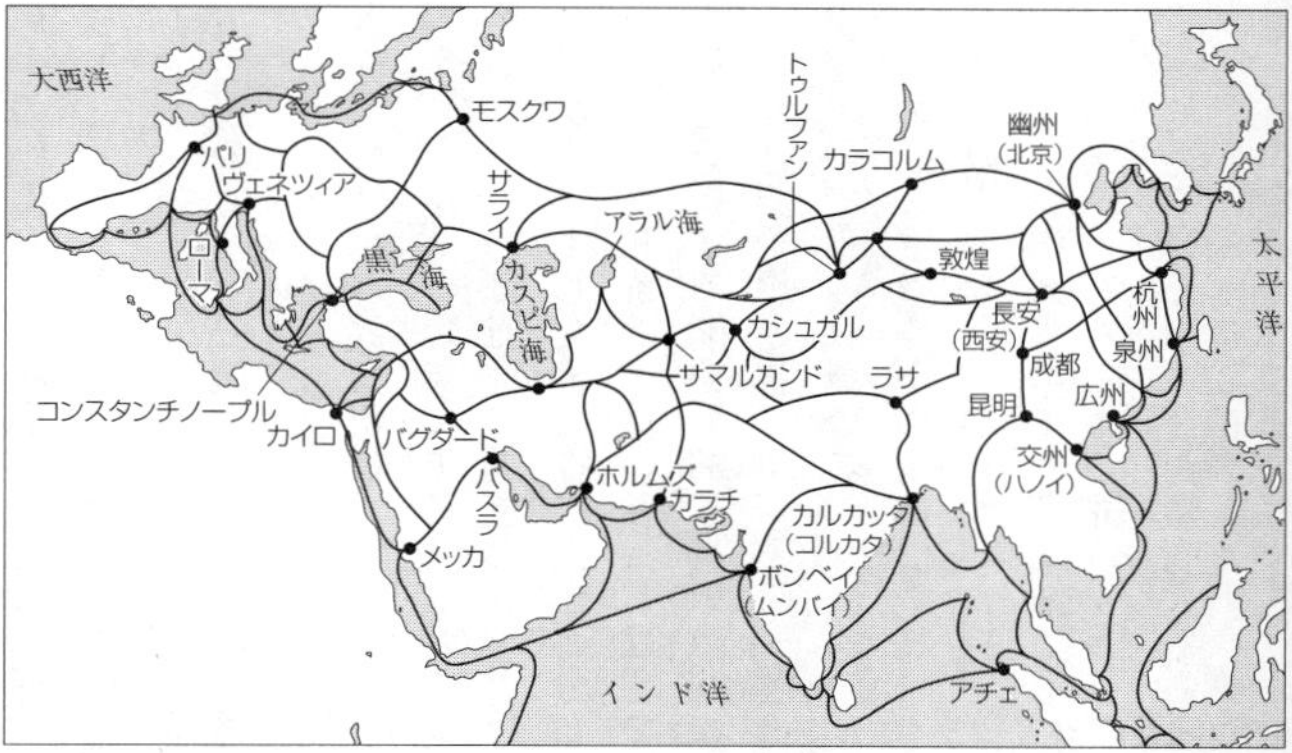

シルクロード＝ネットワーク概念図　シルクロードは東西に限らず南北にも結ばれていた

通の要地であり、そこに大小の都市が発生していることがほとんどである。すなわちシルクロードとは東西をつなぐ線ではなく、東西南北に広がるネットワークなのである。私がシルクロードを「面」とする理由は、まず以上の二点にある。

　シルクロードを草原の道、オアシスの道、海洋の道と分類したところで、いずれも中国と西アジア、あるいは中国とローマ帝国とを結ぶ道であるため、どうしても東西交渉というイメージがつきまとう。しかしながら、シルクロードをネットワークとして理解すれば、決して東西だけでなく、南北の視点も大事であることがおわかりいただけるであろう。中央ユーラシアよりさらに北方の北ユーラシアを特産地とする高級毛皮や南海産の香薬を抜きにして、絹だけでシルクロードは語れない。東西南北を網の目のように結ぶ交易ルートであるから、そこでは世界中の価値ある特産品、例えば絹織物・金銀器・ガラス・香料・薬品・毛皮をはじめ（詳細は七三頁）、ありとあらゆる商品が複雑なルートで行き交ったのである。

それゆえ、東西南北の長距離交易路のかなりの部分、あるいは一部をとらえて、黄金の道、銀の道、玉の道、ガラスの道、香料の道、毛皮の道などと称する場合もある。絹の道としてのシルクロードも、もとはといえばそれらと同格の呼称にすぎなかった。しかし、そのような特産品の代表が絹であったから、シルクロードという術語が容易に人々の同意を勝ち得て、普遍化したのである。シルクロードはあくまで、東西南北交易ネットワークの代名詞であり、いわば雅称に過ぎない。とはいえそれが最高の雅称であることは、中央ユーラシア各地から出土した絹織物の種類と分布の広がり、さらに文様と織り技術に具現する人類文化の奥深さを知れば、首肯《しゅこう》されるはずである。こうした絹織物をめぐる文化交流史的研究は、実物を分析する能力もある真の意味のシルクロード史研究者の成長を待って今後大きく発展することが予想されるが、その一端はすでにルボ＝レスニチェンコ・坂本和子・横張《よこはり》和子などによって示されている。

陸のシルクロード貿易について、さらに誤解をといておきたい。上でも強調したように、シルクロードは多数のジャンクション（網の結び目）をもつネットワークであって、商品の伝達はリレー式（中継）であることの方が一般的である。たった一つ、あるいはせいぜい二つ三つのジャンクション間を移動するだけの短距離商人もいれば、いくつものジャンクションを越えていく中〜長距離商人もいる。また同一の商人が、両者を兼ねることも往々にしてある。例えばサマルカンドから天山北路の草原ルートで現在のウルムチ東方の北庭《ほくてい》（ビシュバリク）に達し、そこから天山越えしてトゥルファン盆地の高昌《こうしょう》に入り、数ヵ月間の滞在後に砂漠を越えて敦煌《とんこう》に達し、そのまま河西回廊を東進して長安にまで、はるばるとソグド産の金銀器とインド産の胡椒《こしょう》を運ぶソグド人長距離商人がいたとしよう。彼が北庭で生きた羊を仕入れてトゥルファンで売りさばく短距離商人となり、ゴビを越えた敦煌で新たにコータン（于闐《うてん》）産の玉を仕入れ、長安にまで運ぶ中距離商人となれば、まさに一人三役を果たすが、こうしたことはごく自然なのである。

注意したいのは、紀元前に始まる初期のシルクロード貿易は、まず短距離、次いで中距離を動く商人たちによってリレー式に始まったことである。最初から長距離商人がいたわけではない。それゆえ、しばしば前漢・武帝《ぶてい》時代の張騫《ちょうけん》をシルクロードの開拓者のごとくいうのも、誤解である。張騫がシルクロードを開拓したわけではない。彼はすでにあったルートを一人で遠くまで旅しただけである。もっとも、張騫以後に中国側からシルクロードへの働きかけが急激に活発となり、西域よりの物産や情報の流入が格段に増大したことは否めない。

東西南北交易ネットワークの雅称としてのシルクロードよりさらに進んで、そのネットワークを包含する地域全体の名称としてシルクロードを使用する場合がある。しかも、私の場合、シルクロードには空間だけでなく時間的概念をも含ませている。例えば「シルクロード地帯」とか「シルクロード東部」などという用語には、世界史の上でシルクロード（もちろん陸のシルクロード）が重要な役割を果たしていた時代、つまり近代以前において、シルクロードの幹線が通っていた地域という意味を込めている。シルクロードとは別の言葉でいえば「前近代中央ユーラシア」のことなのである。さらに本書では東側（中国・朝鮮・日本）からの目でシルクロード地帯を見ることが多いから、往々にして「シルクロード東部」が話題になる。

シルクロード貿易の本質

シルクロード貿易の本質は奢侈品《しゃしひん》貿易である。これはとりわけ家畜の輸送力に依存する陸のシルクロードについては強調されねばならない。シルクロードは、旧世界すなわちアフロ＝ユーラシア世界として完結していた「ユーラシア世界史」の時代に、諸文明圏を結ぶ最重要ルートであった。

これに対し、いわゆる「大航海時代」以降、世界史が新大陸を含んで地球規模で動く「グローバル世界史」の時代になると、陸のシルクロードは相対的に落ち目になる。それは、それまでアジアの栄光の陰に隠れていた中世ヨーロッパの諸勢力が、アジアより火薬とともに学んだ羅針盤を改良し、鉄製刀剣と馬と銃火器を持って大型外洋航海船で大西洋に乗り出し、新大陸からの銀を始めとする富の収奪と、ジャガイモ・トウモロコシなどの寒冷地に強い栽培植物の移植によって大きく発展し、産業革命を成し遂げ、ついにアジアを凌駕するにいたるのと表裏一体の関係にある。つまり生産力・軍事力と並んで世界史を動かす原動力である物流は、「大航海時代」を境にその前後で大転換を遂げるのである。具体的にいえば、グローバル世界史の「海洋の時代」となれば、重くてかさばる食糧や原材料や生活必需品の大量輸送が可能になるのに対し、ユーラシア世界史の「内陸の時代」におけるシルクロード貿易は、時と場所によっては塩・穀物などの生活必需品の短距離輸送もあったが、あくまで軽くて貴重な商品、すなわち奢侈品や嗜好品《しこうひん》の中～長距離輸送が主流であった。ただし、ネットワークに関する前項で述べたように、中～長距離を動く商品も常に同じ商人やキャラヴァンによって一貫して運ばれるというわけではなく、むしろ短～中距離で中継されることの方が多かったようである。その点は注意したい。

ラクダや馬で運ばれた奢侈品や嗜好品としては、東の中国からは絹織物・紙・茶、西のペルシア・東地中海方面からは金銀器・ガラス製品・乳香《にゅうこう》・薬品・絨毯《じゅうたん》、南のインド・東南アジアからは胡椒《こしょう》・香木《こうぼく》・宝石・珊瑚《さんご》・象牙《ぞうげ》・犀角《さいかく》・鼈甲《べっこう》・藍《あい》、北のロシア・シベリア・満洲からは高級毛皮・朝鮮人参《にんじん》・鹿角《ろっかく》・魚膠《ぎょこう》、中央アジア自身からはコータンの玉、バダクシャンのラピスラズリ、クチャの硇砂《のうしゃ》、チベットの麝香《じゃこう》やヤク牛の尻尾、さらに特産地が複数にまたがる毛織物・綿織物・真珠・装身具、鎖帷子《かたびら》・装飾鞍などの武具、葡萄《ぶどう》酒・蜂蜜・大黄《だいおう》などがある。それ以外の重要な貿易品としては、重くても自分で動く奴隷《どしや》と家畜があることを忘れてはならない。

もちろん、先ほど述べたように、奢侈品を長距離ないし中距離で運ぶ典型的シルクロード商人が、旅の途中で短距離の交易をすることがあってもいいわけで、その場合は、家畜といっても馬・ラクダといった高額でしかも足の速いものだけでなく、低額で足の遅い羊・ヤギ・牛などさえ扱われることがあった。そしてそのようなシルクロード貿易で活躍した者としては、アラム商人・インド商人・バクトリア商人・ソグド商人・ペルシア商人・アラブ商人・シリア商人・ユダヤ商人・アルメニア商人・ウイグル商人・回回商人などが知られている。

シルクロードではこうした活発な商業活動が行なわれただけでなく、仏教・ゾロアスター教・キリスト教・マニ教・イスラム教といった宗教が伝播《でんぱ》し、蓄積された富によって豪華な装飾や華麗な壁画を持つ寺院や教会が次々に建立され、惜しげなく喜捨《きしゃ》される金銭財物によってそれが維持されたのである。なお僧侶や巡礼者は宗教活動と併行して商業活動にも従事するのが一般的であり、公私の世俗的威信財のみならず、宗教的儀礼用必需品（僧侶の衣装、式場の装飾品、香料、菓子など）も重要な商品としてシルクロードを駆け巡り、遠隔地商業を活発化させる要因となった。

壁画遺跡の意味

一般的にいって商人の商行為や貿易に関わる記録が、公的に著録され保存されたり、後世にまで伝わるのは稀有《けう》に属する。そこに、次節で紹介する「シルクロード史観論争」や一〇九頁で述べる史料論に関わる問題が横たわる。しかるに、建築遺構や壁画という視覚にうったえる「モノ」は、その地がいかに流通経済で繁栄したかを万人の目に明らかにしてくれる。前近代において色鮮やかな壁画というのは、一種の宝石ともいうべき高価な顔料《がんりょう》（例え

敦煌の壁画　莫高窟の第57窟にある「仏説法図」の右脇侍菩薩。初唐期のもので装身具類が華麗である

ペンジケント遺跡の壁画　左は、ソグド貴族の宴の様子を思わせる物語の一場面。右は、ハープを奏でるソグド女性。ソグド女性の理想像とされる。８世紀。タジキスタン民族考古博物館蔵

ばラピスラズリ、トルコ石、金泥、銀泥）を豊富に使うゆえに、大画面になればなるほど莫大な費用がかかるのであり、したがって富を象徴するものである。シルクロードに沿ったオアシス都市国家でいえば、敦煌《とんこう》（郊外に莫高窟・楡林窟・西千仏洞）・高昌《こうしよう》（トゥルファン盆地首邑《しゆゆう》、城内に仏教寺院・マニ教寺院・キリスト教寺院など、郊外にベゼクリク千仏洞）・楼蘭《ろうらん》・カラシャール（シクチン千仏洞）・クチャ（郊外にキジル千仏洞・クムトラ千仏洞など）・コータン（首都から離れてダンダンウイリク・ラワクなど）などの寺院遺跡に壁画が残されたのは、王族・貴族や大商人などの豊かな寄進者がいたからである。

先に列挙したシルクロード商人のうち、紀元一千年紀を通じて最も活躍したのはソグド商人である。そのソグド商人のホームグラウンドとなったソグディアナの諸都市遺跡では、王宮や神殿・教会ではない一般の建物からさえ次々と壁画が発見されている。とくに驚くべきは、現在のタジキスタンにある中世ソグド人の都市遺跡ペンジケントの発掘結果である。そこは決して大きなオアシス都市ではなく、最盛期でもせいぜい七〇〇〇人くらいが住んでいたにすぎないと思われるのに、城壁内部の狭い空間を最大限有効に使うため、さまざまな工夫をこらした大小の家々がびっしりと密集して建てられていた。そして、その中で比較的大きな、おそらく貴族ないし大商人の邸宅と思われる多数の建物では、主要な部屋が実に豪華な壁画によって飾られていたのである。

これから述べるように、シルクロードの商人として史上に名高いソグド商人であるが、その故郷ソグディアナは八世紀まで一度たりとも大帝国の中心になったことはなく、また巨大な穀倉地帯でもなく、ただ国際貿易でのみ栄えたのである。しかもペンジケントはソグディアナに数十はあったオアシス都市の中でも飛び抜けて大きい方ではなく、その規模はサマルカンドやブハラ・タシケントなどにはるかに及ばない。にもかかわらず、そのような豪華な壁画が王宮でもなく大寺院でもない多数の建物から見つかるのであるから、ペンジケントの財力は推して知るべしである。ましてペンジケント以上の大都市がいくつもあったソグディアナ全体では、どれほど莫大な富が蓄積されたかはもはや想像を超えるのである。

シルクロード史観論争

「シルクロード」抹殺の動き

「シルクロード」という用語は、専門家ばかりでなく一般の日本人にもなじみがあり、魅力ある言葉だが、しかし近年の我が国の中央アジア学者、とくにイスラム化「以後」の新しい時代を対象とする研究者のあいだには、中央アジア史を叙述する時にシルクロードという術語やテーマははずすべきだという意見が広まっている。あえて極端にいえば、これは中央アジア史からシルクロードを学問的に抹殺《まっさつ》しようという動きである。これは一九七〇年代およびそれ以降のいわゆる「シルクロード史観論争」の蒸し返しであるが、私はとうていこれを容認することはできない。ここでは専門家同士の議論に言及するが、決して一般読者と関係がないわけではない。それどころかＮＨＫの新旧シルクロード＝シリーズをはじめとするマスコミや出版界の風潮と、本書も含めシルクロードというタイトルを持つ書物にひかれる読者自身の姿勢までもが非難の対象とされているのである。

シルクロード史観論争とは、中央ユーラシア史にとっても世界史にとってもシルクロードが極めて重要であったとする松田壽男《ひさお》・江上波夫《えがみなみお》をはじめとする学説をめぐって展開されたものであるが、実は松田・江上が関知するところではなかった。その最大の当事者は、広義の中央アジア史を「北」の遊牧民と「南」のオアシス農耕民との関係を中心に把握しようとし、シルクロードによる「東西」貿易にほとんど意義を認めようとしない間野英二《まのえいじ》と、それに反論する護雅夫《もりまさお》・長澤和俊《ながさわかずとし》の両人であり、その発端となったのは、一九七七年に出版された間野英二『中央アジアの歴史』（講談社現代新書）であった。

間野は、我が国の中央アジア史研究の重点が東西交渉史に偏っていたとして、次のような認識を示す。中央アジアといえばまず何よりもシルクロードであるという「シルクロード史観」に立つと、中央アジアは単に東西交流の「通路」として扱われ、現地の社会に関心が及ばなくなってしまう。さらに、中央アジアの中でも東西交流に関係の薄い地域や時代は、全く関心の外に置かれることになりかねない。そこで自分は、単なるシルクロードの経由地ではない「自己完結した世界」としての中央アジア史を鮮明に描こうとしたのである、という。

しかし、元祖的存在の松田壽男の「シルクロード史観」はこのような浅薄なものではない。松田の壮大な史観に「シルクロード史観」という名を付して、それがいかにも現地に生きる遊牧民とオアシス農耕・都市民の動向に思いを寄せず、中央アジア史を東西文化交流史としてのみ扱う歴史観であるかのように歪曲《わいきょく》するのは、フェアではない。そもそも「北」の遊牧民と「南」のオアシス農耕民を分ける天山＝シル河線というものを提唱し、中央アジアの「南北」関係に注目したのは紛れもなく松田自身なのである。

私はかつて梅村坦《ひろし》と共に、「内陸アジア史を東西交渉・南北対立・南北共存等の面から見る見方がすでに古くなってきた」のであるから、「今後の内陸アジア史研究は、東西交渉とか南北対立とかの外からの視点を打ち破って、それぞれの地域や民族を「東西南北との交渉・対立」の中心に据え、その地域ないし民族自身の歴史を内側から構成していく方向に進んでいく」べきことを『史学雑誌』（一九七三年）の「回顧と展望」で主張したことがある。この時の主

トゥルファンの壁画　ベゼクリク千仏洞の「誓願図」。11～12世紀のもの。下段にはソグド商人が描かれている。本書370頁も参照

張と、それより後に間野が新書版で打ち出した見方との間にはかなりの「ずれ」がある。間野の言う「南」は中央アジア内部のオアシス農耕民であるが、松田をはじめ我々の言う「南」ははるかに広く、ユーラシア全体の「南」側に並んでいる大農耕文明圏のことである。

間野の主張の要点を繰り返すと、中央アジアにとって重要なのは、北の遊牧民と南の農耕・都市民であり、東西を繋ぐといわれるシルクロード商人などというものに大した意味はなく、中央アジア史は東西交渉史からは独立した、「完結した一つの小世界」として描き出されるのである、というものである。そしてその大きな根拠の一つとして、中央アジア出土の古代ウイグル文書に「ウイグル王国の住民として登場するのは、ほとんどすべてが農民であり、そこにも私たちは、東西貿易に従事した「オアシス商人」の明確な存在を見いだす事ができない」というのである。しかし、これは明らかに事実誤認であった。

ウイグル文書からの反証

すでに間野説発表以前に出版されていた仏教・マニ教関係の古代ウイグル宗教文書（特にその序文や奥書）や俗文書類の中に、ウイグルの商業活動を示唆するものはいくつも見られた。

例えばある仏教徒の懺悔文《ざんげぶん》には、「私ウトレトが、前世より現世にいたるまで、寺院や僧房や清浄な場所で、親愛の情や恥知らずの気持ちから、行なうべきでない行為を行なったのなら、寺院に所属する財物を貸借・運用して、お返しをしなかったのなら、あるいは商売の時に重さ・長さ・升目《ますめ》をごまかして、少しだけ与え多く取ったのなら、（中略）、町から町へ国から国へスパイとして歩き回ったのなら、以上のようにたくさんの罪や悪業を積み重ねたのなら、私は今すべてを悔い、告白する」という表現があった。

また古代ウイグル語の世界的権威P＝ツィーメの一九七六年のドイツ語論文「高昌《こうしょう》ウイグル王国の商業について」では、「もしある貴人の子弟息女が旅をして遠方へ行き、商売をしたいと考えるなら、待ち焦《こ》がれている商品への渇望で（以下欠）」などの仏教テキストを引用する一方、未発表の手紙を含むかなりの数の商業関係文書についても言及していた。今や我々は古代ウイグル文書の中に数多くの書簡を含む商業文書類を発見し、その一部を公表しただけでなく（森安一九九七『岩波講座世界歴史』所収論文参照）、同じく東トルキスタン各地（トゥルファン・カラシャール・ミーラン・ニヤ・コータン・クチャなど）や敦煌から出土したカロシュティー文書・ソグド語文書・チベット語文書はもちろん、近年西トルキスタンから出土したバクトリア語文書からも、シルクロード商業の実態を示す生の史料を続々と見つけ出しているのである。今後、学界の最前線に立つ研究者たちにより、これらの史料が文献学的に解析されることを通じて、近代以前のユーラシアにおけるシルクロード交易の歴史的重要性を示す事実が次々と明らかになってくると、私は自信をもって断言する。

私自身についていえば、農業を生活基盤とするオアシス社会の古代ウイグル人が、遠隔地商業にも密接に関わっていたことを示す恰好の事例を、すでに「モンゴル時代のトゥルファン盆地内チクティムにおけるウイグル仏教社会」と題した英文論文で発表している。本書の対象である時代より後なのでここで日本語にして紹介することはできないが、少なくとも前近代中央アジアにおいてこのような事例を発見していることは、近代中央アジア史の専門家にとっても無視できないはずである。

環境史の視点

私としては、以上によって、間野をはじめとする「反シルクロード史観」は完全に論破できたと考えるが、実はすでに別の方向からも援護射撃があった。それは六四・六五頁で紹介した農牧接壌地帯に関する妹尾達彦の見解である。環境史という視点も取り込んで唐代を中心とする中国歴代王朝の都市史研究に新風を吹き込んでいる妹尾の主張をまとめれば、次のようになろう。

アフロ＝ユーラシア大陸における都市の形成と発展を考える際には、生態環境の境界に注目しなければならないが、アフロ＝ユーラシアにおいて、最も大きな生態環境の境界は、農耕地域と遊牧地域の境界を走る農業＝遊牧境界地帯である。その中でも最大のものは、北緯四〇度前後を東西に貫く一万キロを超す帯状の地域であり、地球規模では東西に走る線のように見えるが、ユーラシア東部では幅一〇〇キロから三〇〇キロにも及ぶ。もちろん、この境界線は地球の年平均気温の上下にも影響され、遊牧民の南下、農耕民の北上などによって、歴史的には南北数百キロにわたって移動するので、その模式図はあくまで参考である。前近代のユーラシアの都市の多くは、生態環境を南北に大別するこのユーラシア農業＝遊牧境界地帯の南縁で隣接する水の得やすいところに立地したのである。そしてこの農業＝遊牧境界地帯とその南縁地帯を合わせた地域が古くから東西や南北の物産が交易される高度に商業化した地域となり、ここに発達した諸都市間を東西につなぐ陸路が、ユーラシア大陸の幹線道路たるシルクロードである。

以上が妹尾説の要点である。シルクロードに草原の道を含めず、オアシスの道のみと受けとられかねない点は気になるが、それ以外は全面的に賛成できる。

世界史における重要性

確かに一九八〇年に放映されたNHKスペシャル「シルクロード」によって、シルクロードには「東西」の交流と「文明の通り道」のイメージが行き渡ってしまったために、ややもすれば現地の歴史や文化を無視する傾向が強まった。しかし現地出土の多言語の文書を解読し精密に分析すれば、先学たちが漢文史料やペルシア語・アラビア語史料などのいわば中央アジアの「外縁」に残された史料を用いて、苦心惨憺《さんたん》して論証してきたシルクロードの貿易や言語・宗教・文化交流の実態が、如実に浮かび上がってくるのである。現地の極度に乾燥した砂の下や石窟のなかに埋もれていたこうした一次史料によって、いまや、かつての中央アジアにおける多民族・多言語・多宗教の人々の営みが、いずれもシルクロードと密接に結びついていたことが確認されているのである。モンゴル帝国時代までの中央ユーラシアにおけるシルクロードの重要性に疑念をさしはさむ余地は微塵《みじん》もない。

近代に入り、西欧列強が銃火器と羅針盤を備えた外洋航海船でもって「海洋の道」から世界を制覇していくようになると、世界史における内陸アジアの重要性は格段に低下し始める。佐口透《さぐちとおる》が指摘したように、近代においても露清間貿易の盛況に支えられ、内陸アジアを通じての国際貿易の総量は近代以前を凌《しの》ぐとはいえ、その世界貿易に占める割合は「海洋の道」にはるかに及ばなくなる。つまり内陸アジアを通過する貿易の絶対量は増えているが、世界貿易量全体の中での地位は相対的に低下し、したがって世界における内陸アジアの重要性は経済的にも文化的にも低下していくのである。

近代の東西トルキスタン住民の大多数は農民となった。いや前近代においても、シルクロード貿易は奢侈品を運んで移動するキャラヴァンによる遠隔地商業であるから、各地域内の定期市などで自己完結する日常生活レベルでの交易とは截然《せつぜん》と区別され、一般農民と直接の関係を持つことは少なかった。それゆえ、シルクロード貿易は在地の住民にとって重要でなかったという評価もあり得るだろう。しかし私は、キャラヴァンの通過・滞在によってローカルな経済も刺激されたはずであると考えるから、そのような評価には与《くみ》しない（一〇九〜一一〇頁参照）。

それよりむしろ、七世紀前半に典型的なシルクロード商人の本拠地であるソグディアナを通過した玄奘《げんじょう》の目に、現地の生業は「力田《りきでん》（農業）と逐利《ちくり》（商業）する者が雑《まじ》り半ばしている」と映った事実に、注目する。しかも彼は、「風俗は軽薄で、詭詐《うそいつわり》がまかり通っている。おおむね欲ばりで、父子ともに利殖をはかっている」（水谷真成訳）とも伝えているのである。我々は中央アジア史において農民が大事ではなかったなどと言っているのではない。しかし、前近代世界において商業という第三次産業が五〇パーセントを占めているというのは、やはり異常であり、そこに特殊性があるとみていいはずである。

近代以降は、軍事力の中核が騎馬軍団から銃火器にかわり、貿易のメインルートが「オアシスの道」「草原の道」から「海洋の道」に移行したことにより、中央アジアは世界史の檜舞台から引きずりおろされ、以後の中央アジア史は数ある地域史の一つとして語られるようになるのであるから、近代中央アジア史研究者が雅称としてのシルクロードにさえ違和感を覚えるのは理解できる。私は、地域史に意味がないと言っているのではない。例えば我が平安時代史の研究が、中央ユーラシア史の研究より劣るなどとはさらさら思っていない。しかし、平安時代の日本が、同時代のアジア大陸からの影響を受けるだけではなく、積極的に世界史に直結する大きな役割を演じていたかといえば、それはそうではあるまい。

ソ連崩壊後は再び中央アジアが世界の注目を浴びるようになってきているが、ティムール帝国滅亡以後の一六世紀～二〇世紀の中央アジア史は、やはり地域史の枠を大きくはみ出ることはなかったのである。つまりその時代の中央アジア史は地域史ではあっても、政治・経済・文化のいずれの面でも世界史の中心ではないのである。私が先に、シルクロード地帯とは「前近代中央ユーラシア」のことであると定義したのは、近現代の中央アジアや中央ユーラシアを問題とする場面ではシルクロードという術語はふさわしくないし、マスコミでも「現代によみがえるシルクロード」などという表現は使ってほしくないと思うからである。

ユーラシア史の時代区分

本書では、西洋史に由来する概念としての古代・中世・近世・近代・現代という術語も使うが、それらをアジア史にそのまま当てはめることはしない。中国史でいえば、唐末から五代《ご》《だい》・北宋《ほくそう》に及ぶいわゆる「唐宋変革期《とうそう》」を古代から中世への転換期とみるか、中世から近世への転換期とみるかで、東京学派と京都学派の間で激しい論争があったが、西洋史から生み出された概念を世界史全体に及ぼすことなどしょせん無理で、私にはあまり意味がないように思われる。とはいえ、漢帝国と唐帝国とはまったく異次元の存在であるので、両者を同じ古代帝国の範疇に含めることには賛成できない。日本史では飛鳥・奈良・平安前期を古代というから、同時代の唐も古代であるというのも、おかしな理屈である。その一方で、フランク帝国と唐帝国をともに中世に属すると規定すると、中世は暗かったという西欧史のイメージを絢爛《けんらん》たる唐帝国にも当てはめなければならないことになり、これまた適当ではない。

いまや西欧的あるいはマルクス的な発展史観の呪縛《じゅばく》から自由になっていい時期に来ているが、古代とか中世という術語は普通名詞としては便利なので、本書でも、ある文明圏や民族などの相対的に古い時代とか中程の時代というくらいの曖昧な用語としてよく使われる。ただその場合には、各専門分野ごとの慣例にも従うので、例えば中世ペルシア語が、古代トルコ語の最古の例よりも古いというように、古代・中世という言葉の逆転現象が起こることもあることを、お断りしておく。

本書は西洋中心史観からの脱却をめざすとはいえ、西欧諸国が大型船で大洋に乗り出して新大陸を「発見」し、軍事力で植民地を拡大して世界制覇を実現し、さらに軍事力の重心がヨーロッパからアメリカに移った結果として、現代のアメリカ合衆国主導によるグローバル世界化にいたる、という歴史の潮流までも否定してはいない。その分岐点となるのが一六世紀であるから、そこにいたるまでの長い時代をまとめて前近代とか近代以前と呼び、近代ないしは近現代と区別することにする。つまり本書で正式に採用する世界史の時代区分用語はこれだけであるが、一般的にいえば、西洋史の古代・中世が本書の前近代と対応することになろう。

中央アジア史の時代区分としては、羽田亨《はねだとおる》が提唱したアーリア時代とウイグル時代という二大区分がある。ただしこれはあくまで近代以前の東西トルキスタンと天山北路を対象としていた。羽田説を踏襲する間野英二はもう少し広く中央アジア史全体を、Ⅰ　アーリア時代（紀元前五千年紀～紀元前七世紀頃の先史時代と、それ以後、九／一〇世紀頃まで）、Ⅱ　テュルク・イスラーム時代（九／一〇世紀～一八／一九世紀）、Ⅲ　近現代（二〇～二一世紀）の三時代に分類する。

イスラム化強調への疑問

このような間野の時代区分には、私も大筋では賛成できるが、いささか疑問がないわけではない。それは、この時代区分があまりに西側、すなわちイスラム側からの視点でなされているからである。東トルキスタン全体が完全なトルコ・イスラム世界になるのは、モンゴル帝国が滅びた後、一五世紀からにすぎない。それなのに間野が九／一〇世紀からをテュルク・イスラーム時代と定義するのは、あまりにイスラム中心主義であり、西トルキスタンの視点からしか中央アジアを見ていないからではないか。

唐帝国の建設とイスラムの勃興は共に七世紀に起こったユーラシア史上の大事件であったが、イスラム教は本書の主な対象とする唐帝国の末期までパミールを越えることはなかった。唐代のシルクロード東部地域、すなわち東トルキスタン～河西回廊～華北北半部、その北方のジュンガリア～モンゴリア、南方のチベット～青海は、いずれも基本的には仏教世界であり、そこにマニ教がウイグルの軍事力を背景にある程度の食い込みを見せ、また景教《けいきよう》（キリスト教の一派）・祆教《けんきよう》（ゾロアスター教）がいささかの花を添えたことはあったが、イスラム教とはほとんど全く無縁なままだったのである。確かに海のルートの玄関口である広《カン》東《トン》にはイスラム教徒の居留地があり、長安にもイスラム教徒の使者などがやって来たことは認められるが、唐代で広く一般に流布していた大宗教は儒教・仏教・道教の三教であり、西域風の珍しい宗教も摩尼《マニ》教・景教・祆教のいわゆる三夷教だけである。

『唐文粋《とうぶんすい》』巻六五にある舒元輿《じよげんよ》撰「重巌寺碑銘」に「また雑夷を容れて来る者に摩尼・大《たい》秦《しん》・祆神あり。天下の三夷寺を合するも、吾が釈寺の一小邑の数に当たるに足らず」と述べて、仏教寺院の数の多さを誇示するためにマニ教・キリスト教・ゾロアスター教寺院の少なさを際だたせているが、後に漢語でイスラム教を指すことになる清真《せいしん》教とか回《かい》教は数のうちに入っていない。普遍宗教である仏教・キリスト教・マニ教とちがい祆教は異民族に布教しないイラン系民族宗教であり、漢人にはまったく受容されなかったから中国での信者はごく少数である。イスラム教徒の数はそれよりもっと少なかったということである。

巷間《こうかん》には、回教とは「回鶻《かいこつ》＝回回＝ウイグル」民族の伝えた宗教であるという完全なウソがいまだにまかり通っているが、本来「回鶻＝ウイグル」と回回はまったく別物であり、唐代の「回鶻＝ウイグル」人はシャーマニズムを信じている段階からいきなりマニ教に改宗していったのであり、仏教徒が増えていくのは一〇世紀後半以降、イスラム教徒になるのはモンゴル帝国崩壊後の一五世紀以降のことに過ぎない。

間野によれば、中央アジアとは、本章冒頭でみた広義の中央アジアすなわち内陸アジアから、内外モンゴル・チベットを除いたものであるという。その理由は、モンゴル・チベットは近代以降も仏教世界であって、イスラム教を信奉する地域とは区別されねばならないからだという。しかしながら、ユーラシアの歴史の一方の主役を中央ユーラシア草原部の遊牧民に、もう一方の主役を中央アジアのオアシス農耕民のみならず、ユーラシア全体の南側に位置する大農耕文明圏の農耕・都市民に措定し、両者の絶えざる緊張と友好関係にユーラシア史のダイナミズムを求める我々の立場からは、どうして遊牧民の活躍した内外モンゴル・チベットを中央アジアからはずしてしまうのか、理解できない。ここでも恐らくイスラムに重点があるからであろう。中央アジア史全体を見渡す時、イスラム化を強調し過ぎると、ユーラシア東部からチベット仏教文化圏がすっぽりと抜け落ちてしまうという不都合が生じるのである。

世界史の時代区分への新提案

さてここに、私なりの世界史の時代区分を提示してみよう。人類の歴史は今や六〇〇万〜七〇〇万年前にまで遡《さかのぼ》るとさえいわれるが、我々現生人類（ホモ＝サピエンス）の歴史はせいぜい二〇万年くらい、そしてようやく一万一〇〇〇年くらい前に農業が発明されてから歴史時代に入ったのである。これまでの世界史というのは、マルクスの唯物史観の影響も強くあって、どうしても生産力中心の見方をしてきた。いいかえれば、農業地域中心、農耕都市文明中心史観であった。しかし私は、むしろ軍事力と経済力（食糧生産力と商工業とエネルギー）、そしてそのバックにある情報収集伝達能力に注目するのである。

世界史の八段階

①農業革命（第一次農業革命、遅れて家畜革命）　約一万一〇〇〇年前より
②四大文明の登場（第二次農業革命、車輌革命）　約五五〇〇年前より
③鉄器革命（遅れて第三次農業革命、馬車戦車の登場）　約四〇〇〇年前より
④遊牧騎馬民族の登場　約三〇〇〇年前より
⑤中央ユーラシア型国家優勢時代　約一〇〇〇年前より
⑥火薬革命と海路によるグローバル化　約五〇〇年前より
⑦産業革命と鉄道・蒸気船（外燃機関）の登場　約二〇〇年前より
⑧自動車と航空機（内燃機関）の登場　約一〇〇年前より

私は世界史の大きな流れをこのように八段階に分けて考えているが、その特徴は、中央ユーラシア史と世界史を連動させるため、④「遊牧騎馬民族の登場」と⑤「中央ユーラシア型国家優勢時代」という時代区分を設けていることである。⑥の火薬革命、すなわち殺傷能力の高い銃火器の登場と⑦の産業革命以後、人類は機械化文明時代に入るが、それはまだ五〇〇年弱にすぎない。それに先行する二～三千年の間、最も強い軍事力は何であり、最も早い情報伝達手段は何だったのか。機械化文明の根幹をなす動力を表す単位として、今でも「馬力（horsepower）」という言葉が残っているように、それは馬だったのである。優秀な馬を育て、馬に乗って弓を射る技術に長じた集団、すなわち騎馬遊牧民こそが地上最強の軍事集団たりえたのである。前近代におけるユーラシア世界史は、農業生産力だけでなく、馬の軍事力・情報伝達能力とシルクロード商業による経済力をそれ相応に評価してこそ、はじめて理解可能となるのである。

九／一〇世紀を広義の中央アジア史ひいては中央ユーラシア史の一大転換期とみなす点では、私も間野と同意見である。しかし私はその時代を、遊牧民が草原に本拠を置きながら、農耕地帯や都市をも包含して支配するようになる中央ユーラシア型国家（やや古くなりつつある用語でいえば「征服王朝」）の成立した時代と位置づけ、ユーラシア世界史の一大転換期とみなすのである。もちろん、その中央ユーラシア型国家の完成体がモンゴル帝国であり、その継承国家としてティムール帝国・オスマン帝国・ムガール帝国・ロシア帝国・大清帝国がある。したがって、中央ユーラシアの立場から世界史を時代区分して、一〇世紀前後を境にして、それ以前を中世、以後を近世とし、一六／一七世紀からを近代と呼び、グローバル世界史に連動させることも可能ではないかと思うが、今はまだそこまでは主張しない。

第二章　ソグド人の登場

シルクロードの主役

ソグド研究小史

騎馬遊牧民の動向に大きく左右されたシルクロードの歴史の舞台で活躍した民族や集団は数多いが、シルクロード商業の主役を演じた人々といえば、まず筆頭に挙げられるのがソグド人である。とりわけ本書が対象とする時代にあっては、その存在感は抜きんでている。しかもそのソグド人が、最初は商人として入り込んでいった中国ならびに中央ユーラシア東部の遊牧国家において、時間の経過とともに経済のみならず政治・外交・軍事・文化・宗教の分野においても想像以上に重要な地位を占めていったことが、近年の新発見と新しい視野に立つ研究によって、一挙に明らかになってきている。

紀元一千年紀のシルクロード貿易を支配したのがソグド商人であり、ソグド語が国際語となったことを初めて学界で唱えたのは、不世出の東洋学者であり、中央アジア・敦煌探検でも名高いフランスのP＝ペリオである。一九一一年、コレージュ＝ド＝フランスに開設されたばかりの中央アジア学講座の開講記念講演において、彼はその仮説を明らかにしたのである。まだ極めて材料の少なかった時代に、このような仮説を提出した彼の慧眼《けいがん》には、いまさらながら脱帽せざるを得ないが、その後のソグド研究には明治末期〜大正期にヨーロッパ東洋学界に追いつく気迫を見せた日本人学者の活躍が目立つようになる。

我が国における初期のソグド史研究の代表作は、白鳥庫吉《しらとりくらきち》「粟特《ソグド》国考」（一九二四年）であり、一方、北中国を含むシルクロード東部に発展したソグド人に関する研究も羽田亨《はねだとおる》「漠北の地と康国人」（一九二三年）、藤田豊八《とよはち》「西域研究(4)薩宝《さつぼう》につきて」（一九二五年）、桑原隲蔵《じつぞう》「隋唐時代に支那に来住した西域人に就《つ》いて」（一九二六年）、石田幹之助「「胡旋舞《こせんぶ》」小考」（一九三〇年）など、ほぼ同時期に集中している。それ以後も、ソグド人の東方発展史については日本が世界の学界をリードしてきた。その中でも顕著な業績を挙げた先学として、松田壽男《ひさお》・小野川秀美・羽田《はねだ》明・榎《えのき》一雄・伊瀬《いせ》仙太郎《せんたろう》・護雅夫《もりまさお》・池田温《おん》・後藤勝らがおり、私より若い世代には吉田豊・荒川正晴・森部豊・影山悦子・山下将司《しょうじ》らが続いている。

二〇世紀には華々しい成果を挙げた我が国のソグド人研究であるが、二一世紀に入ったとたん、その地位が危うくなっている。なんといっても脅威なのは、一九九九年以降、西安・太原において次々に北周《ほくしゅう》・北斉《ほくせい》・隋代の豪華なソグド人墓が発見され、それにともなって中国の研究者が台頭してきたことである。中国におけるソグド学の隆盛は一九八〇年代から見られるものの、その時はまだ日本の業績の上に乗っかった形であった。それが、ここに来て日本の方が後塵《こうじん》を拝する立場になりつつある。

さらにショッキングな出来事は、二〇〇二年に『ソグド商人の歴史』と題するフランス語の書物がパリで出版され、しかもその執筆者がE＝ドラヴェスィエールというフランスの若手研究者だったことである。本来なら、このような単行本はまず日本で出版されてしかるべきであるのに、完全に先を越されてしまった。その書物には我々に未知の情報も数多く含まれている。しかしながら、相当部分はすでに日本の先行研究で尽くされていることをまとめた感がいなめず、しかも本人は日本語が読めないため、我が国の多くの先行研究を見落としている。本書の出版は、シルクロード商業に強い関心を抱きながら日本語による業績へのアプローチを苦手としてきた欧米学界では大きな反響を呼び、早くも二〇〇四年にはその改訂版が出版され、さらにその英訳も二〇〇五年に出版された。改訂版には、吉田豊・荒川正晴そして私の三名が、彼と直《じか》に接触する機会を利用したり英文の書評において、増補修正のアドヴァイスをした結果もある程度は反映されているが、まだ満足できるものではない。しかし今後の欧米におけるソグド商人の研究は、日本語の幾多の業績を参照することなく、本書を中心に動いていくことであろう。残念ながら、これが日本史を除く世界の歴史学界の現実であるが、最先端の水準さえ保っていればいつかは報われるであろう。

ソグド人の故郷・ソグディアナ

ソグディアナというのは「ソグド人の土地」の意であり、紀元一千年紀のユーラシアに雄飛したソグド人の故郷である。ソグディアナはユーラシア大陸のほぼ真ん中に位置し、パミール高原から西北に流れアラル海に注ぐアム河《ダリヤ》とシル河《ダリヤ》に囲まれ、同じくパミールから流れて砂漠に消えるザラフシャン河やカシュカ河によって潤されてきた。

アム河・シル河という二大河の流域は人類史上きわめて大きな役割を果たしてきた。南にあるのがかつてオクソス（漢字名は烏滸《うこ》水）とかジャイフーンと呼ばれたアム河であり、北にあるのがヤクサルテス（漢字名は薬殺水）とかサイフーンと呼ばれたシル河である。この両河の中間地帯を、南の方からの視点で、マーワラーアンナフルとかトランスオクシアナという。前者はアラビア語で「大河（すなわちオクソス河）の彼方の地」を意味し、後者はその欧米語訳である。前者は七世紀後半にアラブ勢力が進出してくるようになってからの呼称であり、後者は現代語である。このトランスオクシアナこそが西トルキスタンの中心であり、内部にキジルクム砂漠を擁しながら、鉄器の使用が普及した紀元前六～前五世紀頃から灌漑《かんがい》網が整備されて、農業を基本とする緑豊かなオアシス都市国家群が栄えた土地である。そしてそのトランスオクシアナの一大中心がソグディアナなのであり、場合によっては両者はほとんど同義語として使われる。

ソグディアナは現在そのほとんどがウズベキスタン国に所属するが、東端の一部のみはタジキスタン国領になっている。西には、アム河下流域の肥沃《ひよく》なデルタ地帯であるホラズム（フワーリズム）、南にはアム河中流域の重要拠点トハリスタン（旧バクトリア）、東にはシル河上流域で名馬の産地として古来名高いフェルガーナがある。いずれも乾燥地帯であり、ホラズムとソグディアナがオアシス農業地帯に属するのに対し、トハリスタンとフェルガーナは農牧接壌地帯の一角を占めている。

ソグディアナ第一の首邑《しゆゆう》サマルカンドは、マラカンダの名前でアケメネス朝ペルシアの時代から歴史に現れるが、紀元後になるともっと多くのオアシス都市国家が知られるようになってくる。ここにその主なものを、中国側からの漢字の呼称とともに列挙する（九九頁の地図参照）。

まずソグディアナの中央にサマルカンド（康国）があり、その南のトハリスタンへの入り口に当たる鉄門までの道筋にキッシュ（史国、現シャフリ＝サブズ）がある。サマルカンドの西にはクシャーニヤ（何国）があり、さらに西にあるのがソグディアナ全体の西の要衝ブハラ（安国）である。そこからアム河を渡ってメルヴのあるマルギアナに至り、ペルシア本土に向かうことも、ホラズムを通ってカスピ海方面に達し、遠くロシア・ヨーロッパ方面に向かうこともできる。

ソグド人の泥俑　頭頂に束ねた髪と帽子、鬚をたくわえた顔立ちや服装など、当時の典型的なソグド人の姿。トゥルファンのアスターナ第216号墓から出土。高さ110㎝。新疆ウイグル自治区博物館蔵

反対にソグディアナの東北を固める位置にあり、東方へは天山山脈北麓からアルタイ山脈を越えてモンゴリアへ、西方へはウラル山脈南部から南ロシアに続く草原世界への玄関口を占めるのは、シル河の北岸にあるチャーチ（石国、直接音写名は者舌／赭支《しゃし》、現タシケント）である。サマルカンドの北側にはカブーダン（曹国）を真ん中にしてウスルーシャナ（東曹国）とイシュティハン（西曹国）が並んでいる。東方中国への最短ルートはそのウスルーシャナからフェルガーナを通り、パミールを越えて東トルキスタンに入る道である。

マーイムルグ（米国）は、サマルカンドの東方六〇キロにある都市遺跡ペンジケントに比定する吉田豊説が有力である。一九三三年にソグド語文書や各種の遺物が出土したムグ山城《じょう》塞《さい》址は、さらに東方へザラフシャン河を遡った要害の地にある。

これらの都市国家の経済基盤は農業であり、後世にはアラビア語地理書で世界の四大楽園の一つに数えられるほど豊かな土地となった。ソグド農業の最初の発展期は紀元前六〜前五世紀であったが、考古学的発掘によると、次の大発展期が五〜六世紀にあり、灌漑路ならびに遊牧民や砂の侵入に対抗するための長城の拡充が見られ、農耕地も都市も増大し、人口が増加していっそうの繁栄に向かったようである。仏教の極楽《ごくらく》とか西方浄土、キリスト教のエデンの園など、いわゆる楽園というのは砂漠の中の緑豊かな別天地、すなわちオアシスのイメージなのであるが、まさにそういう所だったのであろう。

しかしながら乾燥地のオアシス農業では田畑の拡張に限界がある。それゆえ人口が過剰になってくると、他の都市や他地域との交易に従事する商業に活路を見出す者が増えてくるの

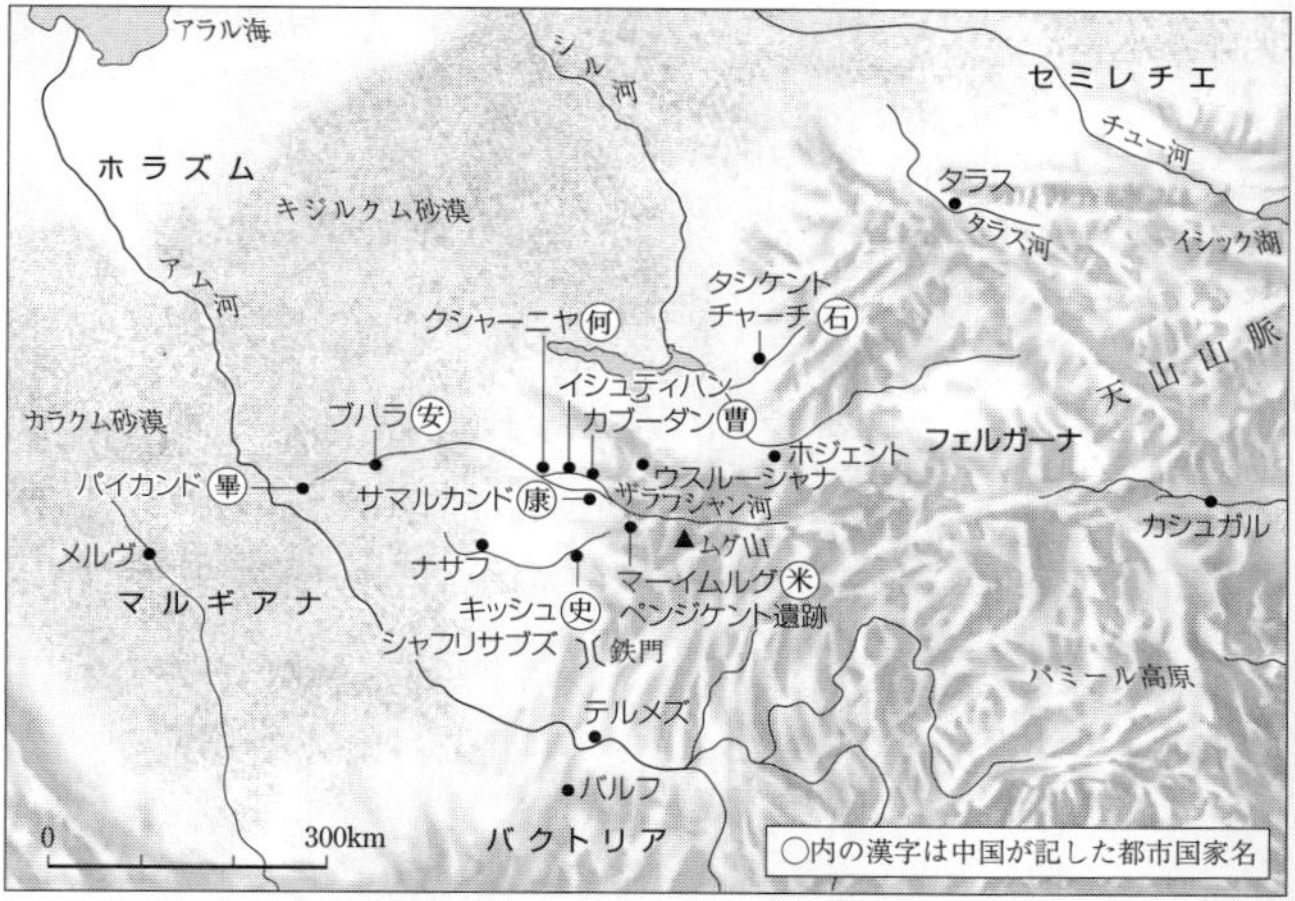

ソグディアナのオアシス都市　ソグド人の故郷は、ユーラシアのど真ん中に位置する。本書54頁の地図も参照

は自然のなりゆきである。そして他地域の商業中心地にまで仲間を送り込んで定着させるようになると、各地にソグド人コロニー（植民地・植民聚落・居留地）が出現する。玄奘《げんじょう》が報告したことで知られる西部天山山脈北麓のセミレチエ地方に点在したソグド人植民都市群は特に有名で、玄奘の『大唐西域記』ではそれを西隣のソグディアナ本土と一括して「ソグド地方」と紹介している。

ソグディアナはたまたまユーラシアのど真ん中に位置し、東の中国、東南のインド、西南のペルシア～地中海周辺東部地域、西北のロシア～東ヨーロッパ、東北のセミレチエ～ジュンガリア～モンゴリアへと通じる天然の交通路たるシルクロード網の心臓部を占めていたから、ソグド商人が、国際的なシルクロード商人へと発展していくのは、いわば必然であった。ソグド人コロニーは、草原の道沿いで西は黒海周辺に達し、東はタラス河以東イリ河流域に至るセミレチエのみならず、さらにその東のジュンガリアからモンゴリア・満洲《まんしゅう》へも、そしてオアシスの道沿いには東トルキスタンのクチャ・コータン・トゥルファン・ロプノール地方から河西《かさい》回廊の沙州《さしゅう》（敦煌）・涼州《りょう》（武威《ぶい》、姑臧《こぞう》）に、さらに北中国のほとんどの大都市にまで存在したのである。

ソグド文字とソグド語

ソグド人は人種的にはコーカソイドであり、身体的特徴としてはいわゆる「紅毛碧眼《こうもうへきがん》」で代表されようが、より具体的には白皙《はくせき》、深目、高鼻、濃い鬚《ひげ》、時に緑や青い瞳、亜麻色・栗色ないしはブルネットの巻き毛が挙げられる。言語は、今では滅びたソグド語である。ソグド語は印欧語族イラン語派に属する中世イラン語の東方言のひとつであった。同じ東方言の仲間としてホラズム語・バクトリア語・コータン語があるが、方言とは名ばかりで互いに通じ合わないほど異なっている。

紀元前六世紀にアケメネス朝ペルシアのキュロス二世の征服を受け、ペルシアの属州になってから、ソグディアナでは初めて文字が使われるようになった。しかし、最初はアケメネス朝の公用語であるアラム語がアラム文字で書かれただけであって、いきなりソグド文字でソグド語が書かれたわけではない。これは日本でも漢字が入ってきた時すぐに日本語が書かれたわけではなく、漢字では漢文しか書けなかったのと同じである。かなりの時間を経てからようやく、漢字で日本語が写せるようになった。これを万葉仮名《まんようがな》といい、そこから片仮名《カタカナ》や平仮名《ひらがな》へと発展していく。状況はそれよりはるか昔のソグディアナでもほぼ同様であり、アケメネス朝滅亡後にアラム文字でソグド語を書写するようになり、そのアラム文字が草書化していってソグド文字が生まれたのである。後にソグド人の東方発展にともなってソグド文字が突厥《とっくつ》・ウイグルに伝播し、唐代にこのソグド文字がウイグル文字へ、一三世紀にはそのウイグル文字がモンゴル文字へ、そして最後には一七世紀にモンゴル文字が満洲文字へと転化していく。

紀元一千年紀にはソグド人が中央ユーラシア全域に雄飛して各地にコロニーを作り、有名な商人としてだけでなく、武人や外交使節、宗教の伝道者や通訳、音楽や舞踊・幻術などに携わる芸能者などとして活躍したために、このソグド文字ソグド語が中央ユーラシアの、とりわけシルクロード東部の国際共通語となったのである。

ソグディアナはアケメネス朝を滅ぼしたアレクサンドロスの遠征の東の終点となり、以後、セレウコス朝シリア、バクトリア王国の領域に含まれる。その後、ソグディアナ全体に絶対的権力を振るう王は一度も出現せず、ソグド諸国家は互いに独立し、ゆるやかな連合を組んでいた。全体としても、紀元前二世紀からは康居《こうきょ》・クシャン朝、五世紀後半からは嚈《エフ》噠《タル》・突厥などの遊牧国家の間接支配を受けることはあったが、八世紀前半にアラブのウマイヤ朝の直接支配を断続的に被《こうむ》るようになるまでは、ほぼ独立を保っていた。

しかし、八世紀中葉にアッバース朝の直接支配下に入り、それ以後、サーマーン朝・カラハン朝・セルジューク朝・ホラズム（フワーリズム）朝と続くイスラム帝国のもとで、ソグド人としての独自性は失われていくことになる。宗教がゾロアスター教からイスラム教に代わるのはもとより、ソグド語さえもペルシア語に取って代わられていく。なぜならウマイヤ朝やアッバース朝の上層部はアラブ人であるが、イスラム帝国の東方領域では旧ササン朝のペルシア人がイスラム教に改宗した人口の方がはるかに多く、ソグディアナを含むトランスオクシアナに乗り込んできたのはそのようなイスラム化したペルシア人が中心であったからである。特に九世紀の終わり頃に興ったサーマーン朝はペルシア人王朝であり、ソグディアナではアラビア文字ペルシア語が主流となったのである。そのような近世ペルシア語が現在のタジク語に直接つながる。

そして一〇世紀後半以後、内陸アジア大草原部から浸透するトルコ人が支配者となってカラハン朝・セルジューク朝・ホラズム朝を建設するようになると、今度はトルコ語が優勢となって、ついに本格的にトルキスタン化（西トルキスタンの成立）するのである。

ソグド社会と商業

ソグド商人の記録

ソグド経済の基本は農業であるが、紀元一千年紀に入ってからのソグド人の生業のなかで目立つのは、なんといっても商業である。漢文史料もイスラム史料もそれを特記している。まず漢文史料から見てみよう。隋の煬帝《ようだい》の命令で杜行満《とこうまん》と共に使者として西域に派遣された韋節《いせつ》が書いた『西蕃記《せいばんき》』という旅行記があった。彼は親しくソグド地方にも足跡を印したから、その報告は信用できる。残念ながら『西蕃記』の全体は散佚《さんいつ》してしまったが、幸い、中唐の文人政治家・杜佑《とゆう》が著した『通典《つてん》』の巻一九三（辺防九・西戎五）に引用された次のような一文が残っている。

康国《サマルカンド》人は並《み》な賈《こ》（あきない）を善《よ》くし、男は年五歳となれば則ち書を学《まな》ばしめ、少しく解すれば則ち遣《つか》わして賈《こ》を学ばしむ。利を得ること多きを以て善《よ》しと為す。

さらに『旧唐書《くとうじょ》』巻一九八・西戎伝《せいじゅうでん》・康国《サマルカンド》の条には、もっとくわしい記事がある。

その人、皆、深目高鼻にして、鬚髯《しゅぜん》（ひげ）多し。丈夫（男性）は翦髪《せんぱつ》（短く切り揃えた髪）、或いは辮髪《べんぱつ》なり。その王は、氈帽《せんぼう》（フェルト製の帽子）を冠《かむ》り、飾るに金宝を以てす。婦人は盤髻《ばんけい》（大きいまげ）し、幪《おお》うに皁巾《そうきん》（黒絹のキレ）を以てし、飾るに金花を以てす。人は多く酒を嗜《たしな》み、好く道路にて歌舞をなす。子を生めば必ず石蜜（氷砂糖）を以て口の中に納め、掌《てのひら》の内に明膠《よいニカワ》を置く。その成長して口は常に甘言し、掌《てのひら》は銭を持つこと膠《ニカワ》の物に黏《ねばりつ》くが如《ごと》からんと欲すればなり。俗は胡書（ソグド文字ソグド語）を習い、商《しょう》賈《こ》（あきない）を善《よ》くし、分銖《わずかのカネ》の利を争う。男子は年二十となれば、即ち遠く旁国《ぼうこく》に之《ゆ》き、中華にも来適《らいせき》（来たりてゆく）し、利の在る所にて到ら不《ざ》る所は無し。（中略）隋の煬帝の時、その王・屈朮支《くつじゆつし》は西突厥の葉護《ヤブグ》可汗の女《むすめ》を娶《めと》り、遂《つい》に西突厥に臣たり。

イスラム側の史料としては、やや時代は降るが、一〇世紀にペルシア語で書かれた『世界境域志』がある。ここに「トランスオクシアナ地方とその諸都市の条」から抜粋して引用する。

この地方の東はチベットの辺境である。南はホラーサーンとその国境地帯である。西はグズ族とカルルク族の辺境である。北もカルルク族の辺境である。ここは広大で繁栄しており、非常に心地よい国である。そこはトルキスタンへの入り口にあたり、商人たちの淵《えん》叢《そう》である。住民は好戦的で、信仰のためには能動的な戦士であり、射手である。

サマルカンドは大きくて豊かで、非常に心地よい町である。そこは世界中からの商人の集まる所である。市街区と城塞と郊外とがある。マーケットの屋根には（涼をとるために）水の流れる導管がある。サマルカンドには、ニゴシャク（「聴衆」の意味でマニ教徒をさす）と呼ばれるマニ教徒の教会が建っている。サマルカンドは紙と麻紐を生産し、紙は世界中に輸出される。ブハラ河（ザラフシャン河のこと）がサマルカンドの城門付近を流れている。

本書の成立は一〇世紀も後半であるが、イスラム地理書の常として、時代の遡る書物や史料を取り込んで編纂しているので、注意を要する。トランスオクシアナの東隣がチベット(吐《と》蕃《ばん》)だというのは、恐らく九世紀前半のチベット帝国絶頂期の情勢を伝えたものであろう。それでも、この記事からは、九〜一〇世紀のソグディアナがやはり遠隔地商業の中心地として栄えていたことが容易に推測される。

書簡にみる遠隔地商業

一方、ソグド人自身の手によって残された文書で、盛んな遠隔地商業活動を示すのは、いわゆるソグド語「古代書簡」である。これはイギリスの探検家M=A=スタインが一九〇七年に敦煌西方の旧玉門関《ぎょくもんかん》遺跡群の一部をなす烽火《のろし》台跡で発見したもので、五通のほぼ完全な手紙とその他の断片類からなる。その年代についてはさまざまな説が提出されてきたが、現在ではもはや三一二〜三一四年とする見方に疑念の余地はない。これらは、当時、河西〜北中国にやってきていたソグド人たちが、中国の政治情勢や商売仲間・家族などに関するあれこれの消息をソグド本国へ、あるいは本国と河西との中間にある楼蘭《ろうらん》などのソグド人コロニーにいる家族や仲間に伝えるために書いた手紙である。言及される商品には、金・胡椒《こしょう》・麝《じゃ》香《こう》・樟脳《しょうのう》・胡粉《ごふん》(鉛白《えんぱく》)・絹織物・毛織物・麻織物類があり、重さで量る銀と中国の銅銭とが貨幣単位となっている。またある手紙の封筒は絹製であった。これらの手紙はシルクロードを通るキャラヴァン（隊商）で西方の楼蘭やソグディアナに運ばれる途中、敦煌西方で事故かなにかに遭って郵便袋ごと遺棄されたか、官憲によって没収されたらしい。

五通の古代書簡のうちの第二書簡は、ソグド商人ナナイヴァンダクが、河西のどこか（酒泉とする旧説は誤り、姑臧か金城の可能性が大）からサマルカンドにいる商売仲間で、おそらく親族の一員でもあるヴァルザックに出したものである。それによれば、ナナイヴァンダクは、敦煌・酒泉《しゅせん》から姑臧（涼州）・金城（蘭州）にまたがる河西回廊一帯を直接の商売地域としつつ、中国本土にまで仲間や使用人を派遣して貿易をやらせていた。そして彼は、五胡十六国時代初期の洛陽《らくよう》・鄴《ぎょう》・長安の政治情勢、とりわけ「永嘉の乱」にともなう漢人と匈《きょう》奴《ど》（フン）の争い、饑《き》饉《きん》や略奪・放火などによる混乱、三一一年に起こった皇帝（西晋の懐帝）の洛陽脱出などに言及するとともに、自分たちの商売仲間や商品である麝香などに関わる消息をも細かく伝えている。さらに中国内地にいた一〇〇人のサマルカンド出身の自由人や洛陽にあったインド人・ソグド人居留区が消滅したことへの言及があるかと思えば、本国で親族に預けてある資金の運用についての指示さえもある。

ちなみに、このサマルカンドへ送られた第二書簡によって、匈奴がフンと呼ばれていたことが確証されたことは重要である。また、第一・第三書簡は敦煌からたぶん楼蘭へ宛てられたものであり、第五書簡は涼州から出されていることからみて、ソグド商業ネットワークの一環としてソグド人植民聚落を結ぶ郵便制度の存在したことが窺《うかが》える。

奢《しゃ》侈《し》品《ひん》を扱うシルクロード貿易では、輸送途中での高額商品の紛失、数量のごまかし、高級品と低級品の入れ替えなど、さまざまの損失を避けるため、商品に手紙が付随するのが普通である。例えば商品の品質や数量、あるいはどのキャラヴァン隊員の誰に預けて送付するかといった情報を記入したり、商品をつめた袋に封泥《ふうでい》で封緘《ふうかん》をした場合にその封泥の形状を知らせたりするのである。近年、ソグド人の墓などから貴石印章付きの指輪が次々と見つかっているが、それらにはさまざまな絵柄が陰刻されている。それを粘土に押しつければ独特の絵柄の封泥となる。またその印章に朱墨《しゅぼく》をつけて紙に押せば、手紙で同じ絵柄を受取人に伝えることが可能となるわけである。このように最初期には単なる商品の送り状《インヴォイス》であった手紙が、それだけにとどまらず次第に個人的な消息の伝達も行なうようになるのは自然のなりゆきである。さらには、商品がない場合でも、手紙だけを独立して送る発想が生まれる。このようにしてシルクロードを往来した馬とラクダのキャラヴァンは、郵便制度の担い手にもなるのである。商品や手紙は長距離を移動するにしても、それを運んだキャラヴァンや商人が同じく長距離を移動したとは限らず、ネットワーク上のいくつかのジャンクションの間のみを往復する短距離ないし中距離の移動の場合の方が、土地勘などの諸条件を考慮すれば、実際には多かったことであろう。

称価銭文書と史料残存の偶然性

ソグド人が四〜九世紀のシルクロード東部における遠隔地貿易の主役であったことを示すものは、古代書簡のほかにもトゥルファン・敦煌より出土した漢文文書や壁画・遺物の中から相当数発見されている。特に重要なのが、「称価銭《しょうかせん》文書」と呼ばれる商業税に関するものと、「過所《かしょ》」「公験《こうけん》」と呼ばれる旅行許可証の類、さらに売買契約文書である。旅行許可証・売買契約文書類については、後章で言及することになるので、ここでは称価銭文書（73TAM514：2；『吐魯番出土文書』第三冊、文物出版社、三一七～三二五頁）を紹介する。

称価銭とは、唐が西域に進出するまでトゥルファン盆地に栄えた麴氏《きくし》高昌王国の公営市場において、重さで量り売りされた高額商品に対して課された商税のことである。トゥルファン出土の称価銭文書は、アスターナ第五一四号墓に埋葬されていた女性ミイラが履いていた葬送用に紙で作られた靴を分解して見つかったものであり、断片ながら六一〇～六二〇年頃の課税・徴収の実際を如実に伝えるものである。回収された残存部分は商税の納入先となっていた役所（内蔵）が半月毎に集計した約一年分で、現れる商品は金・銀・銅・鍮石《ちゅうじゃく》・絹糸・香料・鬱金《うこん》根・硇砂《のうしゃ》《どうしゃ》・薬・石蜜（氷砂糖）であり、商税は一貫して銀銭で徴収されている。

さらに興味深く重要なのは、この課税帳簿断片に登場する約五〇人の商人のうち、ゆうに八割以上がソグド人であり、売り手と買い手の分かる三三件の売買のうち二九件にソグド人が関わっているという事実である。クチャ（＝亀茲《きじ》）特産の薬品である硇砂（森安、二〇〇四年論文参照）を例に取れば、売り手がクチャ人で買い手がソグド人である一件を除き、あとの五件はすべて売り手・買い手ともソグド人である。つまりソグド商人どうしが売買している例がきわめて多いわけで、当時のシルクロード貿易をソグド商人がほぼ独占していたことが明証されるとともに、シルクロード貿易が中継貿易であったという実態も浮かび上がる。その意味で、偶然に残された本文書は、まことに貴重な史料なのである。ただし、絹織物・奴隷・馬・ラクダなど高額ではあっても重量以外の基準で計られる商品は、当然ながら本文書に現れない。

ところで、トゥルファン・敦煌出土の世俗文書に見えるソグド人の大半は農民や職人や兵士であって、商人の姿はそれほど目立たないことや、中央アジア出土文書に見えるほとんどの住民はシルクロード貿易と関係なく農業をやっているように見えることから、シルクロード貿易は中央アジア＝オアシスの現地経済にたいした影響は与えなかったという見方がある。しかしながら、これは偶然に出土した文書の性格を考慮しない浅薄な議論である。ようは史料論に関わる問題である。私に言わせれば、ソグディアナ本土でもソグド人コロニーでも農業従事者が多数を占めており、現地住民の多くが農業に依存して生活しているのは当たり前である。ソグド人コロニーへの移民にも農民・職人が含まれていたはずである。農地が限定される中央アジアにおいては、オアシス農業という食糧供給基盤の安定なくして、商業の発展はない。ある程度以上の人口がいれば、衣服・住居・生活用品を作り出す職人が必要になることも言うまでもない。そうしたソグド移民聚落に家族という生活基盤を置いたソグド商人が短〜中距離で次々に商品を中継していき、結果的に長距離を移動するようにしたシステムが、ソグド＝ネットワークなのである。

遠隔地交易の繁栄にはキャラヴァンの頻繁な往来がともなうものであり、キャラヴァンが移動すれば、行く先々で通行税を支払い、旅館に宿泊して宿泊費・食費などを落とすのであるから、地元経済も活性化するはずである。旅館に多くの客が来れば、そこにさまざまな食糧や薪炭や交換用の駄獣を納入する地方業者が潤い、馬具やバッグなど旅行必需品の買い物や修理をすれば地元の職人や小売商も潤うのである。オアシス都市国家住民の大多数にはシルクロード貿易に「直接」関わったという証拠がないという史料状況から、シルクロード貿易は中央アジア史にとってそれほど重要ではなかったという結論にもっていこうとするのは、あまりにも単純すぎる。

商業立国の社会構成

ソグド社会では自由人と非自由人が峻別《しゅんべつ》されていた。ソグド本土におけるソグド人の社会構成をうかがうに足る史料としては、八世紀の第一＝四半世紀に属する九〇点ほどのムグ山出土文書がある。

このムグ文書には羊皮紙《ようひし》や柳枝《りゅうし》（木簡の代わり）に書かれたものも含まれるが、多くは紙に書かれている。つまり七五一年のタラス河畔の戦いより前に、ソグド本土ですでに紙が流通していたのである。アラビア語・トルコ語・漢語のものもわずかに含まれるが、ほとんどはソグド語で書かれている。そこに現れる社会身分を表す術語には、自由人・商人・職人・奴隷・捕虜・人質などがある。

ここに見える自由人とは、おそらく多くが土地所有者で武装もしており、場合によっては貴族とも武士（騎士）とも呼べる階級であり、人口の三割以上を占めていたという推定さえある。商人にも自由人の範疇に入る者が多数いたことは、先述の古代書簡で中国に来ているソグド人を自由人と呼んでいたことから判明する。士農工商といって商人を最下位に置く思想は江戸期日本だけでなく農本主義の唐代中国でも見られたし、ソグドと同じイラン語圏のササン朝ペルシアでも商人は社会の最下層であったが、ソグド社会ではまったく違ったのである。商人の地位の高さは、聖職者が重視されていない点とともに、ソグド社会のきわだった特徴となっている。職人が隷属民であったかどうかは不明だが、彼らの工房は大邸宅に付随し、その工房はたぶん商店も兼ねていた。

ムグ文書に農民は現れないが、七世紀前半に現地を旅した玄奘が、「財の多きを貴しと為し、良民・賤民という差は無い。〔中略〕力田（農業）と逐利（商業）する者が雑《まじ》り半ばしている」と報告しているように、当然ながら農民はいた。農民に言及する玄奘が賤民はいないと報告しているのだから、まさか農民がすべて奴隷であったなどということはなかろうと思うが、実態はわからない。商人の割合が高いのはいかにも商業立国のソグド社会の実態を反映しており、貴族には地主貴族だけでなく、多くの商人貴族もいた。あるいは両者が未分化だったのかもしれない。

またムグ文書中に結婚契約文書があり、そこには契約の条件として、夫でも妻でも離婚して新たに再婚したいと望めば、定められた財産を渡して離婚できること、一方が罪を犯したために自由を失って奴隷になったとしても、配偶者や子供には無関係であり、その責任を負わされないことなどが記されている。女性の地位の高さが目を引くとともに、奴隷の存在したことがここからも窺《うかが》われる。

問題は軍人であるが、私はこれには上は貴族から下は奴隷身分までまんべんなくいたのではないかと推測している。ムグ山出土の盾《たて》には貴族と思しき騎馬戦士が描かれていた。シルクロード貿易というのは草原や砂漠のルートを行くのであり、しかも高価な商品を運んでいるのであるから、山賊や追い剝《は》ぎに遭う危険性がきわめて高い。それゆえ少人数ではなく、かなりの人数でキャラヴァンを組むのが普通である。その際、キャラヴァンに参加する商人たち自身も武装したであろうが、ボディガードとして専門の軍人をも伴ったにちがいない。そのような軍人として、あるいは貴族や富裕な大商人の私兵として、ソグド社会には半隷属ないし奴隷身分の軍人が多数いたようである。

ソグド＝ネットワーク

漢文史料中のソグド人の見つけ方

漢文史料の中でソグド商人はどのように呼ばれているのであろうか。従来は紀元一千年紀の範囲内で「商胡《しょうこ》・賈胡《ここ》・客胡《きゃつこ》・興生胡《こうせいこ》・興胡《こうこ》」あるいは「胡商・胡客」とあれば、ほとんどイラン系商人ないしは西域商人とみなしてよいと認められてきた。しかし、本書ではさらに一歩進めてこれらの多くをソグド商人とみる説を打ち出したい。特に唐代において「興生胡」ないしその省略形の「興胡」とあれば百パーセント近く、また「商胡・賈胡・客胡・胡商・

ソグド人騎馬戦士　ザラフシャン河上流のムグ山城塞址で出土、実戦の痕跡が残る木製の盾。全長61cm。騎士は鎧で武装し剣や弓を携えている。エルミタージュ美術館蔵

胡客」も十中八九はソグド商人とみてよいと私は思う。

しかしながら、後漢《ごかん》から魏晋南北朝《ぎしんなんぼくちょう》時代の「胡」については今しばらく慎重でありたい。この時代の「商胡・賈胡・客胡・胡商・胡客」が西域商人であることは揺るがなくても、タリム盆地諸オアシス都市国家からやってきた非漢人（亀茲《クチャ》人・焉耆《えんぎ》人を含むトカラ人やコータン人・楼蘭人など）の商人であることも決して少なくはなく、時には遠くインドやペルシアからやって来た商人を指す場合さえあり、安易にソグド商人とは断定できないからである。例えば六世紀の『洛陽伽藍記《らくようがらんき》』巻三には、「葱嶺《パミール》より已西、大秦《たいしん》（＝東ローマ帝国）にいたるまでの百国千城は、（北魏に）款附《かんぷ》（心からつき従う）せざるなし。商胡・販客は日ごとに塞下に奔る（＝国境地帯に押し寄せる）」とあるが、同書には「乾陀羅《ガンダーラ》国胡王」とか「波斯《ペルシア》国胡王」という表現もあって、「胡」は必ずしもソグドを指していない。

さらに問題なのは、商業を意味する商・賈・興生や旅人を意味する客と結びつくのではなく、それ以外の語と

結びついて「〜胡」「胡〜」となっている場合、例えば「諸胡・雑胡・西胡・胡人」や、単に「胡」とある場合である。漢語の「胡」とは基本的に「えびす・外人」の意味ではあっても、時代や地域によって融通無碍《ゆうずうむげ》に意味の変わる言葉である。五胡と呼ばれる匈奴《きょうど》・鮮卑《せんぴ》・氐《てい》・羌《きょう》・羯《けつ》に代表される中国北部〜西北部とその外縁にいた騎馬遊牧民を意味することもしばしばである。

中国に来住したソグド人は、漢文書による行政上の必要から漢字名を持たされたらしく、その際には出身都市名を示す漢語が姓として採用された。それらは康国（サマルカンド）、安国（ブハラ）、米国（マーイムルグ）、史国（キッシュ）、何国（クシャーニヤ）、曹国（カブーダン）、石国（タシケント）、畢《ひつ》国（パイカンド）に由来する康・安・米・史・何・曹・石・畢という姓である（九九頁の地図参照）。さらに都市名を特定できないが、羅・穆《ぼく》・翟《てき》もソグド人の姓に加えてよいことが最近ではほぼ認められている。今後はこれらを一括して「ソグド姓」と呼ぶ。ただし康・安・米以外のソグド姓は、漢人本来の姓でもあることに注意されたい。それゆえ紀元後の漢文史料でソグド人・ソグド商人を探すには、「胡」とソグド姓、ないしソグドの総称である粟特《ぞくとく》・窣利《そつり》とが結び付いた箇所に注目するのが確実な方法である。ソグド姓だけ、あるいは商業関係用語と結びついた「胡」だけで判断するのは危険が大きすぎる。

ネットワークの推定復元

東方に発展したソグド商人たちの足跡が、遅くとも四世紀前半には中国にまで及んでいたことは先のソグド語古代書簡より明白であるが、さらにもっと古く後漢～三国魏の時代にまで遡ることは、先学が漢籍中より見つけ出した零細ながら雄弁ないくつもの史料から疑いない。また、つい最近、四川《しせん》省で発見され、『文物』二〇〇四年九号で発表されたばかりの漢代の磨崖《まがい》図に描かれている異形の集団がソグド人である可能性もおおいにある。なぜなら、後漢～南北朝～隋代の史料によれば、中国でソグド人の活躍や足跡が顕著に見られる地域はなんといっても河西地方であるが、その次に長安・洛陽を含む関中・中原《ちゅうげん》地方と並んで四川地方が挙げられるからである。いうまでもなくソグド人が西域から中国に入るには、天山南路の北道か南道を通って河西回廊に進むのが最も便利であった。そこから東へ向かえば長安・洛陽方面に至るし、南下すれば四川に至り、さらに東して江南に行くこともできるからである。またシルクロードとしては天山南路南道よりさらに南にある青海路も忘れてはならず、青海地方からは関中・中原へも四川地方へも自由に入ることができたのである。四川は近現代には奥地のイメージが強いが、陸上交通中心の時代には今より遥かに便利な交通の要衝だった。

一方、遊牧民族の本拠モンゴリアに向かうには、河西地方から北上することもできたが、むしろソグディアナから直ちに草原ルートに入り、現在のウルムチ東方にあった天山北路の要衝・北庭《ほくてい》ビシュバリク地方に到達し、そこからアルタイ地方を越えていく方が簡便であった。ついでながら、いったん中国中枢部の関中・中原地方に入ったソグド人の場合には、そ

モンゴリアまで延びている

ソグド＝ネットワーク　東西に広がるネットワークは、ゴビを越え北方の

こから北上して内モンゴル地方へ向かい、ゴビ砂漠越えの何本かのルートのいずれかを利用するのが普通であったはずである。

遠隔地間の貿易を有利に進めるには、商品価格や道路の安全などに関わる情報が第一である。情報収集には人間のネットワークが必須である。こうしたハード・ソフト両面にわたるネットワークを活用するためには、網の結び目（ジャンクション）に当たる各拠点に人員を有効的に配置せねばならない。そのためにソグド商人たちは家族や親族、あるいは同じ都市出身の仲間同士でチームを組み、互いに助け合っていかねばならなかった。程度の差こそあれ、現代の総合商社が世界中に張り巡らすネットワークを想起していただきたい。ただ残念ながら我々には、そういう具体的なネットワークを完全に復元できる史料がないから、ここでは後漢～唐代においてソグド人が集団で居住したことが確実なパミール以東の都市名ないし地域名をピックアップして、彼らのネットワークの広がりをしのぶよすがとしたい。

集団といっても小は数人ないし数家族から、大は一〇〇〇人をはるかに超す規模までさまざまである。学界ではこれに対し植民聚落とかコロニーとかコミュニティ、あるいはトレード＝ディアスポラなどという用語が使われているが、いずれも都市内居留地を含む概念である。聚落というからには最低でも何戸以上というような諒解があるかというと、そういうわけでもなく、研究者によってそれぞれ抱いているイメージは異なる。にもかかわらず、ソグド人集団の存在した都市・遺跡・墓地、ないしはソグド人の足跡を明示する碑文や岩壁銘文の見つかった地点を地図上に落としていって（一一六～一一七頁の地図参照）、それらを線で結び合わせると（この作業は本節の記述と本書巻頭の地図を参考にして読者にお任せしたい）、そこには見事なネットワークが浮かび上がるのである。もちろんこの作業は、聚落と呼ぶに足る最低戸数だけでなく、後漢から唐代まで六〇〇〜八〇〇年にわたる時間差を無視しているので、厳密にいえば歴史家の仕事としては十全ではない。しかしながら私は、先に紹介したソグド商人の「利の在る所にて到ら不《ざ》る所は無し」といわれた特徴を考慮し、こうして得られたネットワークは単なる参考程度以上の価値を有していると判断し、これを紀元一千年紀の「ソグド＝ネットワーク」と名付けるのである。

東方への進出

商人と武人の両面性

ソグド人の重要性は商業面のみにあったのではなく、実は軍事面においても無視できないどころか、これまで予想もされなかったほどの積極的評価を与えるべきであるという見方が最近定着しつつある。先ほども述べたように、そもそも奢侈品貿易であるシルクロード貿易では、高価な商品を運ぶ商人集団が馬やラクダでキャラヴァンを編成して草原や砂漠のルートを行くのであるから、山賊や追い剝ぎに遭う危険性がきわめて高い。それゆえ常に武装することが必須であり、個人個人はともかく、集団としてみれば遠隔地商人と武人は表裏一体なのである。早くも三世紀の三国志の舞台に、そのようなソグド人集団が顔を見せている。

『三国志』巻三三・蜀書《しょくしょ》・後主伝《こうしゅでん》や『冊府元亀《さっぷげんき》』巻二一七によれば、二二七年に蜀と呉《ご》が連携して魏を挟み撃ちにしようと計り、諸葛孔明《しょかつこうめい》が蜀の大軍を率いて北上しようとする時、劉《りゅう》備《び》の後を嗣いで皇帝となっていた劉禅《りゅうぜん》が詔 勅《しょうちょく》を下したが、その文の中に次のような一節があった。

涼州（ここでは広義の涼州で河西地方全体を指す）の諸国王は、各々月支《げっし》や康居《こうきょ》の胡侯《ここう》である支富《しふ》や康植《こうしょく》など二十余人を遣《つか》わし、詣《いた》りて（蜀皇帝・劉禅ひいては諸葛孔明の）節度を受けることになっている。大軍（蜀軍）が北へ出発すれば、すなわち彼らは兵馬を統率して（援軍として加わり）、（戦闘が始まれば）戈《ほこ》を奮《ふる》って先駆しようと望んでいる。

魏・呉・蜀により天下が三分されていたとはいえ、西北地方の河西回廊に割拠《かっきょ》して半独立的立場にあった諸国の王たちは、この時は情勢を見て魏ではなく蜀に味方することにした。そのため、諸国王は自分の支配下にあった月支すなわち月氏や康居といった人々を、それぞれの異民族リーダー（胡侯）たち二十数人に分統させて派遣しようとしたのである。名前から判断して、月支＝月氏の軍団を率いたのが支富であり、康居というか正しくは康国（サマルカンド）の軍団を率いたのが康植であることは間違いない。月支＝月氏とは西トルキスタン移住後の大月氏《だいげっし》を指すのか、それとも原住地である河西地方に残留していた小月氏《しょうげっし》を指すのか、いずれとも決めかねる。しかし、主にオアシスの道によるシルクロード貿易でソグド商人の先駆者となったのは、クシャン朝時代のインド商人とバクトリア商人であった（サルト「隊商」という語はインド語からバクトリア語経由でソグド語に入った）と思われるから、この月氏とは大月氏のバクトリア商人と見る方がよかろう。ちなみに、ソグド人は匈奴に圧迫されて河西から西遷した月氏の後裔であるという説がいまだに概説書などで見られるが、それはまったくの誤りである。

　時代は初唐まで降るが、現在の寧夏回族自治区塩池県でみつかったソグド人墓から出土した「何府君墓誌《かふくんぼし》」には被葬者が「大夏月氏人也」と記されていたから、月氏も広義のソグド人に含まれたのかもしれない。異民族のリーダー（胡侯）が二十数人もいたというのだから、おそらく康国（サマルカンド）以外のソグド諸国、例えば安国（ブハラ）、史国（キッシュ）、何国（クシャーニヤ）、曹国（カブーダン）、石国（タシケント）などからやってきたソグド人の集団もいれば、東トルキスタン諸国からやって来たコータン人・カシュガル人・クチャ人・アグニ人・楼蘭人などもいたことであろう。

　上掲の史料ではどこにも胡侯が商人であるとは書かれていないので、胡侯を武装商人の長とする見方を疑う向きもあろうが、その心配はない。なぜならまさにちょうど同じ時期にあたる魏の太和年間（二二七～二三三年）のこととして、『三国志』巻一六・魏書《ぎしょ》・倉慈伝《そうじでん》に、倉慈が敦煌太守《とんこうたいしゅ》となって善政をしいた時の様子を述べて、次のようにあるからである。

　また、常日頃、西域の雑胡（原文通り）が（中国本土に）朝貢しようとやって来ると、

（敦煌の）諸豪族らがたいていそこで迎えて通せんぼしてしまい、そこで貿易を無理強いするだけでなく、価格を騙《だま》したり、相手を侮《あなど》ったり、勝手し放題で、実態がよくわからなかった。胡（原文通り）たちは常にこれを怨《うら》んでいたが、倉慈が（赴任すると）これらを皆慰労するようになった。（魏の首都）洛陽方面に行きたい者のためには国内通行証（原文は過所）を発行してやり、敦煌郡から故国に帰還しようとする者のためには、手持ちの商品を郡政府の庫《くら》にある絹織物などと適正に交換してやり、おまけに道路を（途中まで）護送してやった。これによって（漢人の）民も胡人（原文は夷）も一致してその徳と恩恵とを称《たた》えた。数年で彼が太守の職についたまま亡くなると、人々は自分の親戚を喪《うしな》ったかのように悲嘆にくれ、その肖像を描いて在《あ》りし日をしのんだ。西域の諸胡（原文通り）も倉慈の死を聞き知ると、皆ことごとく（西域各地にある中国政府の）出先機関の役所に集まってきて哀悼の儀式を行ない、ある者は小刀で顔面を傷つけ、血を流して誠心を表明したり、彼を記念するために祠《ほこら》を立てたり、遠くから皆でこれをまつったりした。

最後の特殊な哀悼儀礼（漢籍では剺面《りめん》という）は草原の遊牧民の間でよく知られているが、オアシス地域ではソグド諸国とクチャで知られるのみである。この倉慈伝の記事全体から、大量の西域商人が敦煌をめざして到来し、さらに敦煌と洛陽との間を往復したことが判明するのであり、当然ながら敦煌から洛陽方面にいたる道筋の河西回廊一帯の諸都市に、相当数にのぼる西域商人の入り込んでいたことが推測される。訳文中の朝貢の原文は「貢献」

であるが、貢献も朝貢も外来商人が中国に入るためによく使った名目にすぎず、実態は貿易と変わらなかったということはもはや学界の常識である。

先の記事とこの記事の両者を考え合わせれば、支富《しふ》や康植《こうしょく》のような胡侯とは、河西地方に散在した西域商人集団のリーダーであると同時に、有事の際には十分な武装をした軍団の長ともなり得る人物であったにちがいない。先の記事によれば、河西諸国の王たちと蜀の皇帝との間では前もって軍事提携の話ができていたはずで、そのような行動の背後に、情報ネットワークを張りめぐらした商人集団の存在があったことは十分考えられる。洛陽というのは魏の中心部をさしているわけで、河西諸国に植民聚落を築いていたソグド商人ないし西域商人たちは、すでに三国魏と通商を重ねる間柄であるにもかかわらず、四川の蜀とも結ぼうとしたのは、商業圏を拡大するねらいがあったからであろう。うまくいけば蜀のある四川だけでなく、呉の本拠たる江南にまで足を延ばすことができたはずである。

外交・政治にも活躍

ソグド＝ネットワークは商業ネットワークとしてだけでなく、外交ルートとしても活用された。六世紀前半、酒泉（粛州）にあった安氏集団に属した二人の人物の事績を紹介しよう。

まず安吐根《あんとこん》という人物であるが、彼の一家は曾祖父の時代から酒泉に住み着いており、自分たちはもともと「商胡」であると言明する。しかし、北魏の末に北魏の国使としてモンゴリアに本拠を置く遊牧国家の蠕蠕《じゅじゅ》（＝柔然《じゅうぜん》＝茹茹《じょじょ》）に派遣された。従来から北魏と柔然とは不倶戴天《ふぐたいてん》の敵のようにいわれ、柔然は北魏に対抗する南朝側の世界戦略に組み込まれ、北魏をぐるりと包囲する高句麗《こうくり》・柔然・高昌・吐谷渾《とよくこん》・南朝・百済《くだら》・日本という一大連環の一角を占めたという見方が有力であるが、六世紀の北魏末期には必ずしもそうはなっていない。後藤勝の考証によると、どうやら安吐根は、初めは北魏とも親密な関係にあった柔然可《カ》汗《ガン》・阿那瓌《あなかい》（在位五二〇～五五二年）にその文書行政能力を見込まれて、草原の宮廷に引き留められたらしい。阿那瓌《あなかい》が文書行政を重視していたことは、同じ頃に魏からの使者としてやってきた淳于覃《じゅんうたん》を留めて勝手に秘書官黄門郎に任じたことからも窺われる。そして何年かを経た五三四年、阿那瓌が、北魏最末期の混乱に乗じて侵攻するための下見を兼ねた使者を北魏に送ったとき、安吐根は、柔然が北魏に侵攻しようと画策している内情を北魏の実力者である高歓《こうかん》に伝えて恩を売った。

五三四年末から翌五三五年初めにかけて北魏が東魏《とうぎ》・西魏《せいぎ》に分裂し、柔然の方が外交的に優位に立つようになると、安吐根は自分の本拠のある河西に近い西魏ではなく、かえって遠い方の東魏と気脈を通じるようになる。すでに前年から、安吐根は高歓にわたりを付けていたことから見ても、彼はよほどしっかりした情報網を持っており、いずれ北魏の実権は高歓の手に移ると見越していたことを窺わせる。このような政治的見通しを持つことができたり、前年のように柔然国家の機密を身の危険をかえりみず敵側に伝えることができた背後には、必ずや彼の手足となって動く腹心の商人集団がいたにちがいない。案の定、分裂直後は、高歓が事実上の支配者となった東魏の勢力が西魏を圧倒したのである。

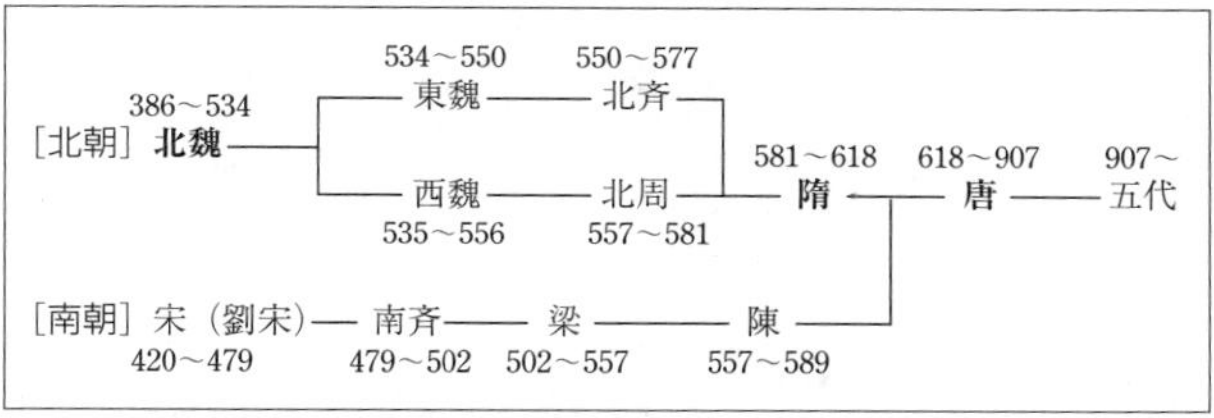

中国の王朝交替図（南北朝～隋唐時代）

それからは、安吐根は東魏と柔然が婚姻によって和親するのに尽力し、五四一年にそれを成功させた。その後も政略結婚の絆《きずな》は幾重にも結ばれ、安吐根はそれらにも関係した。この間、彼自身が何度も柔然の使節に随行して東魏に来ているが、その時は柔然人の正使を助け、ソグド語・漢語を駆使して事実上の交渉役となっただけでなく、必ずや商胡としての本領を発揮したであろう。そしておそらく彼は配下のソグド人を使って、柔然から酒泉に商品を運び、河西地方とモンゴリアと東魏の拠る北中国東部との三地域をまたにかける商業活動を継続していたと思われる。

そのような推測には根拠がある。実は青海地方に建国していた遊牧国家の吐谷渾《とよくこん》は、北魏の時代から北の柔然と南の南朝とを連合させる橋渡しの役をしてきたが、北魏分裂後はすぐ隣接する西魏～北周と敵対する関係上、遠くの東魏～北斉と友好を結ぶ方向に傾いた。その際、吐谷渾と東魏～北斉の間を往来する使節や隊商は、『北史』吐谷渾伝に「道を蠕蠕《じゅじゅ》に仮（＝借）りて頻《しき》りに東魏に来る」とある通り、北回りの柔然経由ルートに頼らざるをえなかった。そういう国際情勢の中にある五五三年、一つの事件が起こった。

五五三年といえば、高歓の子が東魏より禅譲《ぜんじょう》を受けて北斉王朝を開いた三年後であり、西魏がついに四川を南朝梁《りょう》から奪取して吐谷渾と南朝との通交を絶った年である。また、柔然がとうとう滅亡の時期にいたり、かわって突厥が漠北《ばくほく》に覇を唱え始めた頃である。おそらくは吐谷渾の国家的命運をかけて北斉に派遣された公式使節団兼隊商の大キャラヴァンが、首尾よく任務を果たして帰国する途中に、待ち伏せていた西魏の涼州《りょうしゅう》刺史《しし》・史寧《しねい》の情報網に引っかかった。そして涼州西方の赤泉というところで襲われて、吐谷渾の高官である僕射《ぼくや》・乞伏触扳《きつぶくしょくはん》と将軍・翟潘密《てきはんみつ》とともに「商胡二四〇人、ラクダ・ラバ六〇〇頭」が捕らえられたのである。その時の分捕品である「雑綵《ざつさい》糸絹は万をもって計《かぞ》う」［『周書』吐谷渾伝］という。仮に絹一匹を一〇万円で計算しても一〇億円になるから、その商品がいかに巨額であったかがしのばれよう。

北斉から吐谷渾に帰るキャラヴァンは、西魏の領土を避け、いったん北上してモンゴリア経由で河西にいたり、そこから吐谷渾の本拠である青海地方に入るわけであるが、どうしても河西回廊のどこかを西魏の目を盗んで横切らざるを得ず、不幸にもこの災難に見舞われたに違いない。もちろん、単に不運だったわけではなく、国家戦略に破れたのである。しかしながら、この吐谷渾のキャラヴァンにソグド商人が二四〇人も参加していたという事実は、彼らの商業活動の盛んさを強く印象付けるだけでなく、ソグド商人が外交面にも進出していたことを十分にうかがわせる。ちなみに、将軍・翟潘密《てきはんみつ》とはその名前から判断して吐谷渾人ではなくソグド人であり、そうであれば早い時期からソグド商人とソグド武人が一体化して

北斉のソグド商人とラクダ　ソグド商人の商談の場面（左）。写真右は絹などの交易品を積んだラクダと馬を曳くソグド商人。この石刻は北斉墓から出土した。青州市博物館蔵

いた例としてこれまた貴重な史料となる。

ここで話を安吐根に戻せば、東魏と河西を結ぶ位置にあるモンゴリアの柔然にあって外交的にも商業上でも活躍した彼は、その後に柔然の宮廷で不都合があったらしく、最終的には東魏に帰服してくる。そしてかねてより親密となっていた高歓およびその後継者の恩顧をこうむり、五五〇年、東魏から北斉に世が替わった後、仮節涼州刺史や開府儀同三司《かいふぎどうさんし》という高位高官にまで昇ったのである。北斉時代には、同じく西域商胡の家柄ではあるが、武成帝《ぶせいてい》・後主《こうしゅ》父子や胡太后《こたいこう》の寵任《ちょうにん》を受けて専権をふるった和士開《かしかい》と鋭く対立して名を残した。

こうした安吐根・和士開を筆頭に、

河北・山東など絹の特産地を掌握した北斉にいかに多くのソグド商人が根付き、北周の頭越しに西方と結び付き、後に統治の困難さを表す代名詞となる「斉俗《せいぞく》」を蔓延させたかについては、岩本篤志の研究がある。「斉俗」とは、中華的農本主義よりはずれた重商主義であり、悪くすれば賄賂の横行を許す拝金主義にもなるが、一概に否定しさるべきものではない。むしろこの「斉俗」と、玄奘・韋節ら漢人の目に映じたソグド本国の風俗（八四〜八五、一〇三〜一〇四頁参照）との類似に注目したい。いわばこの前近代の商業資本主義的な活力が騎馬軍団の軍事力と結び付いた時、突厥・隋・唐・ウイグルといった強大な帝国が生み出されたとみなすべきなのである。

西魏の公式使節・安諾槃陀

外交ネットワークに現れるもう一人の有名なソグド人とは、酒泉胡《しゅせんこ》と呼ばれた安諾槃陀《あんだくばんだ》である。モンゴリア西方のアルタイ地方にあって長らく柔然の支配に甘んじていた突厥が、ようやく独立の勢いを見せ始める時期に当たる五四五年、彼は西魏の実権を握る宇文泰《うぶんたい》から送られた公式使節団の長として、中国との直接の絹貿易を望む突厥に派遣された。突厥側は、「今、大国の使者がやって来た。我が国はこれから勃興するであろう」といって喜んだという［『周書』突厥伝］。

酒泉は西魏の中心部とアルタイ地方とのちょうど中間に位置するのであるから、そこに本拠のあるソグド人が外交使節として選ばれたのは自然であるが、それだけではなかろう。護雅夫は、突厥側にもすでにソグド人が入り込んでいたからである、と推測した。もちろんその可能性はあるが、また別の見方もできよう。安諾槃陀と先の安吐根とは同じ酒泉の安氏であり、しかも活躍時期が同じであるから、両者それぞれの属する安氏集団の間には連絡があったと推定される。とすれば、両集団のネットワークは繋がっており、突厥が柔然からの独立に邁進する政治的情勢を看取することができたため、利にさといソグド人安氏の方から先に突厥や西魏に働きかけたという可能性である。遠隔地貿易は各地の政治情勢におおいに左右されるものであり、しかも当時は北中国も遊牧民族側も激動のさなかにあったわけだから、酒泉にあった二つの安氏集団が互いに持てる情報を交換しあうのは当然である。

虞弘墓発見の衝撃

ここまで、ソグド人が外交ルートで活躍した例として、酒泉にあったブハラ出身安氏集団に属する二人の人物を紹介したが、さらに酒泉以外の例を挙げておきたい。

突厥勃興時代を遡ること約半世紀、蠕蠕《じゅじゅ》（＝柔然）に役属していたトルコ系民族・高車《こうしゃ》の副伏羅《ふくふくら》部に、共同で北魏を攻めよとの命令が柔然可汗・豆崘《とうろん》から降ると、副伏羅部長の阿伏《あふく》至羅《しら》はそれに反対し、北魏攻撃の中止を奏上したが、聴き入れられなかった。そこで阿伏至羅は部衆を率いて西走し、アルタイ山脈と東部天山山脈との間に独立して高車国を建てた。王となった阿伏至羅は、それからまもない四九〇年、「商胡越者」に外交使節の証しと思しき二箭《にせん》（二本の矢）と手紙を持たせて北魏の首都洛陽に派遣してきた。独立の正当性を主張

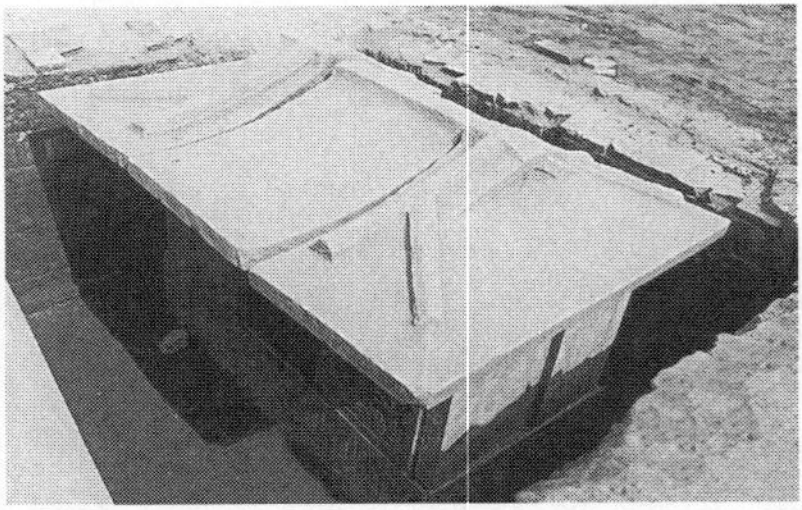

虞弘墓の石棺　中国の山西省太原で発見され、一大衝撃を与えたソグド人の墓。山西省博物館蔵

するためであり、手紙で阿伏至羅は、「蠕蠕は天子の賊なり。臣、これを諫むるも従わざれば、ついに叛来して此に至りて自ら豎立《じゅりつ》す（独立する）。当《まさ》に天子の為に蠕蠕を討除すべし」［『魏書』巻一〇三・高車伝］と言上した。この商胡が外交使節として選ばれたソグド商人であることは、これまでの例と比較してまちがいなかろうと思われるが、吉田豊によれば越者はソグド語でよく使われる人名要素ワルチュ「奇跡」と復元できるとのことであるので、もはや疑問の余地はない。

最後は、なんでも「漢化」という一言で片づける中華主義的傾向の強かった、従来の北朝隋唐史学界に一大衝撃を与える大発見となった虞弘墓《ぐこうぼ》の主人公の経歴である。

一九九九年に山西省の太原で発見された虞弘墓から出土した墓誌によると、虞弘の祖父は「魚国の領民酋長」であったが、父は魚国から茹茹《じょじょ》（＝柔然）国に入り、莫賀去汾《ばくがきょふん》・達官《タルカン》という官職に就いただけでなく、使節として北魏に来た経歴がある。おそらく柔然国で生まれた虞弘自身は一三歳の若さで柔然の莫賀弗《バグフル》（官職）に任じられ、君命を奉じてペルシアや吐谷渾国へ使いしたというから、遠方へのキャラヴァン貿易に赴いたのである。その後、莫縁《ばくえん》（官職）となって柔然の使者として北斉に派遣された時（五五四年頃）、両国の関係悪化によりそのまま抑留され、以後、北斉・北周・隋に仕えることになる。北周時代には、一三三頁以下で問題にするソグド人の軍事的側面を明示する証拠として、山西の重要拠点である并《へい》州《しゅう》・代州《だいしゅう》・介州《かいしゅう》という「三州の郷団を領し」て「薩保府《さつぼふ》を検校」している。薩保＝薩宝については後で述べるが、ソグド人と密接に関わる術語である。

虞弘の虞はいわゆるソグド姓にも含まれず、父と本人の出身は魚国というから、ソグド人であると断定することに躊躇を覚える向きもあろうが、彼の字《あざな》「莫潘《まくはん》」はソグド語のMākhfarn「月神の栄光」であり、その墓の構造やゾロアスター教の拝火壇をはじめとするさまざまな文様を、二〇〇〇年以降に西安で次々に出土した典型的なソグド人墓である安伽《あんか》墓・史君《しくん》墓・康業墓と比較してみれば、これがソグド人墓であることを疑う必要は毛頭ない。つまり虞弘父子の履歴が、安吐根グループとそっくりであることはもはや偶然ではなく、当時のソグド人の動向を見事に反映していると考えるべきなのである。

国際語としてのソグド語

こうしてみれば、この時点でソグド語が中央ユーラシア東部の国際語となっていたことが容易に推定されようが、それはモンゴリアのホイト＝タミル河（オルホン河支流）流域にあるブグト碑文と天山中部草原にある昭蘇《しょうそ》県の石人《せきじん》銘文の存在によって裏付けられる。両者はともに突厥第一帝国の公式モニュメントであり、国内のみならず周辺諸国からの使者たちにも見せることを狙って六世紀末頃に建てられたものであるが、その言語は漢語でもトルコ語

ブグト碑文　全高245㎝。縦書きのソグド文が刻まれている。モンゴルのツェツェルレグの博物館に展示されている。著者撮影

昭蘇県石人銘文　天山山中の草原にある。石像下部のソグド銘文を調査中の吉田豊教授。著者撮影

でもなくソグド語だったのである。オルホン碑文と総称される突厥碑文から知られる通り、唐代の七世紀末に復興する突厥第二帝国の公用語は自分たち固有の突厥語（古トルコ語の一種）であったのに対し、第一帝国の公用語が外来のソグド語であったということに、読者は意外の感を抱かれるかもしれない。しかしそのことはすでに『周書』突厥伝にある「その書字は胡に類す」という一句から予測されており、近年のブグト碑文・昭蘇県石人銘文の発見によって確証されたのである。

この事実は、遊牧国家に与えたソグド人の影響の大きさを如実に物語っている。突厥第一帝国には「胡部」と呼ばれるソグド人聚落さえ形成されていたこと、史蜀胡《ししよくこ》悉《しつ》・安遂伽《あんすいか》・安《あん》烏《う》喚《かん》・康鞘利《こうしようり》・康蘇《こうそ》密《みつ》という実名が知られるほどの大物をはじめとする「群胡」（多くのソグド人）が歴代の突厥宮廷に仕えており、彼らが淳朴な突厥人に奸智（もちろん漢人側の表現！）を授けて中国に仇をなしていた様子、逆に見れば突厥にとっては有利な政治・経済・外交上の顧問となっていたことが、護雅夫《もり》による漢籍・石刻碑文の分析から判明している。

現存する史料による限り、中央ユーラシアの遊牧民に史上初めて文字文化をもたらしたのは、スキタイにおけるペルシア人やギリシア人でも匈奴における漢人でもなく、突厥におけるソグド人だったわけであるが、突厥以前にモンゴリアを押さえた柔然においても、南の中国に拠る拓跋《たくばつ》国家や青海の吐谷渾といった鮮卑系諸王朝や、西域諸国との交渉においては、ソグド人が重きをなし、ソグド語が国際語であったと断定することができるのである。

河西回廊のソグド人軍団

河西随一の大都会・涼州

中央ユーラシアに張りめぐらされたシルクロード＝ネットワークのなかで、東西南北のいずれにも通じる掛け値なしの要衝といえば、西のソグディアナと東の河西地方をおいて外にない。その河西回廊でソグド人コロニーのあった重要都市として知られるのは、これまでに見た酒泉（粛州）と、池田温の研究によって有名となった敦煌（沙州）がある。唐代の敦煌には行政区画として「従化郷《じゅうかきょう》」と名付けられた聚落があったが、そこは「安城」とも呼ばれ、沙州城の東隣にあり、戸数は約三〇〇、住民は安姓だけでなく、康姓・石姓・曹姓・羅姓・何姓・米姓・賀姓・史姓などが大部分を占める独立の城郭都市であった。しかし、それ以上に注目すべきなのが、河西随一の大都会で姑臧《こぞう》とも武威《ぶい》とも呼ばれた涼州である。

河西が中国の領土となったのは前漢・武帝の時であるが、早くも後漢代のはじめには、姑臧は一大マーケットとしての繁栄を見せている。『後漢書』巻三一・列伝二一・孔奮伝《こうふんでん》によれば、王莽《おうもう》の乱を避けて河西にあった孔奮が、河西大将軍・竇融《とうゆう》の推薦で姑臧（＝涼州・武威）の長官になった時のこととして、次のようにある。

時に天下は擾乱《じょうらん》するも、唯《ただ》河西のみ独り安んじ、姑臧は富邑たりと称《たた》えられ、貨を羌・胡に通じ、市《いち》は日ごとに四たび合《あつ》まる。県に居する（県の長官となる）者毎に、数ヵ月に盈《み》たずして、輒《すなわ》ち豊積を致す。（孔）奮は在職すること四年なるも、財産は増す所なし。

そして六二七／六二八年に河西回廊を通過したインド求法僧・玄奘《げんじょう》の伝記『大慈《だいじ》恩寺《おんじ》三蔵《さんぞう》法師《ほうし》伝《でん》』には、「涼州は河西の都会たりて、西蕃・葱右《そうゆう》諸国を襟帯し、商侶の往来は停絶あることなし」と評されている。つまり涼州は河西最大の都会で、西域や葱嶺《そうれい》《パミール》以西の諸国と密接に繋がっており、商人たちの往来が途絶えることがなかったという。

また唐代に、上は宮廷の王族・貴人・官僚から下は庶民にいたるまで、国を挙げて熱中した年中行事に、正月一五日前後の「元宵《げんしょう》観燈」がある。宮殿・官庁・商店や個人の家ごとにそれぞれ意匠と贅《ぜい》を尽くした燈籠《とうろう》を無数に懸け連ね、着飾った男女が夜を徹して歌い踊り、恋のアヴァンチュールも楽しんだのである。燈籠のなかには燈樹・火樹・山棚などと称され、長い竿に多数の横木を付けてそこに万燈をぶら下げたものや、無数の小燈籠を円錐形に配する工夫をして大燈籠に仕立てるなど、相当大がかりなものもあり、その伝統は後に日本へも伝わって青森や弘前のねぶた（ねぷた）、秋田の竿燈《かんとう》となる。隋唐代の中国ではこのような夜通しの遊興がお上から許されたのは稀であるから、その熱狂ぶりと賑わいは、我が国のねぶた（ねぷた）や竿燈、そして仙台の七夕や神戸のルミナリエなどと比べても想像を絶するものがあったようである。そうした元宵観燈がもっとも盛んに行なわれた都市として長安・洛陽にならんで挙げられるのが、かつて煬帝《ようだい》が愛した南の江都・揚州《ようしゅう》（広陵）と、河西の涼州なのである。

このように繁栄した涼州において、北朝〜隋唐代を通じてソグド人が蝟集《いしゅう》していた事実を示す史料は少なくない。すでに言及した敦煌発見のソグド語古代書簡は、四世紀の第一＝四半世紀に涼州にいたソグド商人と深く関わるものであったし、四世紀末には涼州で即序胡《そくじょこ》の安據《あんきょ》が前涼王・張駿《ちょうしゅん》の墓を盗掘したため、後涼王・呂纂《りょさん》（二代目）が安據の一党五十余家を誅《ちゅう》したという［『晋書』巻一二二・呂纂載記］。すでにブハラ（安国）出身の一族が蟠踞《ばんきょ》していた証《あか》しである。

そして五世紀に入って四二九年、北魏の世祖《せいそ》太武《たいぶ》帝《てい》が自ら先頭に立ってモンゴリアへ遠征し、宿敵柔然の大檀《だいだん》可汗《カガン》の率いる軍に大勝して数百万に及ぶ俘虜・家畜・車廬を獲得したが、最後の詰めを欠き、逃亡した大檀の息の根を止めることができなかった。ところが、後で、柔然の内情に通じた「涼州賈胡《ここ》」の口から、伏兵を恐れずにあと二日進軍していれば大檀は逃げ場を失って討ち果たされたはずだと聞き、太武帝は地団駄を踏んだという［『魏書』巻三五・崔浩伝など］。これまた涼州に本拠を置くソグド商人が、漠北に情報ネットワークを持っていた証拠である。

さらに四三九年（太延五）、河西地方を支配していた北涼が北魏に征服され、首都・姑臧《こぞう》（すなわち涼州）が陥落した時、その民三万余家が北魏の首都・平城《へいじょう》（現在の山西省大同市）に連行されたが、涼州にいたソグド商人もことごとく運命をともにした。この時、北魏が北涼を滅ぼすことになった理由の一つとして、北涼が「切《しきり》に商胡に税し、以て行旅を断」った罪が挙げられている。財政的にソグド商人のキャラヴァン貿易に深く依存していた北涼が、北魏へのソグド商人の自由な往来を阻害したのである。この事件に対し、ソグド都市国家連合を代表する粟特《ぞくとく》王（ソグド王）は北魏に遣使して、これらのソグド商人を買い戻す努力をした。その結果、一〇年以上経った四五二年頃、ようやく北魏の皇帝は詔《みことのり》を下してそれを許可したという［『魏書』巻四上・世祖本紀、巻九九・沮渠牧犍伝、巻一〇二・西域伝粟特国之条］。

「買い戻す」と訳した原文は「贖《あがなう》」であるが、それは直ちに帰国させることを意味するのではなく、奴隷身分より解放して自由身分にするということであろう。ソグド商人たちは一〇年以上も抑留されていたわけであるが、本国は彼らを見捨てることなく救済の努力を続けていたのである。その間、彼らは北魏のシルクロード国際貿易への参入に加担させられたのか、あるいは優秀な軍事集団として遠征などに利用されたのか定かではない。『魏書』西域伝では、四五二年以後ソグディアナからの朝貢はないというが、実は本紀には四五七〜四七九年にソグドの名前で四回、四六八〜五〇九年にサマルカンドの名前で一〇回の朝貢が伝えられている。以上の始末は、ソグド商人の東方への発展が、決して個々別々に孤立した個人レベルのものでなかったことを窺わせるに十分である。

ソグド人聚落のリーダー・薩宝

東方に向かったソグド人たちが漢語世界で集団として居住するようになると、北魏〜隋ではその聚落のリーダーに対して薩宝《さつぽう》（または薩保《さつぽ》・薩甫とも表記）という官称が時の政府から与えられ、自治を任されるようになる。

唐代にまで生き延びる称号としての薩宝の語源と意味については内外で長らく議論があったが、今やこれらの問題は主に我が国の吉田豊・荒川正晴によってほぼ解決された。それによると、①薩宝の原語はバクトリア語に由来するソグド語のサルトパウ（sartpaw）であり、その原義は「キャラヴァン（隊商）のリーダー」であるが、そこから単に「指導者」の意味も派生した、②北魏〜隋代には、祆教徒《けんきようと》であるか否かを問わず、漢人世界に居留するソグド人の聚落のリーダーを指した、③唐代になるとそれまでの自治的聚落が唐の州県制に組み込まれ、ソグド人も漢人と同じく戸籍に登録される州県民の「百姓《ひやくせい》」となった、④そのため、自治の範囲が宗教面のみに制限され、薩宝は単に祆教徒集団の指導者の意味に変化した、という。初めから薩宝に祆教徒の統領という宗教的意味があったのではなく、また中国にやって来たゾロアスター教徒の多くはペルシア人ではなくソグド人であったということが判明したのである。

薩宝は聚落ごとに一人が原則であろうが、涼州のようにソグド人が多数居住したところでは聚落は一つに限られず、例えば安氏聚落の薩宝と康氏聚落の薩宝などと、同一都市に複数いた可能性もある。いずれにせよ、薩宝が任命されたところには必ずソグド人聚落が存在したと見てまちがいない。

すぐ後で紹介するように唐の建国に多大の尽力をした涼州出身の安興貴《あんこうき》・安修仁《あんしゅうじん》兄弟には、安難陀《あんなんだ》という曾祖父がおり、彼が北魏時代にブハラより移住し、その後、代々、涼州薩宝となったことが漢籍より知られる。一世代を三〇年として推算すると、安難陀が涼州薩宝だったのは北魏も六世紀前半の頃と思われるから、五世紀中葉、涼州のソグド人がことごとく北魏の都・平城に連れ去られたというあの大事件後も、解放されたソグド人が復帰したか、あるいは新たなソグド移民を迎えるかして、薩宝が置かれるほどの規模の聚落が復活していたのである。

その後も引き続き薩宝の存在は証明される。武威から出土した康阿達《こうあたつ》墓誌によれば、唐に仕えた康阿達の祖父である康抜達《こうばったつ》は、なんと南朝の梁《りょう》から「使持節驃騎大将軍・開府儀同三司・涼甘瓜三州諸軍事・涼州薩保」という高い官爵を受けていた。当時は北魏の末期で、東西二つの勢力が争い、北朝に河西を抑える勢力が無かったからである。さらについ最近、西

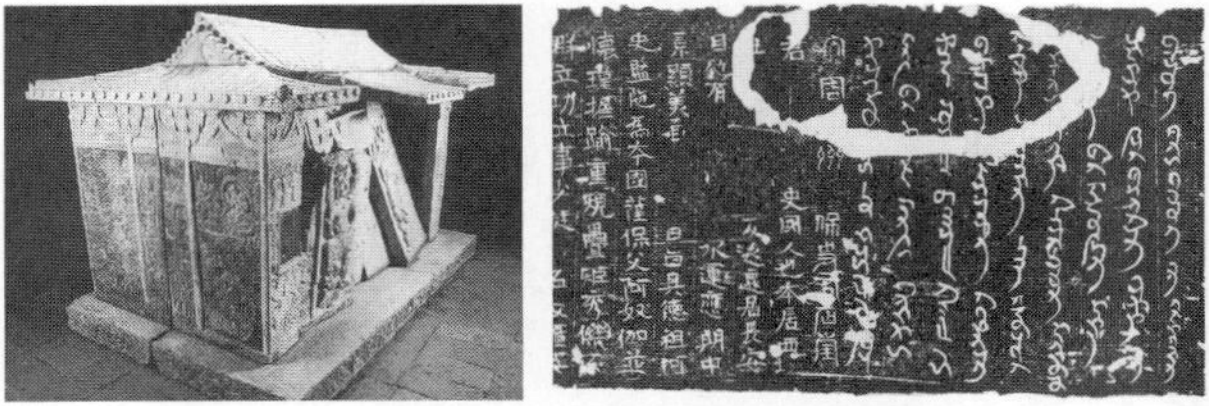

ソグド語・漢語のバイリンガル墓誌銘　西安で発見されたソグド人の史君墓石槨（写真左）の正面入り口の上に掲げられた石板に、銘文は刻まれていた（写真右は拓本)。西安市文物保護考古研究所蔵

安から出土したばかりの史君墓にあるソグド語・漢語のバイリンガル墓誌銘が吉田豊によって解読されたが、その結果、北周時代には史姓をもつソグド人が同じく「涼州薩保」に任じられていたこと、さらにその漢語の「涼州薩保」に対応するソグド語がまさしく「姑臧（Kacan）のサルトパウ(sartpaw)」であることが判明したのである。

さらに、二〇〇〇年に西安で出土し、金箔を含む極彩色の浮き彫りを持つソグド人墓として有名になった北周時代の安《あん》伽《か》墓の墓誌から得られた情報も貴重である。ブハラ出身者を祖先に持つ安伽の父は涼州の出身で関中に移住し、そこでソグド人首領の子として成長した安伽は、北周に仕えて長安東方の同州で薩宝となった。同州は西魏の宇文泰《うぶんたい》の時から北周中期まで軍事の中枢であったところである。同州とソグド人の関係という点では、私がパリ国立図書館所蔵の敦煌出土ペリオ文書の中から、一巻の唐代ソグド語仏典（Pelliot sogdien 8）を調査中におもしろい事に気付いた。なんとその巻物の軸芯には儀礼用の矢柄《やがら》が転用されており、その上には漢字でその製作地が同州であると記されていたのである。

これまた決して偶然ではないであろう。

ソグド人と唐建国をめぐる新説

隋末の六一七年七月、約三万の軍隊を率いて根拠地の太原を出発した李淵《りえん》は、早くも一一月には長安城に入り、翌六一八年に唐朝を創業して、武徳《ぶとく》と改元した。まさにこの頃、曾祖父の代より涼州薩宝の地位を受け継いできたソグド人首領の家系に生まれた安興貴・安修仁兄弟は、河西を本拠とした李軌《りき》政権の興亡に多大の影響を及ぼした。

まず弟の安修仁は、隋の大業一三年（六一七）、他の胡人・漢人らとともに涼州（武威）に李軌政権を擁立した。しかし、安修仁の配下のソグド人聚落が繁盛するという状況は、李軌らの疑惑を招いてしまった。一方、兄の安興貴は長安に赴いて新たに樹立された唐王朝に仕えており、情勢を見て、李軌を唐朝に帰属させるための任務を帯びて涼州に戻ることを高祖・李淵に上奏したところ、それが許された。涼州に戻った彼は弟とともに李軌を説得することに努めた。

しかるに群雄の李軌は唐に投降することを拒んだので、安興貴・安修仁の兄弟はソグド人をはじめとする胡人集団を率いてクーデターを起こし、李軌を捕らえ、武徳二年（六一九）、河西の地を唐に献上した。ここに涼州の安氏は唐朝に対して輝かしい功臣としての地位を獲得することになったのである。

この涼州の安氏一族は、いかにも利にさといソグド商人の家系らしく、最初から群雄を両天秤にかけ、自家の安全保障を図っていたに相違あるまい。似たようなことは、後に安禄山《あんろくざん》が養子に入る安氏一族の場合にも、唐と突厥の両方に構成員を送り込んでいた事実から窺えるのである（第六章二七八～二七九頁参照）。

つい最近、山下将司《しょうじ》は、天理図書館に所蔵される『文館詞林』鈔本残巻がこの安修仁の墓碑銘を写したものであるという重大な事実をつきとめた。そして安修仁の家は北魏～隋初において代々涼州薩宝を輩出したが、安修仁は隋朝の武官となり、涼州在住のソグド人ら西方の胡人たちを郷兵集団として結集・統率したこと、そして隋末唐初に安修仁が兄とともに李軌政権を傀儡《かいらい》としてその趨勢を左右できた背後には郷兵として組織されたソグド人軍団が存在したこと、などを明白に指摘した。しかもこの涼州の安氏一族だけでなく、固原（原州）の史氏一族、太原の虞弘など、北朝から唐初にかけて、ソグド人が府兵制の軍府を統率する例を挙げ、それらの軍府がいずれも郷兵として組織されたソグド人軍団を中核としたものである、という新説を展開している。

ソグド人の薩宝　安伽墓石棺床の石屏風は、薩宝だった墓主（画面右）の生活を浮き彫りにし、彩色してある。陝西省考古研究所蔵

この新説の意義は大きい。まず、

ソグド人は主に商業活動においてめざましい働きをみせたのであるという従来の通説を越え、唐の建国・発展に武官として活躍したソグド人と彼らを支える武人集団に光を当てた。そして、隋唐王朝の本質を漢人王朝とみなすか拓跋王朝とみなすかという議論において重大な論点となる府兵制の一翼を、ソグド人が担っていたという新事実を明らかにし、後の安史の乱の性格付けとも関わる材料を提供してくれた。府兵制は鮮卑人を中核とした「胡漢融合」の制度というのが学界の一般的理解とはいえ、まさかその「胡」に、いわゆる「五胡」以外のソグド人が入っていたとはこれまで誰も想像していなかったはずである。

安修仁の兄の安興貴は唐の高祖李淵に対し、「臣は涼州において代々の豪望であります。およその士庶で依付しない者はございません」〔『旧唐書《くとうじょ》』巻五五・李軌伝〕と述べているから、安兄弟には意のままに動かせるかなりの規模の武装集団がいたはずである。地方政権とはいえ河西全体を支配した李軌の国家を転覆させるクーデターの中核部隊を形成できたのだから、その数は少なくとも数百人、場合によっては一〇〇〇人を超えたであろう。この推定数は、『隋書』百官志に、首都以外の地方では諸胡二〇〇戸を基準として薩保という自治的リーダーが任命された、と記されていることとも矛盾しない。

安興貴の息子である安元寿《あんげんじゅ》の墓誌によれば、彼は一六歳で李世民《りせいみん》の秦王府《しんおうふ》に入り、「玄武《げんぶ》門《もん》の変」やその直後の突厥・頡利《けつり》可汗《カガン》来襲の際にも李世民の傍らにあって活躍している。石《いわ》見《み》清裕《きよひろ》・山下将司・福島恵《めぐみ》らによれば、李世民がクーデターによって皇帝位についた「玄武門の変」の時に、安元寿がソグド人の兵力を動員した明証さえあり、彼はいわば太宗即位の立役者の一人であった。それゆえ、そのまま出世の道を歩むこともできたはずであるが、それにもかかわらず、彼は父・興貴の意向もあってその後いったん官職を辞して故郷の涼州に帰り、家業に従事している。家業とは、山下将司によれば東西貿易であるが、私はそれだけでなく、商品であると同時に機動力の根幹である馬の飼育と売買も含んでいると考えている。その証拠に、『旧唐書』巻一三二・李抱玉伝《りほうぎょくでん》の冒頭に、「李抱玉は武徳の功臣・安興貴の裔なり。代々河西に居り、善く名馬を養い、時の称する所と為る」とあり、その一族が河西にある馬の特産地を押さえていたことが窺われる。この軍人宰相・李抱玉の本名は安重璋《あんじゅうしょう》で、粛宗《しゅくそう》・代宗《だいそう》に仕えて安史の乱平定に功績を立て、安禄山との同姓を避けるために七五七年に粛宗から李姓を賜って改名したのである。

以上の事実から我々には、河西回廊～寧夏《ねいか》のみならずオルドス（黄河湾曲部）～山西北部の農牧接壌地帯に、さらには天山地方～モンゴリアの草原地帯に進出したソグド人たちは、大量の馬を保持することによって、馬を商品とし、馬とラクダの機動力に頼る東西交易に従事する一方、騎馬を中心とする軍事力を兼ね備える武装集団となった、と演繹《えんえき》することが許されるであろう。そして彼らは自らの組織するキャラヴァンを護衛するだけでなく、自らが将来性を見込んだ相手に対しては、たとえそれがトルコ系遊牧集団であろうが漢人軍閥であろうが、積極的に軍事力を提供しつつ、ともに発展しようとしたのである。

第三章　唐の建国と突厥の興亡

多民族国家・唐帝国

唐は漢民族王朝ではない

ユーラシア大陸の東部に位置し、悠久の歴史を誇る中国は、常に多言語世界であった。そして中国史の半分くらいは、支配者層が漢民族ではなく、異民族（中国語で「少数民族」とも呼ばれる非漢民族）であった。例えば五胡十六国《ごこじゅうろっこく》・北魏《ほくぎ》（鮮卑《せんぴ》族拓跋《たくばつ》氏）・遼《りょう》（契丹《きったん》族）・西夏《せいか》（タングート族）・金《きん》（女真《じょしん》族）・元《げん》（モンゴル族）・清《しん》（満洲ジュシェン族）などは誰でもすぐに思いつくであろうが、近年では北魏を受け継ぐ東魏・西魏・北周・北斉はおろか隋・唐でさえ鮮卑系王朝とか「拓跋国家」などといわれている。後者は学問的には中国の陳《ちん》寅恪《いんかく》が「関隴《かんろう》貴族集団」あるいは「武川《ぶせん》軍閥集団」（以下「関隴集団」と略称）というものを提唱し、西魏・北周・隋・唐を関隴集団によって生み出された一連の国家ととらえた学説に近く、その点では中国史研究者にも目新しい説ではなかろう。

関隴集団とは、北魏の国防を担うエリート部隊であった六鎮《りくちん》の出身者、とりわけ武川鎮の出身者（多くは鮮卑族）が、北魏分裂後に関中盆地に移動して在地の豪族と手を組んで出来あがった胡漢融合集団のことである。西魏の実権を握り、北周王朝を開いた宇文《うぶん》氏、隋を開いた楊《よう》氏、唐を開いた李氏はいずれもそこの出身である。しかし従来の関隴集団を標榜する説には、北朝隋唐の歴史を秦漢《しんかん》以来の中国史の自己展開の枠内で捉えようとする中華主義が色濃く残っている。それに対し、鮮卑系王朝とか「拓跋国家」という用語を使う我々は北～中央アジア史、ひいては中央ユーラシア史に軸足を置いている。そしてこの立場からは、唐帝国は決して狭義の漢民族の国家ではないと断言できるのである。

すでに序章で「漢化」について述べたが、重大な論点なので、ここでもう一度さらにくわしく論じたい。

現代中国では中核となる漢民族のほかに五〇あまりの「少数民族」が公式に認められているが、中華人民共和国の領土内で唐代までに活躍した匈奴《きょうど》・鮮卑・氐《てい》・羌《きょう》・羯《けつ》・柔然《じゅうぜん》・高車・突厥《とっくつ》・鉄勒《てつろく》・吐谷渾《とよくこん》・カルルク・奚《けい》・契丹《きったん》などはその中に入っていない。なぜなら、秦漢時代までに形成された狭義の漢民族に、魏晋南北朝隋唐時代を通じてこれらが融合して新しい漢民族となったからである。であるから、唐の漢民族・漢文化と秦漢の漢民族・漢文化とは別物なのである。前者はむしろ唐民族・唐文化と呼ぶ方がふさわしいが、誰も唐民族とはいわず漢民族という。こうした用語の保守性がしばしば真実を覆い隠すのである。

唐は中国史の黄金時代であるという命題を、唐は漢民族史の黄金時代と読み替えて、漢民族が多種多様の少数異民族を差別せずに優遇したなどということ自体、まさしく中華主義以外のなにものでもない。唐は漢語をはじめとする中国文化を取り入れた異民族が中心となって建設した国家、あるいは少なくとも異民族の血を引く新しい漢民族たる「唐民族」の国家なのであるから、漢民族以外の少数民族にアレルギーがなく、能力さえあればこれらを分け隔てなく用いるのは当たり前である。唐の世界主義・国際性・開放性は、もともと唐が漢民族と異民族の血と文化が混じり合うことによって生み出されたエネルギーによって創建された国家であるという本質に由来し、しかも一貫して多民族国家だったことによって促進されたものなのである。それは後のモンゴル帝国や現代のアメリカ合衆国にも通底するものである。

唐には、東魏・西魏分立時代から中国に巨大な経済的負担をかけた突厥人もいれば、商人として活躍したソグド人もペルシア人も、あるいは高仙芝《こうせんし》や慧超《えちよう》のような朝鮮人も阿倍仲麻呂《あべのなかまろ》や藤原清河《ふじわらのきよかわ》や井真成《いのまなり》のような日本人もいた。彼らはすべて固有の言語と漢語をこなし、場合によっては第三言語もあやつっていた。彼らがすべて「漢語も」しゃべれたという側面のみを抽出して、彼らはすべて結局は「漢化」したのであるとか、唐がそういう異民族を受け入れたのは、漢民族の度量が大きかったからであるとかいう解釈は、後知恵《あとぢえ》の中華思想に過ぎない。

唐建国の担い手・鮮卑

では唐帝国創建の中核を担った異民族（非漢民族）とはいったい何者であったのだろうか。その筆頭が北魏の武川鎮に由来する鮮卑系集団であることは今や定説である。武川鎮と

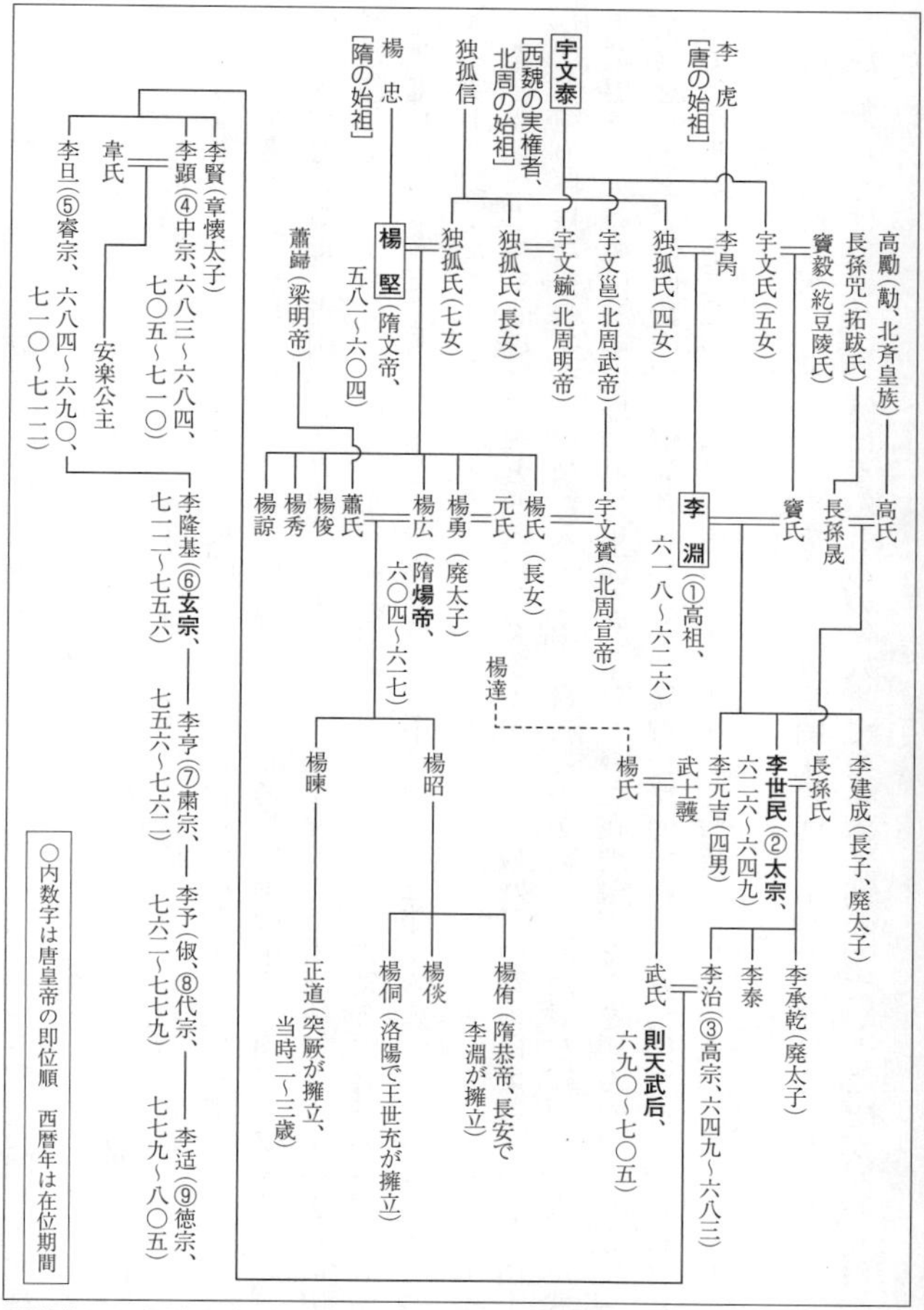

関隴集団と拓跋国家（北周・隋・唐）王族の系図

は、もともとは大興安嶺《だいこうあんれい》方面にいた遊牧民族である鮮卑が中国本土に入って建国した北魏が、北方で新たに台頭した遊牧民族である柔然・高車を防ぐために配置した六つの辺境軍鎮「六鎮《りくちん》」の一つである。現在の内モンゴル自治区の首都フフホト（呼和浩特）の北方に置かれていた。北魏の首都がまだ山西省北部の平城《へいじょう》（大同《だいどう》）に置かれていた時代には、六鎮の武将たちは国防の重責を担うエリート集団として、それ相応の待遇を与えられていたのだが、孝文帝《こうぶんてい》が洛陽《らくよう》に遷都し、いわゆる「漢化政策」を推し進めて国の中心が南にシフトすると、風向きが変わった。吉岡真が暴き出したように、漢籍は北魏を漢人王朝であるかのように史料操作しているから、この漢化政策を過大視してはいけないが、六鎮の将兵への待遇が急激に悪化したのは事実である。とどのつまり彼らの不満が五二三年からの「六鎮の乱」となって爆発した。

その混乱によって北魏は東魏と西魏に分裂するが、当初強盛だったのは東魏である。南下した六鎮の将兵たちの多くが東魏に入って山東《さんとう》貴族と手を結んだのに対し、西魏に入った武川鎮出身の少数派は関中盆地で郷兵集団を統率していた在地豪族と手を組んだ。こうして宇《う》文泰《ぶんたい》をリーダーに西魏内部に形成されたのが胡漢融合集団である関隴集団であり、それを基盤にして北周の宇文氏、隋の楊氏、唐の李氏が相次いで政権の座についたのである（前頁の系図参照）。

唐建国の立役者がこのような由来を持つ鮮卑系関隴集団であったことはまぎれもないが、しかしそれだけではない。実はなんとあの匈奴までもが深く関わっていたことが、石見清裕によって明らかにされたのである。もちろん、従来からも関隴集団中の独孤《どっこ》氏は匈奴系であるとか、隋の文帝《ぶんてい》（楊堅《ようけん》）の父・楊忠《ようちゅう》は身長二メートルに及び、しかも彫りの深い美男子であったので、コーカソイドの血が混じっているだろうと言われてきた。五胡のうち匈奴と羯《けつ》にはコーカソイドが混じっていた可能性が高いのである。しかるに石見が漢籍から発見したのは、胡漢融合集団としての関隴集団ではなく、オルドス（黄河湾曲部）で遊牧生活を続けていた匈奴の集団なのである。その名を費也頭《ひやとう》という。

楊堅・楊広すなわち隋の文帝・煬帝《ようだい》二代にわたる新国家建設の一大事業が三度の高句麗《こうくり》遠征失敗によって頓挫し、全国各地に反乱の火の手が上がると、煬帝は政治への関心を失い、六一六年からは、かつて彼の大英断によって開鑿《かいさく》された大運河の要衝であり、強い憧れを持っていた江南文化の薫り高い江都揚州に引き籠《こも》り、酒と女と遊興に明け暮れるようになってしまった。後に唐の玄宗も同じ轍《てつ》を踏むことになるが、権力者・大富豪といい女とが磁石のようにくっつくのは、古今東西変わりはない。

一方、全国の反乱勢力は約二〇の群雄に集約されつつあった。そうした中、楊氏と同じ関隴集団の出で、煬帝から太原留守という大役を任されていた李淵《りえん》が、有能な三人の息子たちに後押しされる形で六一七年七月に挙兵した。この段階では、李淵父子の軍団はまだ幾多の群雄の一つに過ぎなかった。彼らは、自分たちの本拠が山西省の太原《たいげん》（并州、晋陽）であるという地の利を生かし、真っ先に長安をめざした。大運河を重視した関係で、煬帝は洛陽や揚州にいることが多く、首都・大興城《だいこうじょう》（唐の長安城）には文帝以来蓄積された財貨や武器が隋末の戦乱に遭わず、無傷のままで残っていた。それを易々と手中に収めたことが、李淵一派が他の群雄より抜きんでる大きな要因になったといわれる。

同年一一月に李淵軍が長安に入城すると、そこには煬帝の孫で一三歳の楊侑《ようゆう》がいるだけであった。李淵は彼を形式的な隋皇帝にまつりあげ、自分は唐王となり、禅譲の機会をうかがった。そして六一八年三月、煬帝が江都揚州で部下の反乱にあって殺されると、同年五月、李淵は唐の初代皇帝（高祖）となった。長男・李建成《りけんせい》が皇太子となり、次男・李世民《りせいみん》は秦王《しんおう》、四男の李元吉《りげんきつ》は斉王《せいおう》に封じられた。これが武徳元年の唐の建国であるが、各地にはまだ多くの群雄が残っており、それらが順々に平定され、最終的に国内統一がほぼ完成するのは五年後のことである。この間、国内平定に寄与したのは、武徳二年（六一九）七月に関中を一二ブロックに分ける軍管区制として設置された関中十二軍の存在と、李世民の際だった軍事的活躍である。

オルドス地域の重要性

よく知られているように、古い時代の中国の中枢部は長安のある関中盆地と洛陽のある中原《ちゅうげん》であるが、ここを中心に北方の遊牧民族との関係を考えると、最大の要地は太原・大同を擁する山西北部と、霊州・夏州を擁するオルドスであり、西域との関係では河西回廊《かさいかいろう》である。山西北部・オルドス・河西回廊はいうまでもなく農牧接壌地帯に含まれている。幸いに太原に本拠を構えていた李淵が、隋王朝に取って替わるには、先ず何よりもオルドスを押さえ、次いでできれば河西まで押さえた上で、二方ないし三方から関中に進軍し、長安を奪取するのが戦略的にもっとも理にかなった方策であった。

石見清裕は、①六鎮の乱以来、このオルドスに勢力を張ったのが、いまだに遊牧生活をおくる匈奴系の費也頭と称する集団であったこと、②彼らの領地の戦略的重要性は、東魏と西魏が費也頭をめぐって争ったほどであること、③李淵の祖父・李虎《りこ》が西魏の武将であった時からすでに費也頭と結びついていたこと、④費也頭のリーダーである紇豆陵《こつとうりょう》（紇頭《とう》陵）氏と西魏を嗣いだ北周の王室・宇文氏とは姻戚関係にあり、李淵の妻である太穆《たいぼく》皇后・竇氏は紇豆陵氏と宇文氏の血を引いているため、紇豆陵氏と李氏は宇文氏より帝位を簒奪《さんだつ》した楊氏の隋王室には反感をいだいていたこと、⑤太原から長安を目指す李淵は、そうした自己との婚姻関係にあるオルドスの費也頭と結んで、戦略的に優位に立って長安入城、唐建国を実現させたこと、などを見事に論証したのである。

さらに藤善《ふじよし》真澄によると、李淵は太原挙兵に際して仏教界にも布石を打ち、仏教徒の勢力を味方に付けただけでなく、おそらくは道教界もこぞって新政権に期待しただろうという。それほどまでに民衆の間には、大興城建設、新洛陽城建設、大運河開鑿《かいさく》、長城修復、吐谷渾遠征、高句麗遠征など次から次へと強制徴発されたための疲労と怨嗟《えんさ》の念が鬱積《うっせき》しており、人々は隋末の内乱にも嫌気《いやけ》がさしていたのである。

拓跋国家と突厥第一帝国

唐の建国の中心が鮮卑系漢人と匈奴の一部であったことが理解されたと思うが、彼らが中華の唐帝国を確立するために最大のライバルとなったのは、かつての匈奴・鮮卑・柔然の後を承けて、当時の中央ユーラシア東部地域を支配していた遊牧国家・突厥第一帝国（東西両突厥、五五二〜六三〇年）である。この強大な勢力を打倒することなしに、唐が人類史上に燦然と輝くあれほどまでの世界帝国になることはありえなかったのである。ただし唐と突厥との国際関係は、唐に先行する拓跋国家である東魏・西魏・北斉・北周・隋にまで遡《さかのぼ》って考えなければならない。

モンゴリア西部のアルタイ地方から突厥が勃興した六世紀中葉は、ちょうど東魏と西魏がそれぞれ北斉と北周に名を変える頃であった。この両王朝の名称変更は、北魏の王族・拓跋氏を皇帝として戴きながらも実権を掌握していた東魏の高氏（高歓の息子の高洋）と西魏の宇文氏（宇文泰の子の宇文覚）とが、強制的に皇帝位を譲らせたことを意味する。

とはいえ北中国に分立した両王朝では、柔然を倒してモンゴリアを中心とする草原世界に覇を唱えた突厥第一帝国に対抗することはかなわず、常に突厥から掣肘《せいちゅう》を加えられたのである。『周書』突厥伝によれば、第三代の木杆《もっかん》可汗《ムカンカガン》「以来、突厥は富強となり、中華を凌ごうという意志を抱くようになった。北周の武帝（高祖、宇文邕《よう》）は木杆可汗の娘を娶《めと》る競争において北斉に勝利し、北周の朝廷はすでに突厥と和親して、毎年、繒《きぬ》・絮《きぬわた》・錦《にしき》・綵《あやぎぬ》という多種多様の絹製品一〇万段を贈っていた。突厥人で京師《けいし》（長安＝西安）に滞在する者は丁重に

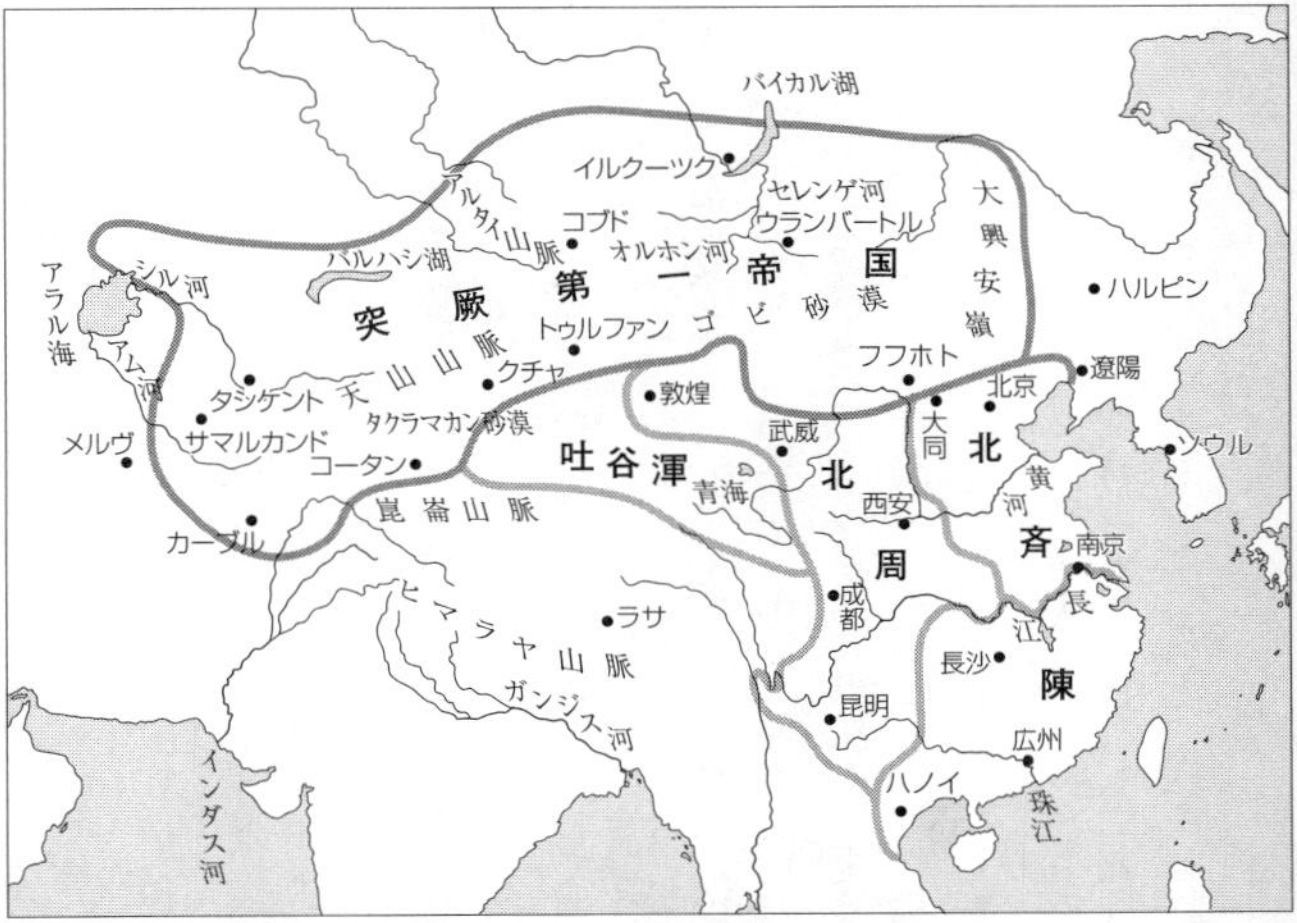

突厥第一帝国の最大領域　中華側で政権が分立する中、突厥は広範な領域を支配した

もてなされたので、錦を衣服とし肉を食している者は、常に千をもって数えるほどたくさんいた。一方、北斉の人もその侵略を懼《おそ》れ、やはり宮廷や国家の財物庫を傾けて贈り物をした」という。

この勢いを受け継いだ第四代・他鉢《たはつ》《タトパル》(佗鉢)可汗が、「南方にいる二人の息子(北斉と北周)が孝順であるかぎり、我らにどうして物資欠乏の心配があろうか」という有名な言葉を吐いたことが『周書』突厥伝に伝えられているのは、まさに当時の勢力関係を象徴している。互いにしのぎを削っている北斉・北周はなんとしても突厥の歓心を買って自己に有利に働いてもらうよう物資援助や婚姻関係などで配慮せざるを得ず、片や突厥は北斉・北周の対立関係を利用して北から南をコントロールできたのである。

この言葉は突厥の中国に対する優位と驕慢さを強調する文脈で引用されているが、単に突厥が略奪・歳幣《さいへい》などに頼って贅沢《ぜいたく》をしていたと理解してはならない。経済基盤の脆弱《ぜいじゃく》な遊牧を主とする国家にとって最大の困難は旱魃《かんばつ》・霜雪《そうせつ》などの自然災害なのである。まさにこの突厥第一帝国をはじめ、次のウイグル帝国（東ウイグル）も、後世の大元ウルス（元朝）も、自然災害が国家滅亡の一大要因となったのである。自然災害や疫病などによって家畜の大量死という饑饉状態に陥った時、いつでも援助してくれる国家が南に控えていれば、これほど心強いことはない。

さらに、木杆可汗の娘が阿史那《あしな》皇后として北周・武帝に嫁したように、それまで北周寄りであった路線が、五七二年の他鉢可汗即位によって、北斉寄りにシフトしたことは注意されてよい。最新の平田陽一郎の研究によれば、即位前は地頭可汗と呼ばれ、東面にいる小可汗として早くから北斉と緊密な関係を保っていた他鉢可汗は、北斉の初代・文宣帝《ぶんせんてい》（高洋）以下の仏教を保護した国造り政策に共鳴し、北斉の沙門・恵琳《えりん》から教化を受けて仏教徒となっていたという背景が指摘される。しかも「三武一宗《さんぶいっそう》の法難《ほうなん》」といわれる仏教弾圧の一つである廃仏を五七四年に断行した北周の武帝によって、五七七年、最終的に北斉が滅ぼされると、他鉢可汗は高洋の子の高紹義《こうしょうぎ》を迎えて北斉皇帝とし、北斉からの逃亡者をまとめあげて亡命政権を作らせ、北斉復興を名目にして北周に侵入した。親征した武帝が急死するという不運に見舞われながらも、五七八年に行なわれた一連の戦闘においておおむね北周が突厥・

北斉亡命政権連合側に勝利をおさめた。

突厥の東西分裂

しかし突厥と中華のこうした関係は隋代になると逆転する。五八一年、同じく関隴集団の仲間であり、北周の王族・宇文氏の外戚となっていた楊堅《ようけん》が政権を奪い、文帝として即位すると、突厥に対し巧みな内部離間策を用い、五八三年、ついに突厥を東西に分断させることに成功した。実際は、東は大興安嶺から西はパミールまで広大な領土を有した突厥第一帝国の前半期は、大可汗のほか複数の小可汗が分立する封建的政体であり、当初からモンゴリアの東突厥と天山地方の西突厥とが並行して発展してきたのである。突厥第二帝国時代に作られた歴史文献というべきオルホン碑文には、東突厥の始祖をブミン、西突厥の始祖をイステミとしているのである。通算で第六代となる東突厥の沙鉢略《さはつりゃく》可汗《イシュバラ》が五八五年に隋に送った上表文では「臣」と称しているから、東突厥は隋に臣属したわけである。かつては北の突厥が南の分裂中華をうまく操っていたのが、今度は南で北中国を再統一した隋が北で分立する突厥を操るようになるのである。

東西分裂後、突厥はますます混迷の度を深め、東西二極どころかさらに細かく分かれていく。片や隋は五八九年に南朝の陳朝を倒して中国全土を再統一し、ますます強大化するのである。さらに六〇四年に文帝に取って代わり、その後の中国経済に計り知れぬ恩恵を与え続けることになる大運河の完成をはじめ、内政・外政に積極策を取った煬帝《ようだい》の時代にも、この隋優位という形勢は維持される。とりわけ東突厥の突利《とつり》可汗は、隋から安義《あんぎ》公主《こうしゅ》を降嫁されるなどの懐柔策に乗せられて漠南《ばくなん》に遷《うつ》って自立し、次いで漠北の都藍《とらん》可汗や達頭《タルドウ》可汗の攻撃を被って隋本土内に逃れ、山西北部の朔州《さくしゅう》大利城付近からオルドス北部の五原へ、さらにオルドス南部の夏州～勝州間へと遊牧地を転々とするはめになるが、最終的には隋の後押しを受けて東突厥可汗として返り咲くことが出来たのである。この間の五九九年、隋に入朝した突利可汗は文帝から改めて啓民《けいみん》可汗として冊立《さくりつ》され、すでに死没した安義公主の後をうけて新たに義城《ぎじょう》公主（義成公主は誤伝）を降嫁されている。その一方で煬帝は、即位三年後の六〇七年には万里の長城を修復させているのであるから、東突厥を完全に押さえ込んだとは思っておらず、むしろ潜在的脅威を感じていたはずである。煬帝が、結局は隋の命取りになる高句麗遠征（六一二～六一四年）にあれほど執着したのは、朝鮮半島北部から満洲に拠る高句麗がモンゴリアの東突厥に直結していたからであるにちがいない。

六一五年、煬帝は山西省太原の南にある汾陽《ふんよう》宮に避暑に出かけていた。八月に啓民可汗の子・始畢《しひつ》可汗が軍団を率いて大同盆地西部へ南下入寇《にゅうこう》してきたため、煬帝は軍を率いて北上し、太原北方にあって大同盆地との出入り口に当たる要衝・雁門の付近で対峙したが、煬帝側は突厥軍に包囲され身動きがとれなくなった。始畢の入寇は、おそらく前年に、彼が可愛がっていたソグド人・史蜀胡《ししょくこ》悉《しつ》の率いる一団が、『西域図記』の撰者で隋の北方・西方政策を支えた名臣・裴矩《はいく》の計略にかかり、雁門から北へ山を越えた大同盆地西南端にある馬邑《ばゆう》（朔州）に設けられた互市《ごし》場（臨時の公式貿易センター）におびきだされて、皆殺しにあったという事件への報復であろう。隋側は急いで近くの諸郡に兵を出して救援に来るよう命令したところ、当時まだ一八歳の若き武将であった李世民などが駆けつけた結果、ようやく突厥軍は囲みを解いて引き上げていった。

突厥第一帝国の第一二代可汗となった始畢は、隋の恩顧を受けた啓民可汗の息子であり、父親についで初めは隋に臣下の礼をとっていたが、この時から形勢は再び逆転するのである。その治世は漢文史料にさえ、「東は契丹より、西は吐谷渾・高昌の諸国までことごとく

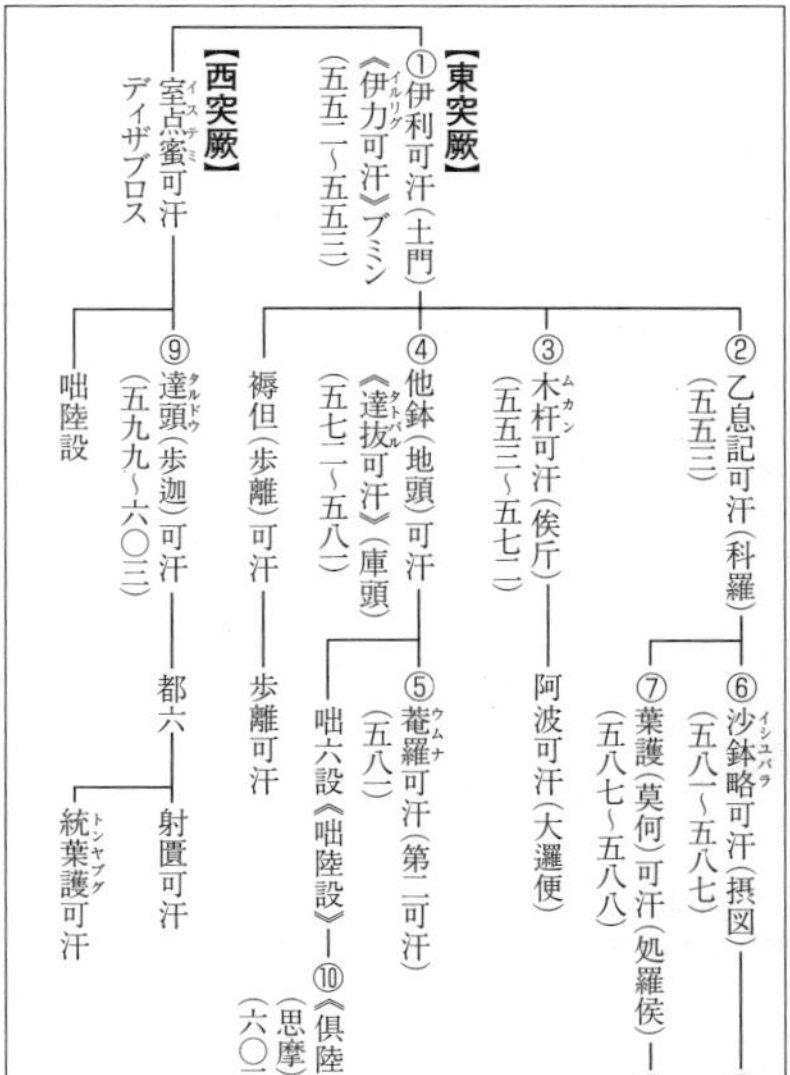

鈴木宏節「突厥阿史那思摩系譜考」をもとに作成

突厥第一帝国の王族系図

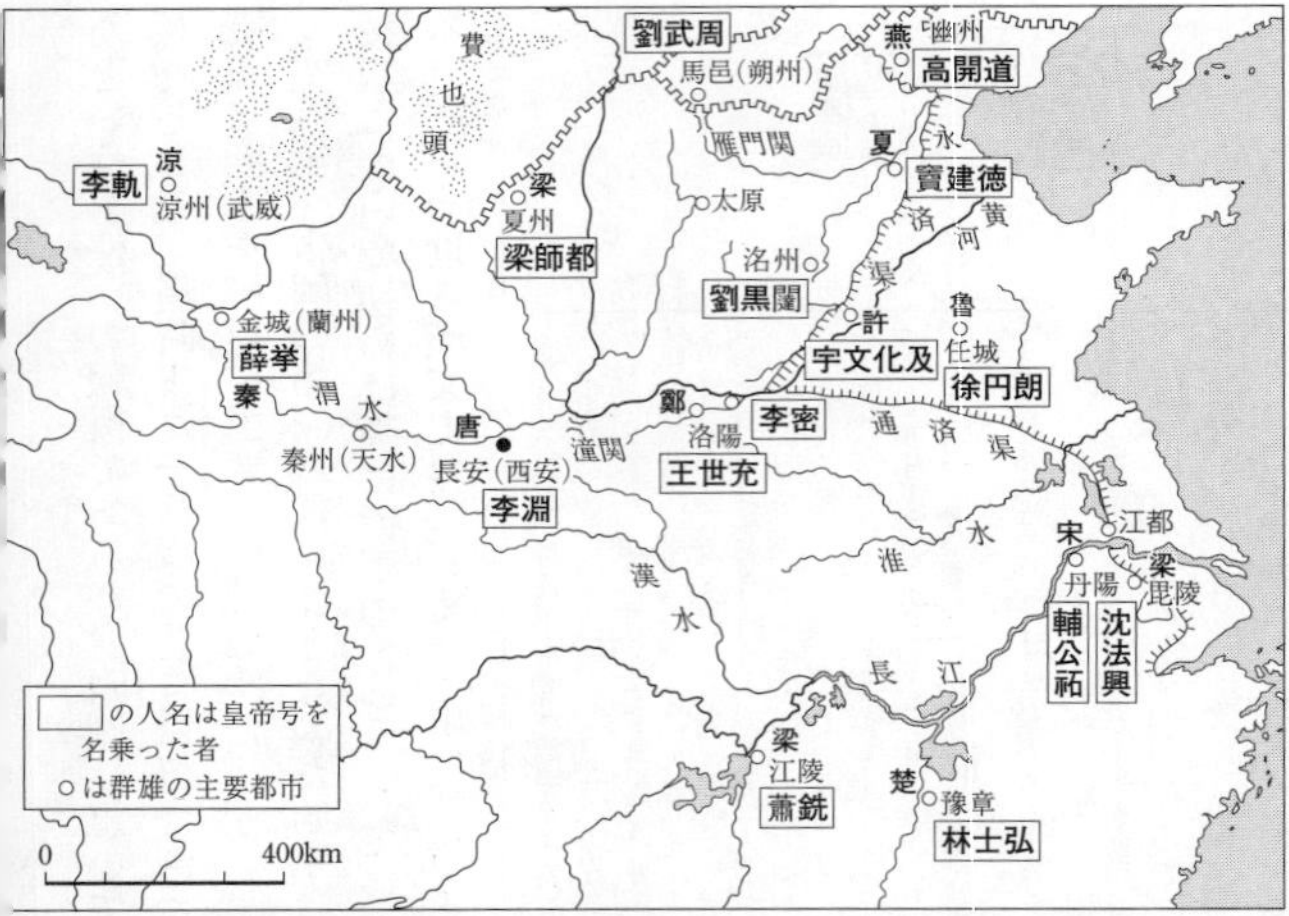

隋末期と唐初の群雄割拠図　高句麗遠征の失敗などで群雄が各地に起こり、覇を競った

皆、突厥に臣たりて、控弦《こうげん》（騎射兵士）は百万、戎狄《じゅうてき》の盛んなること、近代にいまだ之《これ》あるなし」〔『通典』巻一九七〕と評価されるほど、往時を凌ぐ復興ぶりであった。

一方、高句麗遠征失敗で疲弊しきった中華では反乱が相次ぎ、後漢末以上にひどい分裂状況に陥っていく。隋末の中国では、薛挙《せっきょ》・竇建徳《とうけんとく》・王世充《おうせいじゅう》・劉武周《りゅうぶしゅう》・梁師都《りょうしと》・李軌《りき》・高開道《こうかいどう》らの群雄が次々に皇帝号を僭称《せんしょう》したが、いずれも皆、突厥に対しては「北面して臣と称し、その可汗号を受けた」という。すでに突厥国内では小可汗を整理し終え、唯一にして最高の可汗、すなわち大可汗となっていた始畢が、今度は中国国内の群雄に小可汗号を与えて、それぞれが中国の一部を支配することを許したのである。ここに再び、突厥が完全に中華を凌ぐ態勢が復活したわけで、北の大可汗たる始畢による南の小可汗任命は、近い将来を見据えての布石であったのかもしれない。

なお、隋末のこの時期、射匱《しやき》可汗に率いられた西突厥も隋の影響下を脱して再び勢力を回復してきており、東トルキスタン地方を中心に中央アジアを制圧し始めていた。そして六一八年の唐建国と同じ頃に即位した射匱の弟の統葉護《トンヤブグ》可汗の時代になって、西突厥は未曾有の発展を遂げることになるのである。つまり唐の草創期の一〇年余り、東西両突厥はともに唐を圧倒するのであるが、西突厥は中国本土と隔たった中央アジアで自存する。それに対し、もっぱら唐と関わって、以後の中国史の動向を左右することになるのは東突厥なのである。

唐草創期の突厥優位

隋末の反乱で煬帝およびその一族が殺されると、煬帝の未亡人となった蕭《しよう》皇后は、文帝・煬帝の子と孫のうちでただ一人生き残った赤児の楊正道《ようせいどう》（楊政道）とともに、いったんは竇《とう》建徳《けんとく》の手に落ちた。しかるに竇建徳の妻が嫉妬深い女で、煬帝の后妃や嬪《ひん》・美人といった側室たちをみな出家させて、夫の手の出せないところに置いてしまった。

片や東突厥側では、かつて啓民可汗に嫁いだ義城公主が、突厥の「レヴィレート婚」という遊牧民的相互扶助の風習に従って、啓民の息子の始畢可汗、次いでその弟の処羅《しよら》可汗、さらにその弟の頡利《けつり》可汗の妻となるのであるが、彼女は隋王室の血統であり、当然ながら煬帝の皇后と孫を援助する意志を強く持っていた。そこで夫の処羅可汗・頡利可汗を動かした結果、ついに六一九～六二〇年のある時期に、蕭皇后と楊正道は突厥宮廷に身を寄せることになったのである。

六〇七年に煬帝が漠南の啓民可汗の牙帳《がちょう》（テント群の首都）を訪れた時、稀代の大建築家である西域系の宇文愷《うぶんがい》に観風行殿という回転式スカイラウンジや数千人が入れる超大型テントなどを作らせ、突厥人の度肝を抜いたという煬帝絶頂期のエピソードがあるが、義城公主と蕭皇后とは、その時に会って以来の旧知の仲であり、ともに隋王室の復活を願う立場にあった。そこで突厥としては、楊正道が突厥宮廷に入ったのを契機に、彼を隋王に立て、それ以前から自己の領土内に入ってきていた隋の旧臣・人民たち約一万人を糾合して、隋亡命政権を発足させることとなった。

始畢可汗の最盛期に突厥の牙帳は漠北に戻ったかもしれないが、それでも六世紀後半に比べれば漠南の重要度ははるかに増大していた。蕭皇后と楊正道が迎えられ、亡命政権が置かれたのも、かつて啓民可汗の牙帳のあった漠南の定襄《ていじょう》であった。定襄は漠南屈指の優良な放牧地であるばかりか農耕可能な場所さえあり、北魏時代は盛楽と呼ばれ、現在の内モンゴル自治区の首都フフホトとその南のホリンゴルとの間に当たる。定襄とその西の雲中とを中心とする内モンゴル中西部一帯は、中央部を東西に走る陰山山脈をはさんで南北に牧地が広がるが、特に南側の黄河大屈曲部北岸との間を東西に帯状に延びる低地には、白道川《はくどうせん》（川《せん》とは河川ではなく川筋の草原の意味）のようにむしろ農耕に適した緑豊かな地点をも含んでいるのである。

李淵・李世民父子が長安奪取をめざして六一七年に太原で旗揚げするに先立っては、他の多くの隋末の群雄と同様、突厥に誼《よしみ》を通じ、その承認と後援を得ていた。この時、突厥は李淵側に一〇〇〇頭の馬と二〇〇〇人の騎兵（一説によれば五〇〇人の騎兵と二〇〇〇頭の馬）を出して、目付を兼ねた援軍としている。現存する漢籍による限り、突厥大可汗の下風に立つことを天下に知らしめることになる小可汗号を授与された群雄としては、先に記した薛挙・竇建徳・王世充・劉武周・梁師都・李軌・高開道らが知られているだけで、李淵はその中に含まれていないが、当時の情勢を分析するならば、それはまずありえない。唐の第二代皇帝となる太宗・李世民の時に、国家をあげての歴史の書き換え作業が行なわれ、唐王朝あるいは李世民にとって都合の悪い記事はことごとく抹殺されたことが知られているが、李淵がなんらかの小可汗号を与えられていたという事実も、恐らくこの時に闇に葬られたにちがいない。それでもなお、唐がこの時期、突厥に臣事していたという事実だけは、「頭隠して尻隠さず」という諧謔的な言葉の通りに漢籍史料の随所に見え隠れしている。

ところで、機を見るに敏なるソグド人について、ここでも言及しておきたい。六一七年四月に隴西一帯に薛挙《せっきょ》政権ができ、同年一一月に李淵が長安を占拠した頃、原州（固原）のソグド人である史索巌《しさくがん》・史訶耽《しかたん》に率いられた史氏集団は李淵への帰属を決断し、長安と固原の中間にいる薛挙軍を挟み撃ちにする態勢構築に大きく寄与した。それゆえ、唐における固原の史氏の功績も、前章で見た涼州の安興貴一族と同様に多大であり、その後の繁栄が約束された。固原は、南は長安、西は涼州から河西一帯、北は霊州と直結しており、さらにそこからオルドスを挟んで東の山西北部、北の内モンゴルとも繋がる交通の要衝である。残念ながらこの史氏一族が、突厥とも関係を保っていたという証拠は見つかっていないが、固原と突厥の本拠地との地理的位置関係を見れば、史氏が突厥と結んでいなかったと考える方がむしろ不自然であろう。

六一八年に李淵が長安で皇帝として即位した時、唐王朝は東突厥の臣属国であったといっても過言ではない。唐はまだ隋王朝のあとを狙う群雄の一つに過ぎず、多くの敵をかかえていた。唐が生き残るにせよ、他に皇帝を僭称《せんしょう》している群雄が生き残るにせよ、最終的に中国の覇者となる者にとっては、突厥の脅威を完全に解消することなしには、真の独立も安寧《あんねい》も望めない。

そうした二重三重のせめぎあいがある中で六一九年、唐は太原北方にある大同盆地西部の馬邑から頭角を現した群雄の劉武周《りゅうぶしゅう》に創業の地である太原を落とされるという危機に陥り、翌年まで熾烈な戦いを余儀なくされる。六一七年の唐の旗揚げ時には突厥は唐を援助していたのに、六一九年の突厥は、自らが定楊可汗という小可汗号を授けた劉武周の側に付き唐に敵対した。その事情は不明ながら、突厥と劉武周が連合したことにより、唐は建国後最大の危機に立たされた。

ところが、処羅可汗は、どうやらこの頃宮廷に迎え入れた隋・煬帝の嫡孫・楊正道とその一派の方が中国支配に役立つと考えたらしく、父が隋に助けられて返り咲いたという昔の恩に報いるという大義名分もあって、隋の反乱分子であった劉武周討伐に方針転換した。その背後には必ずや妻となった義城公主の意向が働いていたことであろう。そして楊正道を筆頭とする隋の亡命政権を中国本土内に打ち立てるべく、処羅可汗は弟の歩利設《プリシャド》を二〇〇〇騎とともに派遣して、唐に味方させたのである。唐は勝利の暁の褒賞ないしは御礼として突厥に、太原市内で婦女子を略奪することを認めたという。結果は唐・突厥連合軍の勝利であった。破れた劉武周は太原から馬邑に戻ろうとしたところで突厥に殺された（六二〇年四月）。

こうして食糧・馬糧調達と中国侵略の要である馬邑地方を獲得した処羅可汗は、今度は唐と袂《たもと》を分かち、いくつものルートから長安を攻撃する計画を立てたのであるが、処羅可汗が即位後わずか一年余でにわかに亡くなったため、この唐との全面戦争の計画はついに実施されることなく終わってしまった。

太宗の打倒突厥

玄武門の変による太宗の即位

建国直後の唐に対抗していた群雄のうちでも強大であった隴西の薛挙《せつきょ》、山西北部の劉武周《りゅうぶしゅう》、河北の竇建徳《とうけんとく》、洛陽の王世充《おうせいじゅう》などを次々にうち砕いていったのは、初代皇帝（高祖）となった李淵の長男で皇太子となった李建成ではなく、若い頃から勇猛をもって聞こえた次男の秦王・李世民であった。李世民のあまりの活躍ぶりと、それにともなう宮廷内での評価や世間の声望の上昇に焦りを覚える皇太子と、兄の資質にはとうてい及ばないと自覚する末弟の斉王・李元吉とが、李世民に対抗するために手を結ぶのは無理からぬところである。こうして李建成・李元吉対李世民という敵対の基本構図ができあがる。

そして武徳九年（六二六）六月四日早朝、長安城北門である玄武門《げんぶもん》において李世民は皇太子・李建成と弟の李元吉と戦闘の上、二人を一挙に殺害する。世に「玄武門の変」といわれるクーデターである。この時に父である高祖・李淵から実権を奪った李世民は、まずは皇太子となるが、早くも二ヵ月後に皇帝として即位し（太宗）、名実ともに最高権力者となる。残された史書には、玄武門の変が、人格的にひどかった李建成・李元吉に対する太宗李世民の正当防衛であったかのように書かれているが、それは即位後に太宗が同時代の歴史家を動員して行なわせた歴史の捏造によるものであって、事実ではないらしい。

玄武門の変が兄弟間の帝位後継争いであることは疑いないが、それだけではなく、背景としていくつかのことが考えられる。すでに武徳六年（六二三）の段階で隋末唐初の群雄の多くが鎮圧されており、残る大敵は北の突厥《とっくつ》と、突厥の威を借りて生き続ける夏州（オルドス南部）の梁師都と朔州（大同盆地西部の馬邑）の苑君璋《えんくんしょう》の勢力だけであった。石見清裕によれば、武徳後半において唐のかかえる問題は、国内問題から突厥相手の国際問題に移行していたのである。そして対突厥政策を巡って、宮廷内では高祖と李建成・李元吉と李世民の三者間で、さまざまな思惑のからんだ路線対立が生じたようである。

山下将司によれば、国内戦争の終焉によって武徳六年にいったんは廃止された関中十二軍は、突厥との全面対決のために武徳八年（六二五）四月に再度設置されたが、そのトップたる一二人の軍将はことごとく高祖李淵の配下であった（第二章で触れたソグド人武将・安修仁もその中に含まれていた）。つまり群雄鎮圧に大きな成果を挙げた李世民派（山東集団という）は完全に締め出されたのである。

李世民は、武徳七年（六二四）秋には、突厥側の頡利《けつり》・突利《とつり》の二可汗の侵略に対して出撃して成功し、突利と義兄弟となるなど以後の離間策につながる布石を打っているが、武徳八年には一度も出撃命令を受けることなく終わり、片や高祖が派遣した唐軍は突厥に大敗したのである。

対突厥策については遷都論という弱腰路線にも全面対決という強硬策にも反対し、もし突厥内部分裂を計略する自分のやり方が通らなければ、国内は再び隋末のような混乱状態に逆戻りするとの危機感を抱いていた李世民は、高祖と皇太子の方から遠ざけられつつある現実を打開すべく、ついにクーデターに踏み切った。国内的にも国際的にも、緊張はこの年にピークに達していたのである。クーデターの決断にはもちろん、彼を取り巻く房玄齢《ぼうげんれい》を筆頭とする山東集団の強力な支えがあった。勝利を収めた李世民は、関中十二軍を解体し、以後、唐建国の「元従《げんじゅう》」功臣としての名誉は、李淵の太原挙兵に従った者たちではなく、玄武門の変で李世民を支えた者たちへと移るのである。

唐の優位と東突厥の内属

玄武門の変による唐の動揺を見て取った突厥の頡利可汗は、時を移さず、突利可汗とともに突厥の全軍一〇〇万と誇張する大軍を率いて中国深く、長安のすぐ北にまで侵入してきた。あわただしく即位した太宗は、武将を派遣するのではなく、自らが先頭に立ってこれを迎え撃ち、渭水《いすい》にかかる橋をはさんでの睨み合いとなったが、単身騎馬にて敵陣営に乗り込んだ太宗の迫力に圧倒されて頡利は和を請い、引き上げたと漢籍は伝える。

これも太宗が自分を美化するために書き換えさせたところであって、相当に粉飾されているが、突厥が引き上げたことだけは確かである。とにかくこれが太宗即位後の初仕事であり、ここから情勢は唐優位に動き始めるのである。オルドス南部～陝西《せんせい》北部に梁《りょう》国を建て、突厥・契丹《きったん》などとも結んでいた群雄の梁師都に引導を渡し、突厥を除く国内の群雄のすべてを平らげたのは六二八年のことである。

これに先立つ武徳末～貞観《じょうがん》初（六二六～六二七）、漠北《ばくほく》モンゴリアで東突厥の支配下にあった同じトルコ系の廻紇《ウイグル》・抜也古《バヤルク》・同羅《トングラ》・僕骨《ぼくこつ》などの九姓鉄勒《きゅうせいてつろく》（＝トクズオグズ）が反乱を起こした。ここには同じく鉄勒に属する薛延陀《せつえんだ》の一部もいたが、その主部は以前にジュンガリア方面に移動し、西突厥支配下に入っていた。その主部がここに至ってモンゴリアに帰り、合体した薛延陀と九姓鉄勒とが反突厥勢力として強大化し、薛延陀の夷男《いなん》が可汗となる。

そこで太宗は遊撃将軍・喬師望《きょうしぼう》を夷男のもとに派遣し、突厥に気づかれぬよう抜け道を通って、彼を真珠毗伽可汗《ビルゲ》として冊立するための文書と太鼓・旗印を届けさせた。こうして、薛延陀に漠北の鉄勒諸部をまとめさせ、当時漠南に本拠を置いていた突厥の頡利可汗を南北から挟撃する態勢を整えたのである。時に、六二九年のことである。おりしも突厥は連年の大雪による饑饉にも遭遇しており、頡利可汗のソグド人優遇策や苛斂誅求《かれんちゅうきゅう》に対する国内の憤《ふん》懣《まん》と相俟《ま》って、まさに東突厥の運命は風前の灯火であったのである。

太宗の治世となった貞観の初めには、頡利可汗の牙帳は明らかに定襄にあり、義城公主の牙帳も定襄の西隣、漢代の雲中城にあったらしい。六二九年一二月、それまでの太宗による突厥離間策が功を奏して、突厥東面の小可汗で東モンゴリアを本拠とした突利可汗とオルドスに拠っていた郁射設《いくしゃシャド》とが部族長クラスの九俟斤《イルキン》らを率いて唐に来降してくると、早くも翌年正月には唐の名将・李靖《りせい》の軍は突厥・隋亡命政権連合軍を定襄に撃破し、蕭皇后と楊正道を捕らえて長安に護送する一方、頡利可汗とともに陰山方面に逃れた義城公主を追撃して、ついに義城公主を殺すことに成功した。唐は、蕭皇后と楊正道ばかりでなく頡利可汗さえも罪を許して優遇することになるのに、一人義城公主だけは長安に護送されることもなく現地で即座に殺害されたのである。それは、とりもなおさず彼女こそが唐王朝に対する一連の敵対行動の元凶であると認識し、その隋王朝復活という野望の息の根を止めるためだったにちがいない。

突厥遺民をどう扱うか

こうして唐は、建国から一〇年以上を経た六三〇年（貞観四）、ついに国内の群雄と隋亡命政権と、さらに最大のライバルであった北方の東突厥とのすべてを打倒することができたのである。滅亡した東突厥の遺民は漠北の薛延陀・九姓鉄勒に吸収されたり、天山地方の西突厥に奔《はし》ったりしたものも相当数あったが、唐に降伏する者が最も多かった。ここに唐は、おそらくは一〇〇万に近い膨大な数の旧東突厥国人を国内の農牧接壌地帯に抱え込むこととなり、突厥遺民が復興して突厥第二帝国を建てるまでの約半世紀間、突厥問題は国内問題となるのである。

唐に来降した突厥人の数として明記されるのは『新唐書』突厥伝の「十余万」だけであるが、『旧唐書《くとうじょ》』太宗本紀の貞観三年（六二九）の条には、戸部の奏言として、「中国人の塞外より来帰する（者）、及び突厥の前後内附し四夷を開きて州県と為す者、男女一百二十余万口」とあるのを重視すべきである。自らの意志で突厥に来住した者、及び略奪によって連れ去られた者を合わせれば、夥しい数の漢人が突厥国民となっていたのであるが、それを考慮しても一二〇万余という数は巨大であり、そこには膨大な数の突厥遺民が含まれていたとみなすべきである。先の六二六年に頡利・突利両可汗に率いられて長安に迫った突厥全軍が誇張とはいえ一〇〇万と自称したこと、また後の六七九年に突厥降戸が再独立のために反乱を起こした時の数が「衆数十万」といわれることも考慮したい。

また、この時長安に到来した首領層には官品を与えて唐朝廷に組み込んだが、五品以上の高い品階に列せられた者が一〇〇人を超えたというから尋常ではない。しかし、元来が中央ユーラシアに普遍的な遊牧民族の作った拓跋《たくばつ》国家の伝統を引いていることを想起すれば、なんら驚くにあたらない。もともと北の遊牧民には自分の民族・部族集団の一般民衆より、異民族・部族であっても由緒正しい王族・貴族を優遇する傾向が強いが、北俗を色濃く残す唐王朝の政策にはそれが顕著に見られるのであり、むしろそこにこそ開放的とか国際的と評される唐帝国の本質があったと言えるかもしれない。

　さて、唐に内属した突厥人たちをどう扱うか、朝廷の議論は大きく三つに分かれた。①本土内深くの純農業地域に分散させて農耕民化するか、②オルドス長城地帯の農牧接壌地帯に遊牧民のまま集住させて新たに北方に勃興する遊牧民勢力への防壁とさせるか、あるいは、③故郷の内モンゴル草原地帯に帰して従来通りの遊牧生活を送らせるか、である。唐は続々と内徙《ないし》してくる突厥遺民に対し、ひとまず臨時の措置としてオルドス〜陝西北部に順州・北開州・北寧州・北撫州・北安州という羈縻《きび》州（後に詳述）を設けて、それぞれに突利可汗・阿史那思摩《あしなしま》・阿史那蘇尼失《そにしつ》・史善応・康蘇密《こうそみつ》を都督《ととく》として安置した。都督とは軍政長官であるが、ここでは民政長官をも兼ねている。

　その後、上記の議論に決着がつき、太宗は正式に②の策を採用することとなった。そこで臨時措置以後に内徙してきた増加分も合わせて再編成した結果、順州・祐州・化州・長州という四州を置き、唐建国に尽力した匈奴系費也頭《ひやとう》の首領の子である竇静《とうせい》を寧朔《ねいさく》大使に任じてこれらを総攬《そうらん》させた。石見清裕の見解によれば、始畢・処羅・頡利三代を通じて東突厥の本拠であり、今や唐の新領土となった内モンゴルの大草原地帯には、そのままそこに残留した突厥の民も少なくなかったはずで、これらに対しては自治機関として定襄・雲中両都督府が置かれたという。

史善応・康蘇密はソグド人の首領であって、突厥の内徙《ないし》とともに唐に降り、それぞれ北撫州・北安州の都督となったのである。五州のうち二州のリーダーがソグド人であるということは、それだけ多数のソグド人、ないしはソグド系トルコ人が混じっていたということにほかならない。〔補註：この部分の記述の誤りについては、本書の「学術文庫版あとがき」三八〇頁を参照されたい〕

ここで「ソグド系トルコ人」という用語を初めて使用したので、これについて定義しておくと、高車・突厥・鉄勒・ウイグルなどのトルコ人とソグド人の混血、あるいは両親ともにソグド人であるが高車・突厥・鉄勒・ウイグルなどの遊牧国家ないし地域で成長し文化的にトルコ化したソグド人である。ただし場合によってはソグド姓を持ったトルコ人その他も含む曖昧な概念である。その代表が、後章で述べる六州胡《ろくしゅうこ》や康待賓《こうたいひん》の乱、安史の乱の中核となったソグド系突厥である。すでに前章で、ソグド人がもともと商人と武人の両面性を備えていたことを論じたが、ソグド系トルコ人においてはトルコ系遊牧文化を受容しているわけだから、当然ながら馬の飼育や騎馬武者としての技術にさらに磨きがかかったにちがいない。

私の目から見れば、唐の真の建国は六一八年ではなく、突厥を打倒した六三〇年である。宿敵以上の主人的存在であった突厥帝国を壊滅させ、その遺民の整理が一段落してはじめて、太宗は枕を高くして眠ることができたであろう。

旧王族・阿史那思摩の冊立

ところが六三九年、突厥降衆が次第に勢力を回復してきた結果と思われるが、突利可汗の弟の結社率《けつしゃりつ》が突利の子を擁して反乱を起こした。太宗は自らの政策判断の非を思い、すぐさま③の策に切り替える決断をした。具体的には唐に忠順な突厥王族である阿史那思摩《あしなしま》に李《り》姓を賜って新可汗に冊立し、六三九年中に、「衆十余万、勝兵四万、馬九万匹」を率いて黄河を北に渡り、内モンゴルの定襄に本拠を置かせることになった。この時に、「突厥及び胡の諸州に安置せられしものは、並《み》な河を渡り、其の旧部に還《かえ》らしめよ」という詔が出されているから、オルドス～陝西北部にいた突厥遺民は、ソグド人ないしソグド系トルコ人も含めて北の旧部（故郷）へ移動したはずである。

石見の見解によれば、「其の旧部」にはすでに定襄・雲中両都督府が置かれていたのであるから、新可汗に率いられた突厥遺民と、東突厥滅亡後もその地に留まっていた突厥遺民とが合体することになり、ここに相当強力な遊牧勢力が復活してもおかしくない状況である。いわば、漠南における突厥の復興である。しかしながらこのような唐側のやり方は、六三〇年代に東突厥に代わって漠北のモンゴリアで強大化し、唐の認可も得て鉄勒諸部に君臨するようになっていた薛延陀にとっては許し難いものであった。阿史那思摩の新可汗冊立の背景には、薛延陀に脅威を感じ始めた唐が、薛延陀つぶしを狙う意図もあったのである。

これに対して薛延陀の夷男は六四一年、嫡子に鉄勒諸部を率いさせて漠南の新突厥集団を攻撃させた。この時は唐軍が出動して両者痛み分けに終わったが、どうやら阿史那思摩には唐が期待したほどの統治能力がなかったらしい。薛延陀からの攻撃にも堪えきれず、配下の膨れあがった新突厥集団を統率することもできず、六四三年、内部で反乱が起こると、自分に課せられた使命を放棄してオルドスに逃げ帰ってしまう。そして自分につきしたがう直属の部衆、ないしは四年前にオルドスから移民させられた集団の一部とともに勝州・夏州の間に寄住した。その後、彼は部衆を率いて太宗の高句麗遠征に従ったが、戦場で負傷し、長安に戻って死去し、夏州都督を追贈された。また彼の妻は夏州で亡くなったことが出土した墓誌から分かるから、彼の勢力を支える突厥集団が最後まで夏州一帯にいたことは疑いない。唐の夏州は、五胡十六国時代に赫連勃勃《かくれんぼつぼつ》が統万城を築いたところで、かつて大草原が広がっていたオルドスの南辺にあり、長安を中心とする関中盆地に拠る勢力と対抗するには絶好の場所である。

唐の最盛期

天可汗という称号

従来の概説書の多くは、六三〇年の東突厥の滅亡に動転した草原遊牧地帯の諸民族の君長たちが、太宗に対して「天可汗」という称号を奉った事実をとらえて、そのことはとりもなおさず、太宗が農耕中国の天子たる「皇帝」のほかに、北～西北方の草原世界の天子たる「大可汗」としても認知されたことを示しており、ここに唐帝国は真の「世界帝国」に成長したのである、と説明する。しかしこのような一方的な過大評価は禁物である。

　突厥第二帝国のオルホン碑文やウイグル帝国のシネウス碑文などの古代トルコ語諸史料より、中央ユーラシア東部のトルコ系諸民族が唐王朝・唐帝国のことをタブガチ（Tabγač）と称したことが明らかとなっている。このタブガチとは、「唐家子」に由来する（桑原隲藏説）のではなく、白鳥庫吉とP＝ペリオが主張したとおり、本来は拓跋＝タクバツ（Taγbač）という名称が訛《なま》ったものなのである。正確には拓（第一音節）の語末の-γと跋（第二音節）の語頭のb-という子音が交代したもので、言語学的に音位転換といわれる現象である。このように同時代に最有力な隣人であった北のトルコ系諸民族が唐をタクバツと認識していたという事実からも、唐が漢人王朝ではなく拓跋王朝であったという中央ユーラシア史的見方の正当性が、いっそう高められよう。

　北魏以来隋唐までの拓跋国家の天子は、北の草原のトルコ＝モンゴル系遊牧民世界から見れば、あくまで北方出身の「タブガチ可汗」すなわち「タクバツ（国家の）可汗」である。太宗は出自的にもそうした北族の王者たるにふさわしい血統を引いているのである。そのようなタクバツ可汗に率いられた唐帝国が、軍事力によって突厥・鉄勒を包含するトルコ世界を制圧したのであるから、複数存在可能な小可汗の上に立つ大可汗という意味で、あるいは唯一至高の可汗として、草原世界の諸君長がこれに「天可汗」という尊称を奉るのはごく自然なことと考えられる。

昭陵にみる北族の影響

二〇〇五年九月六日、私は文部科学省科学研究費によるシルクロード調査団の団長として、太宗とその皇后長孫《ちょうそん》氏の合葬墓である昭陵《しょうりょう》の上に立った。昭陵は西安の西北方向へ約六〇キロ、車で二時間ほどのところにある。九嵕山《きゅうそうざん》という自然の山そのものを利用しているから、人工的に土を盛り上げた秦《しん》・始皇帝陵《しこうていりょう》や父である高祖李淵の献陵《けんりょう》などと比べても比較にならないほどの巨大さである。昭陵は、先に亡くなった長孫皇后のために太宗の命令で造営が開始され、後に太宗自身が葬られたものである。

中国の天子は日常的に玉座に座る時や儀礼の時などには南面するものであるから、死後に葬られた陵墓も南面していておかしくない。確かに、昭陵に続いて造られ、高宗《こうそう》と則天武后《そくてんぶこう》を祀る乾陵《けんりょう》は南面している。昭陵では南側にも門や献殿があり、多くの子や臣下の陪葬墓《ばいそうぼ》もすべて山陵の南側にあるが、重要な施設である北司馬門は山の北斜面中腹にあり、そこに太宗が唐建国のための軍事活動で苦労をともにした六匹の愛馬（いわゆる六駿）の石像が、太宗自身の命令によって設置された。そして六四九年の太宗崩御の直後に、後嗣の高宗によって、太宗時代に唐に服属した一四人の蕃君長の石像が、左右（東西）に半分ずつ分かれて列置されたのである。これらの蕃君長たちの中でも特に忠誠心のあつかった突厥王族の阿史那《あしな》社爾《しゃじ》らが殉死しようとするのを、高宗が勅旨で押しとどめた代わりに作らせたのだと『資治《しじ》通《つ》鑑《がん》』はいう。

ところでこれらの六駿像は今も現地に安置されているかというと、実はそうではない。そのうち二体は不法な手段で早くにアメリカ合衆国に流出し、四体は西安市内の碑林《ひりん》博物館に移管され、現地にあるのはレプリカである。六駿は閻立徳《えんりつとく》・閻立本《えんりつぽん》兄弟の手になる見事な浮き彫りであり、今なおその躍動感が伝わってくる名作である。六駿を賛美した太宗御製の四言詩が、有名な書家である欧陽詢《おうようじゅん》によって隷書で書かれたというが、それは今では痕跡を留めていない。

一方、外国の君長たちの石人像もひどく破壊されており、一部が山麓の昭陵博物館に保管されているだけで、現地に残るのは銘文付きの台座七基のみである。ただ漢籍史料によってこれら一四人の名前とその本国とは明らかである。盗掘された墓の本体は山の頂上付近にあることが知られているから、太宗は北面して一四人の蕃君長に謁見する形になっているのである。これは中華的立場からすれば異常なことである。しかしながら、太宗の「天可汗」としての側面に注目すれば、決して異常ではない。

一四人のうち、東側にいるのがかつては唐の風上に立っていた突厥の最有力者である頡利《けつり》可汗（阿史那咄苾《とつひつ》、東突

巨大な昭陵　西安の西北にある九嵕山を陵墓とした太宗と皇后長孫氏の雄大な合葬墓。著者撮影

厥最後の大可汗、六三四年死去)、突利《とつり》可汗(阿史那什鉢苾《じゅうはつひつ》、六三一年死去)、阿史那思摩(六四七年死去)、阿史那社爾《しゃじ》の四人と、新羅《しらぎ》の女王・金真徳、ベトナムの林邑《りんゆう》王・范頭黎《はんとうり》、インド王・阿那順の合わせて七人であり、西側にいるのが薛延陀《せつえんだ》の真珠毗伽《ビルゲ》可汗(夷男、六四五年死去)、吐谷渾《とよくこん》の烏地也抜勒豆《うちゃばつろくとう》可汗(慕容諾曷鉢《ぼようだくかつはつ》)、チベット帝国(吐蕃)の初代賛府《ツェンポ》(多くは賛普と書き、チベット語で王のこと)で唐から文成公主《ぶんせいこうしゅ》を娶ったソンツェン゠ガンポ、高昌王の麴智勇《きくちゆう》(漢籍には麴智盛と伝えられる)、焉耆《えんぎ》王の龍突騎支、亀茲《きじ》《クチャ》王の訶黎布失畢《ハリプシュパ》、于闐《うてん》《コータン》王の伏闍信《ヴィジャヤ》の七人である。

一四人のうち、七人までが中国の北〜西に雄飛した遊牧国家ないし半農半牧国家のリーダーであり、四人が西域のオアシス都市国家の王である。新羅は東北で半農半牧国家として強盛を誇った高句麗の後継としての扱いであろうから、これも北〜西グループに含めてよい。すると残るは南の林邑とインドだけである。いかに中国にとって遊牧民族と西域都市国家のある北〜西方のシルクロード地帯の存在意義が大きかったかが、これによっても十分に窺われよう。それらを制圧しての太宗の天可汗号獲得であるから、北司馬門に居並ぶ蕃国の君長に対しては北面するのが当然なのである。昭陵は南面する中華の皇帝(天子)と、北面する天可汗との両方を象徴していると推測することは、決して根拠のないことではない。

そのほかにも昭陵には、突厥的な雰囲気が色濃く漂う。中国の葛承雍《かつしょうよう》によれば、「山に依りて陵を為す」という中華帝国の陵墓制度自体が昭陵から始まったのは突厥の聖山信仰の影響であり、六駿が顕彰されるのも、オルホン碑文で突厥第二帝国中興の英雄の愛馬が活躍した様子がくわしく言及されているのと相通じるものであるという。確かに北司馬門にある六駿のうちのいくつかの名前は突厥語ないしソグド語に由来しており、現代の戦闘機に匹敵する前近代の優秀な軍馬がいつも北〜西の草原世界の遊牧民族の手によって生み出された事実を雄弁に物語っている。

すでに述べたように、太宗の命じた史料操作によって証拠は隠滅されているが、群雄時代の李淵は突厥の大可汗である始畢から必ずや小可汗号を受けていたはずである。つまり突厥・唐間の君臣関係でいえば、臣下の立場にあった李淵の地位を、後嗣の李世民がようやくここにいたって逆転させたわけである。突厥第一帝国を滅ぼした太宗に草原の君長たちから天可汗号が贈られた真意は、実はその程度のものである。これまでの「天可汗」に関する大げさな拡大解釈は、その基礎になっている漢籍に太宗の史料捏造の手が及んでいるからか、さもなくばこれまた中華主義的な後知恵《あとぢえ》であろう。

ちなみに、皇帝に尊号を加えるという伝統は唐代の高宗から始まるが、これはむしろ突厥の影響ではないかと北京大学の羅新《らしん》はいう。ならば、太宗に続いて「皇帝天可汗」と称して璽書《じしょ》を北方や西域の君長たちに送った高宗の尊号が、あえて「天皇」と改称された背景には、その妻である武后が「天皇」の伴侶として「天后」となり、後に皇帝に取って代わる意図があったとみるのは深読みであろうか。本来の儒教世界ではありえない女性皇帝を実現させるにあたって、彼女は、外来の仏教のみならず、北方遊牧民的風俗をもフル活用した可能性があるのである。

漠北・漠南の羈縻州と都護府

天可汗・太宗は、六四六年（貞観二〇）、硬軟とりまぜたさまざまの手段を駆使してついに薛延陀《せつえんだ》を打倒し、鉄勒諸部を内属させることに成功した。当時、鉄勒諸部の中にあって、薛延陀に次ぐ実力を蓄えてきていたのは吐迷度《とめいど》に率いられたウイグルである。このウイグルが前もって薛延陀に痛撃を与えていたのが、唐にとっては何よりの幸いであったらしく、太宗はウイグルからの入朝使を手厚くもてなしている。明けて六四七年、太宗は吐迷度からの「ウイグル以南の地に郵駅を設け、北方全体を管轄下に置いていただきたい」との要請を受け、六つの羈縻府《きびふ》と七つの羈縻州を設置した。

「羈縻《きび》」とは、制度上は中国王朝の地方官制に包摂するが、異民族の社会はそのまま維持して統治させるものである。このやり方は、直轄化（内地化）よりはるかに緩やかであるが、異民族・国家の君長に官爵を与えて中国王朝の官爵制に組み込みながら完全な独立を認め、ただ朝貢の義務を負わせるだけの臣属関係である「冊封《さくほう》」よりは厳しく、かなり実質的なものである。たとえばウイグルを瀚海《かんかい》府、抜野古《バヤルク》（抜也古）を幽陵府、同羅《トングラ》を亀林府、僕骨《ぼくこつ》を金微《きんび》府とし、それより小さい集団の渾《こん》を皐蘭《こうらん》州、阿跌《あてつ》を鶏田州、契苾《けいひつ》を楡林渓《ゆりんけい》州としたのであり、以後、次々に羈縻府州を設けていくことになる。そして府には都督《ととく》、州には刺史《しし》を置き、府州にはすべて長史・司馬以下の官吏を任じて統治に当たらせた。その際、都督や刺史にはそれぞれの遊牧部族の族長を任命し、長史・司馬以下の属官にも現地遊牧民の有力者を充てた。

唐はこれらの羈縻府州を統轄する機関として、六四七年、オルドス西北辺の豊州あたり(黄河以北、陰山以南の五原方面)に燕然《えんぜん》都護府を設け、唐人を最高責任者の都護とした。その際、ゴビ砂漠入り口の鸊鵜《へきてい》泉以北に六八ヵ所の郵駅からなる「参天可汗道」(一八四頁の地図参照)、すなわち天可汗のもとに参上するための道を開通させ、各駅には馬や食糧を備えさせて、使者の往来の便を確保した。こうして燕然都護府に、毎年北方諸族に割り当てられた貂皮をはじめとする重要な貢ぎ物を持参する朝貢使その他を監督したり、各種郵便物の輸送を円滑にする役目を与えたのである。

以上のように、漠北の鉄勒諸部がまずは六府七州とされ、燕然都護府に統轄させる羈縻体制が取られた少し後の六四九年(貞観二三)、漠南の突厥遺民(降戸《こうこ》)に対しても定襄・雲中両都督府の編成替えがなされた。すなわち、旧東突厥十二部のうち舎利吐利《しゃりどり》部・阿史那部・綽《しゃく》部・賀魯《がろ》部・葛邏禄《カルルク》部・悒怛《エフタル》部にはそれぞれ舎利州・阿史那州・綽州・賀魯《がろ》州・葛邏禄州を置いて雲中都督府に従わせ、蘇農部・阿史徳《あしとく》部・執失《しっしつ》部・卑失部・郁射《いくしゃ》部・多《た》地《ち》藝失《げいしつ》部にはそれぞれ蘇農州・阿史徳州・執失州・卑失州・郁射州・藝失州を置いて定襄都督府に従わせた(ここの記述が詳しいのは

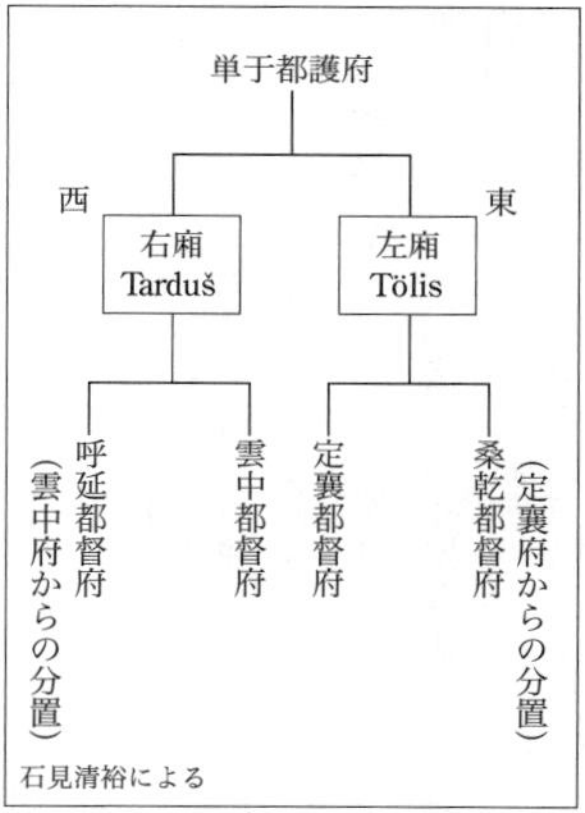

単于都護府の構造

第八章と関連するからである）。そしてめいめいの族長を各州の刺史とし、その上に阿史徳氏・舎利氏の族長がそれぞれ定襄都督・雲中都督に任命された。もとの可汗家である阿史那氏から都督が出なかったのは、唐の周到な用意があったからにちがいない。これらの都督府も羈縻府であることはいうまでもない。明証はないが、この両都督府も燕然都護府に隷属したというのがほぼ定説である。

羈縻支配下に入った鉄勒諸部（主に九姓鉄勒）は、その後しばしば唐の遠征活動（例えば西突厥の阿史那賀魯征討や高句麗遠征）に奉仕させられてきたが、六六〇年、それまでの不満が昂じたらしく唐に叛旗を翻した。何度かの小競り合いの後、六六二年には唐の鄭仁泰《ていじんたい》らに率いられた一万四〇〇〇騎と称される軍団がはるかゴビを越え、苦戦はしたものの、鉄勒道安撫大使となった蕃将・契苾何力《けいひつかりき》の勇敢な作戦などにより、ようやくこの戦い（唐から見ると鉄勒の大反乱）に勝利を収めた。唐軍がモンゴリアの鉄勒諸部にまで兵威を及ぼしたのは、けだしこれが最初で最後であろう。そして六六三年、燕然都護府が瀚海都護府と改称されてウイグルの本拠のある漠北のオルホン地方に移されると、漠南では新たに雲中の故城に雲中都護府が設けられ、それまであった定襄・雲中都督府からそれぞれ桑乾《そうかん》・呼延《こえん》都督府が分置され、四都督府となった。こうして瀚海都護府が漠北の鉄勒諸部を治め、雲中都護府が漠南の突厥降戸を治めることとなった。

雲中都護府は六六四年に単于《ぜんう》都護府と改称され、瀚海都護府は六六九年にさらに安北都護府と改称される。漠北に都護府があったのはわずか二〇年ばかりで、六八五年には撤退して、河西のエチナ地方にある同城に僑置《きょうち》（仮置き）されることになる。六八五年には同羅《トングラ》・僕固《ぼくこ》部などの反乱があったが、それ以前から漠北に大旱魃があって九姓鉄勒全体が苦境に立たされており、六八六年には逆に鉄勒の方から多数の難民がゴビを渡って河西地方に流入してきたため、同城の安北都護府はその受け皿になったのである。

一方、単于都護府は、六七九年（調露元年）に再独立運動を起こした漠南の突厥の手によって六八三年に陥落し、六八六年に廃止される。復興した突厥（第二帝国）の阿史那骨咄禄《クトルク》が可汗を称するのは六八二年（永淳元年）、豊州を陥れるのが六八四年であるから、全体として突厥・鉄勒諸部は六四七年からの四〇年弱、唐の都護府体制のもとに雌伏を余儀なくされたわけである。ただし突厥自身は屈辱の期間を六三〇年から数えて五〇年と認識していたことが、突厥碑文から窺える（第六章二七一頁参照）。突厥語・ウイグル語の totoq トトク・čigši チクシ・čangši チャングシという高官の称号は、音韻的に明らかに漢語の都督・刺史・長史の中古音と対応するから、これらが外来語として定着したのがこの時代であることはほとんど疑う余地がない。言語の上にさえ、律令的な異民族支配の痕跡がくっきりと残されたのである。

次に述べる唐の西域進出と合わせて、まさしくこの時代、すなわち初唐から草創期を除いた太宗・高宗二代の治世こそが、世界帝国たる唐帝国の絶頂期に当たるのである。それはまた、唐代の人民の身分を「良」と「賤《せん》」に二大別する良賤制という国家的身分制によって自立的小農民層を維持し、国家が彼らを直接支配する体制を基盤として、均田《きんでん》制・租庸調《そようちょう》制・

府兵《ふへい》制を運営する唐の中央集権的律令体制が完成する時期と重なっているのである。

隋唐の西域進出

ここまで主に北方勢力との関係を見てきたが、今度は西方に目を転じてみよう。すなわち河西のすぐ南にある吐谷渾王国、河西の西の東トルキスタンにあるオアシス諸国家とその背後というべき天山山中〜天山北路の草原にいる西突厥、そしてチベット高原に日の出の勢いで勃興してきたチベット（吐蕃）の情勢である。

隋代から唐の西域進出前夜の東トルキスタンには、高昌《こうしよう》国・焉耆《えんぎ》国（カラシャール）・亀《き》茲《じ》国（クチャ）・疏勒《そろく》国（カシュガル）・于闐《うてん》国（コータン）などの西域の主要なオアシス都市国家がそれぞれ独自の王を立て、シルクロードの要衝として繁栄していた。さらに西域北道最東端にあるハミ（哈密＝伊吾、伊州）地方には、ソグド人や鄯善《ぜんぜん》（旧楼蘭《ろうらん》）人の植民都市が形成されていた。これらの国々は、漢人系の麴氏《きくし》高昌国を除けば、ほとんどがインド＝ヨーロッパ系言語を話す住民によって占められており、トルコ系住民の姿はごくわずかであった。にもかかわらず、これらの諸国は程度の差こそあれ、すべて遊牧トルコ族（高車・突厥・鉄勒・西突厥）の間接支配を受けていた。

六三〇年、いうなれば唐建国の功労者でもあり、その後は宿敵となった東突厥を唐がようやくにして滅ぼすと、西域情勢は一気に唐に有利に展開し始める。まず六三〇年、伊吾《ハミ》地方にあり、ソグド人首領の石万年に率いられていた七城がこぞって唐に服属を申し出てきた。

時代を遡ると五世紀以降、東部天山地方の間接統治者は柔然から高車、さらに突厥・西突厥へと移り変わったが、七世紀初頭の六〇五年、それまで西突厥に隷属していた鉄勒部から契苾《けいひつ》歌楞《かりよう》が躍り出て易勿真《えきぶつしん》莫賀《バガ》可汗となって東部天山地方に覇を唱えると、伊吾《ハミ》に吐屯《トドン》設《シャド》という監督官を置き、トゥルファン盆地の高昌国には重臣を派遣して商胡（多くはソグド商人）の往来する者に税を課した。しかしその後もこの地をめぐる覇権争いはめまぐるしく、六一〇年には隋がハミを占拠するものの、隋末の混乱でここは再びトルコ族（ただし鉄勒ではなく突厥）の手に帰した。しかるに六三〇年に至ってハミ地方のソグド人首領らはついにトルコ族に見切りをつけ、唐に来降したわけである。そこで唐はハミに西伊州を置き、六三二年にはそれを伊州と改めた。

一方、かつてはやはりインド＝ヨーロッパ系住民が主体であった鄯善・且末《しょまつ》を中心とするタリム盆地東南辺のロプノール地方は、五世紀中葉ないし六世紀初頭からモンゴル系の吐谷渾の支配するところとなっていた。隋代には一時的に吐谷渾王国から隋朝の手に渡ったこともあったが、唐初には再び吐谷渾の支配下に帰していた。

唐が本格的に西域経営に乗り出すのは、ハミ地方を収めた六三〇年よりも、むしろ六三四～六三五年に鄯善・且末地方を奪取する目的で行なわれた吐谷渾征伐より始まると見なすべきである。吐谷渾王国が最終的に滅亡するのは六六三年、チベット帝国の侵攻によってであるが、六三五年の李靖を総大将とする征服によって唐の傀儡《かいらい》政権化していた。そしてこれ以後、唐の西域における勢力は太宗一代の間に急速に拡大する。

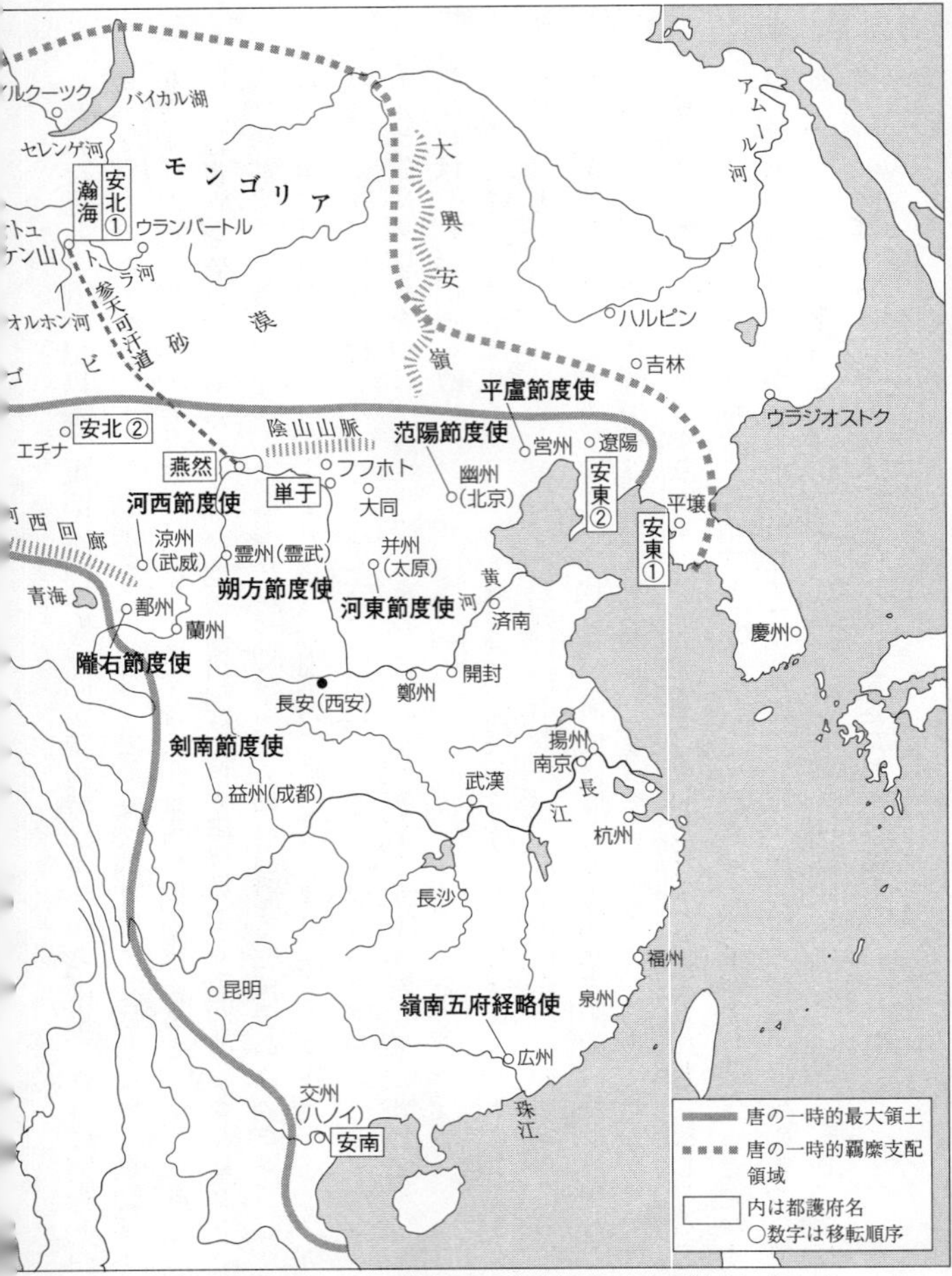

が唐帝国の絶頂期で、８世紀には勢力圏も領土も縮小に向かう

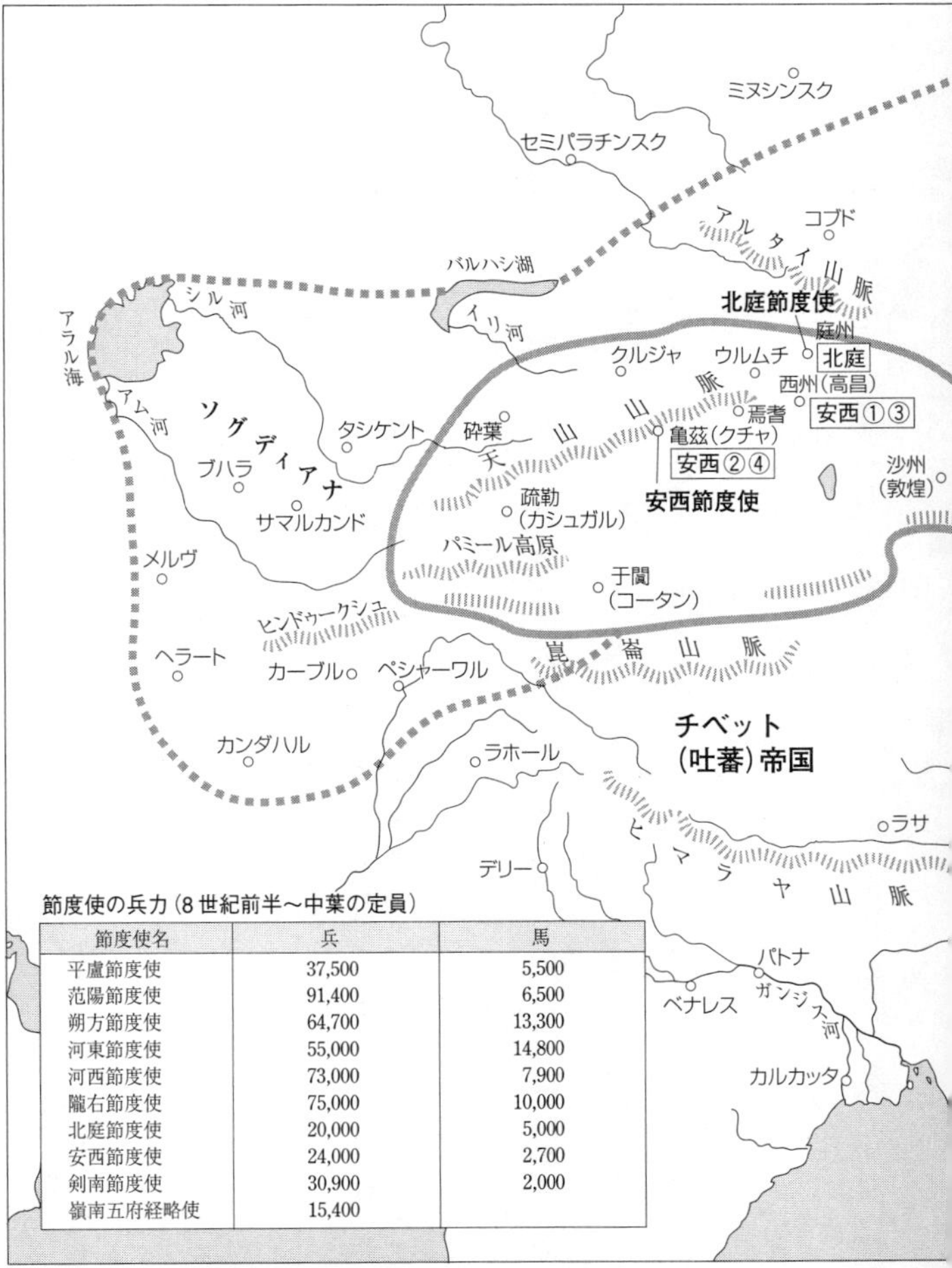

節度使の兵力（8世紀前半～中葉の定員）

節度使名	兵	馬
平盧節度使	37,500	5,500
范陽節度使	91,400	6,500
朔方節度使	64,700	13,300
河東節度使	55,000	14,800
河西節度使	73,000	7,900
隴右節度使	75,000	10,000
北庭節度使	20,000	5,000
安西節度使	24,000	2,700
剣南節度使	30,900	2,000
嶺南五府経略使	15,400	

唐の最大勢力圏と都護府・節度使の分布図　7世紀の太宗・高宗時代

六四〇年、高昌国を滅ぼしてその地を西州と改称し、ここに安西《あんせい》都護府を置き、次いで六四四年と六四七年の再度の焉耆平定、六四八年の亀茲平定へと及び、同年または翌六四九年には焉耆・亀茲・疏勒・于闐に軍団を送り込んで、安西四鎮《よんちん》を設置した。すなわち唐初の西域におけるトルコ勢力の優勢は、ここにいたって唐に取って代わられたのである。

西突厥の一時的強盛

しかし、この唐帝国の西域支配体制も、西突厥が天山以北に健在である限りは基盤の弱いものである。そもそも唐は建国に際して東突厥の援助を受けたことにより、北方からその脅威と圧力を被っていたので、唐はそれへの対抗策として早くから西突厥に接近を試みてきた。西突厥は六一一年に即位した射匱《しゃき》可汗の時に再び強盛となって鉄勒に取って代わり、六一七年頃にその後を継いだ弟の統葉護《トンヤブグ》可汗の時に大発展を遂げた。『旧唐書』西突厥伝では次のように伝えられる。

統葉護可汗は勇にして謀有り、攻戦を善《よ》くす。ついに北は鉄勒を并《あわ》せ、西は波斯《はし》を拒《ふせ》ぎ、南は罽賓《けいひん》に接し、悉《ことごと》く之に帰せしむ。控弦（騎射兵）は数十万にして、西域を覇有し、旧《もと》の烏孫《うそん》の地に拠る。又、庭（宮廷）を石国《タシケント》の北（実際は東北）の千泉に移す。其の西域諸国の王には悉く頡利発《イルテベル》（間接支配下の国家ないし民族の首長に与えられる称号）を授け、并びに吐屯《トドン》一人を遣《つか》わし、之を監統し、其の征賦（徴税）を督せしむ。西戎の盛んなること、未《いま》だこれ有らざる也。

玄奘《げんじよう》がインドに赴く途次、高昌国王・麴文泰《きくぶんたい》の紹介状を持参して西部天山北麓の砕葉《スイアブ》で謁見し（六二八年）、旅行中の安全保障を与えられたのはこの人物である。玄奘の旅行記兼伝記ともいうべき『大慈恩寺三蔵法師伝』巻二によれば、可汗は緑色の綾のガウンを着て、長い辮髪《べんぱつ》を絹で包んで後ろに垂らし、達干《タルカン》と呼ばれる側近の高官二〇〇人ばかりも皆、錦のガウンをはおり辮髪であった。また可汗の巨大な帳幕《ちようばく》は金の花模様で飾られ、まばゆいばかりであり、分厚くて豪華な茵《しとね》に座る可汗の前には、達干たちが長い敷物の上に二列に並んで座り、その背後に儀仗の衛兵が立っていた。

遊牧民の天幕《テント》などというと、一般にはみすぼらしいと思われがちであるが、そうではない。例えば二〇〇人以上を収容できる大型テントの床に、一平方メートルあたり時価一〇〇万円はする金糸入りの華麗な絹の絨毯《じゆうたん》を敷き、フェルト壁の内側も外側も豪華な錦などで飾ったとしたら、軽く時価数億円はする。

時代は数十年遡るが、西突厥の始祖ともいうべきディザブロス（室点蜜可汗《イステミ》）が、配下のソグド商人マニアクを派遣して突厥と東ローマ（ビザンツ）帝国との間で直接の絹貿易ルートを開くことを成功させた時、東ローマからの使者ゼマルコスが天山山中の草原にある可汗の宮廷を訪れた。ギリシア語で残るゼマルコスの報告によると、ディザブロスは天幕の中で純金の仰臥椅子に座り、その天幕はさまざまな色を巧妙に織り込んだ絹地で内部を覆《おお》ってあったし、また別の天幕はすべて絹地で覆われ、装飾が施されていたという。玄奘が、「穹廬《きゅうろ》（テント）の君と雖《いえど》も、また尊美たり」と驚嘆しているのも当然なのである。石造建築だけがすごいわけではない。

東突厥の勢力が天山東端のハミ地方にまで及んだのに対し、西突厥は可汗浮図《ふと》城（後の北庭）を維持して張り合った。唐の高祖は東突厥牽制の目的から、その統葉護可汗と結んだのである。桑山正進によれば、玄奘が西突厥の庇護を受けてインドに行こうとしたのは、統葉護の宮廷から唐にやってきたばかりのインド僧プラバーカラミトラの勧めによるという。しかし統葉護は玄奘と会見した同じ六二八年のうちに暗殺されてしまった。その後の西突厥と唐との関係は、西突厥内部の権力争いの顚末《てんまつ》、ならびに西突厥と東突厥の勢力関係の変遷がきわめて複雑である（旧版の『岩波講座世界歴史6』所収の嶋崎論文など参照）。ここでごく簡単に述べると、六四八年、西突厥の阿史那賀魯がいったんは庭州（後の北庭）に内属して唐の覇権を認めたが、太宗死去（六四九年）後の六五一年、西突厥十姓（一〇部族）およびカルルク・処月などのトルコ系諸族を統合して唐に叛旗を翻すと、唐の西域支配体制はたちまちにして瓦解した。すなわち太宗によって推し進められた西域支配の大業は、彼自身の死去によって一頓挫をきたすことになったのである。

唐最盛期の西域支配

しかし唐朝はこのような状況を打開すべく、すぐさま積極的な攻勢に転じた。前後三回にわたって派遣された討伐軍の総数は延べ数十万に上るといわれ、唐は六年という長い年月を費やして、ようやく六五七年にいたって西突厥に勝利を収めることができた。突厥第一帝国の西域進出とそれに続く西突厥の西域支配は、この阿史那賀魯の敗北をもって一応の終息をみたといってよかろう。逆に唐は、この戦勝に功績のあった阿史那歩真《ほしん》と阿史那弥射《びしゃ》という西突厥の王族をそれぞれ継往絶《けいおうぜつ》可汗と興昔亡《こうせきぼう》可汗として冊立《さくりつ》し、西突厥の遺民を安撫させることによって、太宗時代以上に安定した西域支配体制を築いたのである。

それ以前から西突厥十姓（一〇部族）の領域は、イリ河〜イシック湖を境にして東の五咄《とつ》陸《りく》部と西の五弩失畢《どしつひつ》部とに分かれていたが、唐はそれにならい、東西それぞれに崑陵《こんりょう》・濛池《もうち》の両都護府を置き、旧突厥王族の興昔亡可汗を以て崑陵都護に、継往絶可汗を以て濛池都護に任じた。安西都護府も、六五八年には西州から亀茲に移され、さらにソグディアナに康居都督府を設置して、ここに唐の勢力は西域全土にゆきわたる形勢となったのである。

しかるに興昔亡・継往絶両可汗には部衆統御の才は薄かったらしく、六五九年、五弩失畢部の一つ思結部のキョルイルキン都曼《とまん》が疏勒やタシュクルガンの兵を率いて、コータンを攻撃した。またもや唐の西域支配が頓挫しかかったわけであるが、猛将・蘇定方の活躍もあって事なきを得た。それどころか、この乱を平定後、唐の影響力はさらに西方にまで拡大し、六五八年の康居都督府設置に続いて、六六一年、パミール以西の吐火羅《トハラ》・嚈噠《エフタル》・罽賓《けいひん》・波斯《ペルシア》などの一六国にそれぞれ都督府を設置し、すべて安西都護府の監督下に置いたのである。

羈縻政策によって生まれた都護府体制は、律令的な異民族支配体制であるため、安西都護府治下の西域には、府兵制によって内地で徴発され西域に送り込まれた兵士と現地で徴発された兵士とからなる多数の軍団が存在した。そしてその軍団を支える費用として莫大な額の庸調絹布《ようちょうけんぷ》が、毎年、内地から輸送されたのである。荒川正晴によれば、そうした庸調絹布を運ぶキャラヴァンの担い手が七世紀後半には徭役《ようえき》として徴発された人夫《にんぷ》・馬丁《ばてい》たちであったのが、八世紀前半には輸送量の激増からソグド人を含む民間商人への委託が主流となり、それによってますます唐支配下の西域におけるシルクロード貿易が繁栄したという。

とはいえ、七世紀後半以後も旧西突厥の遺民は叛服《はんぷく》常なく、さらにはようやく北上してきたチベット帝国の勢力も加わって、西域情勢は複雑をきわめる。いわば唐とチベットとトルコ諸族が三すくみとなって争っていくのであり、その詳細はすでに拙稿「吐蕃の中央アジア進出」並びに「中央アジア史の中のチベット」で論じたのでここでは省略するが、ごく簡単にいえば次のようになる。

六七〇年、チベットの于闐《コータン》侵攻により、唐の安西都護府は亀茲《クチャ》から西州に退却を余儀なくされるが、六九二年、唐と旧西突厥系の突騎施《トゥルギシュ》が連合してチベットを撃破すると、安西都護府は再び亀茲に進出し、それから玄宗治世の前半までは唐の優勢が続くことになる。しかし則天武后が北庭都護府を設置した七〇二年前後には突騎施が天山以北に台頭し、七一〇年にいったんは東からやって来た突厥第二帝国の遠征軍に屈するが、すぐさま復興し、さらに強盛となっていく。

一方、チベットは七世紀後半にはパミール地方より西域に進出するが、八世紀前半は雌伏《しふく》を余儀なくされる。八世紀後半に入り安史の乱によって西域における唐の勢力が衰退すると、チベットが西のパミール地方と東の河西・ロプノール地方の両方からタリム盆地南辺部に進出していく一方、北からはウイグルが勢力を伸ばしてくる。そして八世紀末から九世紀中葉にかけて、東トルキスタンの北半部をウイグルが、南半部をチベットが支配することになる（終章を参照）。

隋唐は「征服王朝」か

古代帝国・漢の滅亡以来、数百年に及んだ大混乱・民族移動期を経て、再び中国を統一した隋唐帝国にとって、天下を脅かす強力なライバルとなりえたのは、高句麗・奚・契丹・突厥・突騎施・鉄勒・ウイグル・吐谷渾・チベットという、中央ユーラシア東部草原地帯に依拠する遊牧騎馬民集団を大量に抱える民族ないし国家であった。隋唐自身も、北魏以来の鮮卑系集団が中核となり、上記の諸民族に比べて早くに中国本土に民族移動した五胡（匈奴・鮮卑・氐《てい》・羌《きょう》・羯《けつ》）と呼ばれる遊牧民全体と、人口では圧倒的に勝る漢人農耕民とを合体させて建設された帝国であるから、支配層についていえば同じ根っこに由来する。しかし彼らの統治理念はまさしく「漢化」しつつあった。

つまり、政治理念としては儒教思想に基づく律令であり、宗教としては中国在来のシャーマニズムがシルクロードを経て伝来した仏教の刺激を受けて体系化された道教、あるいは東伝後数百年を経てほとんど固有の宗教となりつつあった中国仏教である。いずれも「漢文」

の素養を必須とするものであるがゆえに「漢化」といわれ、しばしば中華主義者から過大視・誇大視されてきた現象である。

ただし仏教がもともとは胡族の宗教とされるのはもちろん、律令制の具体相である均田制・府兵制・租庸調制のうち府兵制だけでなく、均田制にさえ北族的要素があると指摘されることも、忘れてはなるまい。いわゆる「漢化」とはその程度のものであるが、あくまで「漢語」が宮廷言語・統治言語であったがゆえに、私は隋唐を遼・西夏・金・元・清のようなレベルのいわゆる「征服王朝」（中央ユーラシア型国家）と同列に置くことはしないのである。

毀誉褒貶《きよほうへん》は激しいが、それだけ天才的な戦略家・政治家であったといえる隋の煬帝《ようだい》と唐の太宗・李世民が、名実ともに世界一の大領土・人口を押さえ、大運河による世界一の経済力を手中にしながらも、なにゆえ内政充実に向かわず外政に固執したのだろうか。そこに私は、軸足を完全に農耕地帯に移し、文化的に漢文化と融合しながらも、遊牧国家すなわち武力国家の本質を失わなかった隋と初期の唐帝国の姿を見る。一時的ながらこの時代にはゴビ砂漠という天然の国境が消えたのであり、それは後のモンゴル帝国・元朝と清朝にのみ見られる現象であることに注意したい。

煬帝は吐谷渾と突厥の制圧にはある程度成功したものの高句麗遠征に失敗して自らの墓穴を掘り、太宗もまた吐谷渾と東突厥を滅亡させることに成功しながら高句麗遠征（六四五、六四七、六四八年の三次）では、生涯唯一ともいえる敗北の苦杯をなめさせられた。以後も唐は、再興した突厥（第二帝国）や鉄勒・奚・契丹・突騎施・ウイグル・チベットという遊牧民集団ないし国家との間で戦争と和親を繰り返し、いずれにせよ莫大なエネルギーと金銭財物を注ぎ込むことになるのである。これは唐側から見ればいうまでもなく浪費であるが、周辺に流れ込んだ金銭財物はシルクロード貿易の活性化に直結したのである。

唐皇帝が名実ともに天可汗であり、唐が真の世界帝国たりえたのは、八世紀中葉の安史の乱までどころか、ほとんどを父・太宗の遺産に頼った高宗の時代まで、すなわち府兵制を基礎とする都護府・都督府・鎮《ちん》戍《じゅ》防《ぼう》人《じん》制《せい》によって羈縻支配が実効力を維持し得た七世紀に限定されるのである。七世紀末の則天武后時代に突厥が復興して強大な突厥第二帝国が出現してからも、唐の東トルキスタン経営は順調であり、文化的には最も華やかな時代を迎えるが、その盛唐といわれる玄宗の治世（開元・天宝年間）においてさえ、すでに帝国衰亡の芽はきざしているのである。

第四章　唐代文化の西域趣味

酒場の胡姫

石田幹之助の名著『長安の春』

近現代についてはいざ知らず、およそ近代以前の人類史について、歴史学の史料になるような文献の中に風俗・文化や日常生活に関する情報が残されていることは実に稀《まれ》である。それは新聞とか日記を想起すれば容易にわかるように、記録というものは日々繰り返されることや身の回りのこと、つまり同時代人にとって当たり前のことを書き留めるものではなく、日常とは異なる珍しい出来事とか重要な情報の伝達などに偏るものだからである。文化や風俗は一週間や一ヵ月単位で変化するものではない。

中国史上もっとも国際色豊かな世界帝国であったといわれる唐について、そこにどのような生活が営まれ、いかなる外国文化が流入していたかの研究に心血を注いだ石田幹之助の『長安の春』（一九四一年刊）は、歴史史料としては二次的なものに過ぎない文学作品、とりわけ唐詩に着目することによって、この限界を打ち破ってみせた。平凡社・東洋文庫シリーズの一冊として復刻された時に解題を加えた私の恩師・榎《えのき》一雄の言葉を借りれば、「『長安の春』に収められた諸篇が読者を引きつけるのは、そこに漂っているえも言われぬ余韻であり、その余韻は読者が恣《ほしいまま》にすることを許された無限の想像につながるものである。こうした余韻が漂うのは、一つには博士が材料として縦横に引用している文学作品のもつ効果でもある。」

とはいえ唐詩をはじめとする文学作品はあくまで同時代人の手になるものであり、歴史家である石田博士はそこにさえ書かれていないことまでもいい加減な想像で補ったりはしない。類い稀なる名著と賞賛されるのは、そこがポイントなのである。近年、巷にあふれる小説家によるいわゆる歴史物は、親切というかおせっかいというか、本当の歴史家なら余韻として残さざるを得ない部分に、まったくの想像でありもしないストーリーを「創造」しすぎている。そうした現状を榎先生は「歴史の顔をした作り話の横行」であると批判しておられた。読書力に自信のある方々には是非とも『長安の春』に挑戦していただきたい。

胡俗の大流行

唐代は胡風《こふう》・胡俗《こぞく》の大流行した時代であり、それゆえに「国際的」だったといわれる。胡服・胡帽といった服装のみならず胡食《こしょく》・胡楽《こがく》・胡粧さえも朝野の人士に歓迎されたのであり、『旧唐書《くとうじょ》』巻四五・輿服志《よふくし》には、「太常の楽《がく》は胡曲を尚び、貴人の御饌《ぎょせん》（美食）には尽《ことごと》く胡食を供し、士女は皆競って胡服を衣《き》る」とある。この『旧唐書《とうと》』の記事は唐全般の風潮を述べたのであろうが、『安禄山事跡《あんろくざんじせき》』巻下には、「天宝（西暦七四二〜七五六年）の初め、貴遊・士庶は好んで胡服を衣て豹皮の帽をなし、婦人は即ち歩揺《ほよう》（歩くと揺れて輝く頭飾）を簪《かんざし》にして、衣服の制度は襟袖《えりそで》とも窄《せま》く小なり。識者は竊《ひそ》かに之を怪しみて、その戎《えびす》たるを知る」とあって、明らかに盛唐の玄宗《げんそう》時代のことをさしている。

さらに九世紀前半に熱血政治家として活躍した詩人・元稹《げんしん》は、「法曲」と題する長編詩のなかで、「女は胡婦と為りて胡妝《こしょう》（＝胡粧）を学び、伎《ぎ》は胡音を進めて胡楽に務む」とか、「胡音と胡騎と胡妝（＝胡粧）とは、五十年来、紛泊《ふんぱく》を競う」と詠じている。紛泊とは「飛びはしる様子」を表す言葉で、ここでは流行が駆けめぐったさまをいっているのであるから、安史の乱後の中唐にいたっても、胡風は衰える気配を見せなかったわけである。

漢語の「胡」とは文脈によって指し示すところを変える融通無碍《ゆうずうむげ》の言葉ではあるが、時代と地域によってある程度の法則性はある。前漢代までの古い時代の胡は匈奴《きょうど》を意味し、五胡十六国時代の五胡は匈奴・鮮卑《せんぴ》・氐《てい》・羌《きょう》・羯《けつ》に代表される北方〜西北方の遊牧民を指す。しかし、過渡期の後漢代からすでにソグド人をはじめとする西域人をも指すようになる。そして魏晋南北朝時代にはまだ遊牧民を意味する方が優勢であるが、隋唐時代には西域のオアシス都市国家の人々を指すことの方が多くなる。ただし、まぎらわしいことに古い用法もそのまま残るので、場合によっては突厥《とっくつ》・ウイグルなどが胡と呼ばれることもある。要するに「胡」とは、中国に強いインパクトを与えた「外人・異国人」という意味である。

「胡」の付く言葉

「胡」の付いた言葉として周知の胡桃《くるみ》・胡瓜《きゅうり》・胡麻《ごま》はいずれも西域のオアシス農業地域の産物であり、北方の草原では育たないから、これらを前漢代に張騫《ちょうけん》がもたらしたという伝説はまったくの作り話であることがいともたやすく暴露される。前漢代の胡麻は「匈奴から伝来した麻」という意味にしかならず、きわめて不自然だからである。胡麻を張騫が将来したという伝説は宋代から始まるのであり、その時代なら胡麻は「西方オアシス農業地帯から伝来した麻」の意味になって誰にも納得できる。

胡坐《あぐら》については北か西か判断できないが、胡床《こしょう》（腰掛け）や胡瓶《こへい》（水差し）や胡粉《ごふん》（おしろい）や胡椒《こしょう》はやはり西方から伝来したものであろう。胡椒は東南アジアとインドの特産であるが、中国には最初インド産のものが西域を通じてもたらされたのである。

一方、胡食《こしょく》というのはイースト菌発酵なしのパンないしは揚げパン・蒸しパンの類（胡《こ》餅《へい》・焼餅・油餅・爐餅《ろへい》・煎餅・胡麻餅）などであり、いずれも西アジア・中央アジアから伝わった食事法ないしは食物である。そもそも三世紀頃までの東アジアには「粉食」の文化はなく、穀物を粒のまま煮たり蒸したりして食べる「粒食《りゅうしょく》」の文化だったのである。そこに西方から麦を粉にしてからパンにしたり麵にして食べる粉食文化が入ってきたのである。もともと漢語の「麵」とはラーメン・うどん・そばの類をいうのではなく「麦粉」の意味であり、「餅」とは麦粉を焼いて作った食品、つまりパン類であって米の「お餅《もち》」ではない。爐餅は「爐《かまど》で焼いたパン」、煎餅は「油で煎《い》ったパン」である。粉食は西アジアから中央アジアのオアシス農業地帯沿いに伝播《でんぱ》してきたのであり、胡食の胡が西域をさしていることにまず疑いはない。また、胡楽のほとんどが西域楽、しかも多くは東トルキスタンに由来する音楽であることは、後で述べる。

胡服の由来

現代日本人なら誰でも、身体にフィットするズボンをはき、開襟《かいきん》で細長い袖（いわゆる筒《つつ》袖《そで》）と短い裾《すそ》の上着、つまり洋服を着ている。これは明治時代に西洋から入ってきた服という意味で、東洋の服という意味ではない。しかし実はこの服装は本来、今から三〇〇〇年ほど前に中央ユーラシアの大草原に出現した騎馬遊牧民が、乗馬と騎《き》射《しゃ》（馬に乗ったまま弓を射ること）に最も便利なように改良していったものであって、それが後に文字通り世界中に広がっていったのである。洋服にベルトとブーツが付き物なのも、やはり騎馬遊牧民に由来するからである。

司馬遷の『史記』には、中国の戦国時代に趙《ちょう》の武《ぶ》霊王《れいおう》（在位は紀元前三二五〜前二九九年）が北方の強力な遊牧騎馬民集団との対戦の中から、趙で「胡《こ》服《ふく》騎射」の風習を採用するにいたった経緯が述べられている。この時代の胡とは北方の遊牧民族・匈奴を指す。人間が直接馬に乗って弓を射る騎馬武者は、馬に引かせる二輪ないし四輪の戦車よりはるかに機動力があったから、中国でもその戦法を模倣したときに、服装まで一緒に取り込んだのである。そして、その後の漢代から魏晋南北朝にいたる長い時代を経て、かつての「胡服」は中国の文武百官の儀礼服や常服に編入され、いつしかその由来は忘れ去られていた。

それゆえ、唐代でにわかに注目を浴びるようになる「胡服」が、はるか昔に遊牧民から取り入れられた服装を指しているはずはない。これはニューモードの「西方伝来の服」「西域趣味の服」を指しているのである。絵画資料から推測されるところでは、袖が細長い筒袖であることはもちろん、襟が大きく折り返してあり、多くは前ボタン式であったようである。玄奘は『大唐西域記』巻一のソグド全体の序文で、彼らの服装について「裳《したばかま》も服《うわぎ》も褊急《へんきゅう》たり」、すなわち「ズボンも上着も幅が狭くて身体にぴったりとフィットしている」と述べている。

胡姫はどこから来たか

石田幹之助は「唐代に於ける異国趣味の主潮はイラン系の文物であったといふことに尽きる」と述べたが、今からみればその結論はいささかの修正を要する。氏は中国にもっとも近い西域であるタリム盆地地方、すなわち天山南路の西域北道と西域南道の全体をイラン文化圏としている。西域南道のコータンは確かにイラン系のコータン語を話すとはいえ、西域北道の亀茲《クチャ》や焉耆《えんぎ》では別系統のクチャ語（＝トカラ語B）やアグニ語（＝トカラ語A）を話しており、しかもいずれも文字はインド起源のブラーフミー文字ないしカロシュティー文字であるように、ともにインド文化圏ないし仏教文化圏なのである。それゆえ「唐代に於ける異国趣味の主潮はイラン系・インド系・トカラ系を包含する西域系の文化・文物であった」というのが、より真実に近いのである。

そしてその西域系の文化を体現していたのが、これから紹介する胡姫《こき》、および胡旋舞《こせんぶ》・胡騰舞《ことうぶ》のダンサーである胡女・胡児たちである。とりあえずはエキゾチックな顔立ちをした「外人」、とりわけ若い女性や少年を想像しておいていただきたい。

「少年の行《うた》」李白
五陵《ごりよう》の年少　金市の東《ひんがし》、
銀鞍《ぎんあん》　白馬　春風を度《わた》る。
落花《らつか》踏み尽くして　何《いず》れの処《ところ》にか遊ぶ、
笑って入る　胡姫《こき》酒肆《しゆし》の中。

(現代語訳)
郊外の高級住宅地に住む青年たちは、長安の西バザールの東隣にある繁華街を、銀板で飾った鞍を載せた白馬にまたがって、春風に吹かれながら颯爽《さつそう》と行く。一面に散った花を踏みながら、どこへ遊びに出かけるのだろうか。笑いさざめきながら繰りこんだのは、美しい胡姫のいる酒場の中だ。

「白鼻の騧《か》」李白
銀鞍　白鼻の騧、[騧＝特異な黄馬の一種]

緑地　障泥《しょうでい》の錦。
細雨　春風　花落つる時、
鞭を揮《ふる》いて直《ただ》ちに胡姫に就きて飲む。

(現代語訳)
銀板で飾った鞍を白い鼻面の黄馬に置き、
地色が緑の泥よけ(障泥)用の腹掛けを錦で飾っている。
細かい雨が降り、春風が吹いて、花が散る時分、
馬に鞭をふるい、一直線におめあての胡姫のいる酒場に入って飲み始める。

いずれも春の花が咲いている時期であり、馬に乗った青年と酒場の胡姫を主題とし、色彩の対比が美しい絵のような詩である。一首目はまちがいなく長安の情景であり、そこに詠われる「少年」とは子供ではなく、名家・富豪の子弟か、あるいは無頼遊侠《ぶらいゆうきょう》の徒で、いずれにせよ大金を浪費できる階級の若者のことである。

二首目は長安の風景を詠ったものと断定はされていないが、まずそうとって大過なかろう。夏は猛暑で冬は厳寒となる長安は、春が一年中でもっともよい季節である。立春に続く雨水《うすい》の候、薄紅色の杏《あんず》の花が雲のごとく群がり匂い、李《すもも》の花が綻《ほころ》ぶ頃にようよう始まり、啓《けい》蟄《ちつ》の声を聞けば桃の花が咲き、春分を過ぎると春は酣《たけなわ》となって薔薇《ばら》・海棠《かいどう》・木蘭《もくれん》・桐花《きりのはな》・藤《ふじの》

花《はな》が次々と咲き誇り、風に吹かれて乱れ散っていく。白馬が踏みしめた花はそのいずれであったろうか。長安の春の花の王者はなんといっても旧暦三月の牡丹《ぼたん》であるが、これは愛玩鑑賞や花比べ用に驚くほどの高値で取り引きされたというから、街路樹ではなかったであろう。一方、当時の薔薇は鑑賞用としては牡丹に遠くおよばず、むしろ花弁をつぶして作る薔薇水という香水の方が珍重され、その高級品はペルシアからはるばる輸入されていた。

八～九世紀に世界最大の人口を誇った花の都・長安には、絢爛《けんらん》たる文化の花も開いていた。序章で述べたように、長安には本屋さえあって賑わっていたのである。繁華街には貴人や官僚、文人墨客や将校・遊侠の士が溢れ、北方の突厥《とっくつ》やウイグルなど遊牧国家からの使節や客人、西域からの商人・職人・芸人や宗教関係者、東アジア諸国からの留学生や留学僧などでごったがえし、まれには海のルートを通って南からやって来た東南アジアやインドの海岸部、さらに遠くペルシアやアラブの人々さえ混じっていた。

そんな中を、流行の胡服に身を包んだ若者が馬に乗って風を切って進んで行くのである。胡服だから筒袖の上着にズボンのセットであり、当然ながらベルトにブーツ、時には帽子までも付随している。一方、派手な馬具で飾り立てた馬は、今で言えばさしずめ高級スポーツカーである。ニューモードの胡服に高級スポーツカー、さらにそこに胡姫と呼ばれる高級クラブの外人ホステスあるいはダンサーとの組み合わせとなれば、これ以上に人目を引きつけるものはあるまい。

このように胡姫は、唐代長安をはじめとする大都市の酒楼・料亭やホテル内の酒場・キャバレーにて、美しく着飾り、あるいは若さを誇示する薄化粧をし、あるいは妖艶な濃粧をほどこし、異国の名香を薫らせて客を接待していたのである。もちろん酒場の花形であるからして、とりわけ容色に優れた若い娘が多く選ばれていたにちがいないが、単に酒席に侍るだけでなく、歌も唄えば踊りも舞える胡姫も数多くいたであろう。

さて、これほどまでに唐の詩人たちを興奮させた胡姫とは、いったいどういう女性であったのだろうか。論証を抜きにして結論だけいえば、胡姫とは緑や青い瞳を持って深目、亜麻色・栗色ないしはブルネットの巻き毛、そして高鼻で白皙《はくせき》のコーカソイド人種の女性である。黄色人種（モンゴロイド）で黒眼・黒髪・直毛の東アジア人士にとって、そのエキゾチックな美しさがいかに眩《まぶ》しかったか、想像にかたくない。白色人種（コーカソイド）は中央アジアからヨーロッパに至るまで広く分布しているが、中国にやってきた胡姫は、そのうち、ソグディアナ・ホラズム・トハリスタン（旧バクトリア、現アフガニスタン北半部）・ペルシアなどイラン系の言語（それぞれソグド語・古ホラズム語・バクトリア語・中世ペルシア語）を話す地方出身の女性たちであった。

胡服騎馬女性像　トゥルファンのアスターナ第187号墓より出土した唐三彩俑。全高39㎝。新疆ウイグル自治区博物館蔵

従来の歴史物・唐詩解説書・各種辞典類においては、イラン系といってもほとんどは西アジアのペルシア人とみなされてきたが、最近の歴史学・考古学の成果によれば、それはむしろ中央アジアのソグド人を指すとみなすべきである。特にめざましい考古学的成果は、胡旋《こせん》舞《ぶ》ないし胡騰舞《ことうぶ》をモチーフにした浮き彫りのある石製葬具が、中国北部の陝西・山西・寧夏で発見されたソグド人墓からいくつも出土したことである。また、かつてササン銀器といわれたものの多くが、実はソグド銀器であったということもこの際参考になろう。

もちろん、例外はあるので記述には慎重さが必要であるが、石田幹之助が胡姫を「イラン系統の婦女」と定義したがために、氏自身は多くをソグド女性と考えていたようであるが、その後の文学者たちが単純にイランをペルシアと読み替えてしまい、誤解が蔓延したのである。ペルシア湾からカスピ海におよぶイラン本土に住むペルシア人と、アム河～シル河間のオアシス諸都市に由来するソグド人とは、類似点が多いとはいえ、やはり厳しく辨別《べんべつ》すべきであろう。例えば近現代でもフランス人とイタリア人、ドイツ人とオランダ人を区別する方が普通の感覚であろう。ソグド人とペルシア人を並列的にしておくと、いつまでたっても誤つた印象は修正されないであろうから、ここは私の責任において、胡姫とは「ソグド人の若い女性」であると断言する。

胡旋舞と胡騰舞

魅惑の胡旋舞

西域の歌舞・音曲・雑技は遠く漢代から中国に流入し始め、南北朝時代にかなりの流行をみるが、なんといっても盛んになるのは隋唐代である。音楽についてはどちらかといえば東トルキスタン諸国の影響が優勢であるが、舞踊に関して目立つのは西トルキスタンのソグド諸国である。そのうち唐代になって初めて記録にみえるものに胡旋舞《こせんぶ》がある。

「新楽府《しんがふ》」の一首「胡旋女」より　白居易（白楽天）

胡旋女　胡旋女、
心は絃《いと》に応じ　手は鼓《つづみ》に応ず。
絃鼓《げんこ》一声すれば　双袖《そうしゅう》挙がり、
廻雪のごと飄々《ひょうひょう》と　転蓬のごとく舞う。
左旋し右転し　疲るることを知らず、
千匝《せんそう》万周して　已《や》む時無し。
人間《じんかん》の物類《ぶつるい》に　比ぶ可《べ》きもの無く、
奔《はし》る車輪も緩《ゆる》くして　旋風さえも遅し。
曲終わって再拝して天子に謝すれば、
天子之《これ》が為に微《すこ》しく歯を啓《ひら》く。
胡旋女は　康居《こうきょ》より出ず、

徒労して東に来ること万里余り。
・・・・・・・・・・

（現代語訳）

胡旋舞を踊る女性がいる。
その心は弦楽器の音に合わせ、手は太鼓の音につれて躍動する。
弦楽器と太鼓が一緒に鳴ると、両袖を舞い挙げて、
粉雪が風でひるがえるように、
　　あるいは風でちぎれて吹き飛ばされたヨモギのようにクルクルと舞い踊る。
左に旋回したかと思えばあっというまに右に転じ、疲れを知らず、
幾千回幾万回とて終わる時がない。
そのスピードはこの世では比べられるものはなく、
奔走する車輪の早さや、つむじ風の早ささえ遅く感じられるほどである。
一曲舞い終わって天子さまに深々とお辞儀して御挨拶すれば、
天子さまも思わずにっこりと微笑《ほほえ》んでお言葉をかけられる。
この胡旋舞を踊る女性というのは、ソグド出身であり、
御苦労にも東の方へ一万里余りを越えてやって来た。
・・・・・・・・・・

胡旋舞の特徴は、なんといってもその高速回転にあるが、必ず「舞筵《まいむしろ》」と呼ばれた小さい円形の絨毯《じゅうたん》の上で踊り、そこから一歩もはずれなかったという。かつて石田幹之助や同じく唐代文化に詳しいE＝H＝シェーファーは、鞠《まり》の上に乗ってアクロバティックに舞ったと考えたが、それは原史料に毯《たん》（絨毯）とあるべきところを、よく似た別字の毬《まり》（＝鞠）と間違って伝えられていたのを鵜呑みにしたための誤解であろう。いくらなんでもサーカスではないのだから、鞠の上で高速回転しながら踊るというのはおかしい。敦煌千仏洞莫高窟《とんこうせんぶつどうばっこうくつ》にある唐代壁画のなかに、胡旋舞の絵がたくさん残されているが、いずれも房飾りのある円い舞筵の上で踊っている姿である（上図参照）。

胡旋舞　小さい円形の絨毯の上で、高速回転をしながら踊る。敦煌莫高窟215窟（左）と同220窟（右）の壁画から描き起こした図。羅豊『胡漢之間』（文物出版社）より

さらに一九八五年に寧夏回族自治区の塩池県でクシャーニヤ（何国）出身のソグド人家族墓が六つも出土し、その第六号墓の入り口にあった二枚一組の石製門扉《もんぴ》の上に、それぞれ胡旋舞する男性像が浮き彫りされていた。

その足下にあったのはやはり舞筵であり、もはや毯の上で踊ったという説が復活する余地はないと私は確信する。実は、この舞筵はソグド方面からしばしば唐に進献されており、往々にして連珠文《れんじゅもん》などがある毛織物だったようである。連珠文はペルシアやソグディアナから東トルキスタン・北中国・日本へと伝わった文様としてよく知られ、法隆寺の有名な四騎獅子《しきしし》狩文錦《かりもんきん》にも見えている。

　胡旋舞最大の見どころである高速回転の見事さを際立たせるために、踊り手は両手に長いリボンを持っていた。敦煌莫高窟の唐代壁画に現れる胡旋女も、七世紀末頃とみなされる塩池県出土ソグド人墓の浮き彫りの胡旋男子も、すべて長いリボンを手にして旋回する姿である。そこに描かれたリボンの躍動感は、まさに白居易のいう「廻雪のごと飄々《ひょうひょう》と　転蓬のごとく舞う」の言葉を髣髴《ほうふつ》とさせてくれる。

　この激しい踊りを男性も舞ったことは、則天武后《そくてんぶこう》の一族で突厥第二帝国で捕虜生活を送った武延秀《ぶえんしゅう》や、かの安禄山《あんろくざん》も得意としたという記録から知られていただけでなく、塩池県ソグド人墓の石製門扉の浮き彫りの出土によりいっそう明らかになったが、詩や壁画に見えるのはほとんど女性である。敦煌壁画の女性の場合は、素足に半裸で絹の薄物をまとい、首飾りと腕輪を着けているから、さしずめ新体操のリボン競技のようであったといえよう。現代でさえ新体操の女性は肢体の美しさを十分に見せつけてくれるが、普段には女性の肌を見ることが稀であるどころか、壁画・絵画や銀器の文様にさえ裸体の女性像を描くことがなかったといわれる（石渡美江）時代において、その眩《まぶ》しさはいかばかりであったろうか。東アジアには裸を見せる文化はなく、従って敦煌画はあくまで誇張に過ぎないという見方もあろうが、それでも詩文にいう通り「羅」というシースルーの薄物シャツだけで踊るならば、世の男性どもを悩殺するには十分である。

跳躍する胡騰舞

胡旋舞とよく混同されるものに胡騰舞《ことうぶ》がある。これは、胡旋舞のように急速回転を主とするのではないが、身体全体を使って跳《は》ね回る躍動的なもので、蹲《うずくま》ったかと思うと、急に蹴りをいれて飛び上がったり、伸び上がって三日月のように身を反らせてみたり、とにかく変化の激しい踊りであった。胡旋舞とともに健舞に分類されるゆえんである。相当の体力を使う点では同じでも、胡旋舞がたとえ男性が踊ってもどちらかといえば優雅だったのに比べ、胡騰舞はアクロバット的で、おそらく戦闘的でもあったらしい。

「胡騰児」　李端（中唐の詩人）
胡騰、身は是れ涼州の児、
肌膚《きふ》は玉の如く、鼻は錐《きり》の如し。
桐布の軽衫《けいさん》を前後に巻き、
葡萄《ぶどう》の長帯は一辺を垂る。
帳前に跪《ひざまず》いて作《な》す本音の語《ソグドご》、

襟《えり》を拾《あわ》せ袖《そで》を攬《みだ》し、君が為に舞う。
・・・・・・・・・・・・

李端の詩は読み下すだけで雰囲気は感じ取れるであろうから、和訳は差し控える。その踊り手が胡人であることは、「肌膚《きふ》は玉の如く白くなめらかで、鼻は錐《きり》のように高くとがっている」というコーカソイド的な特徴からまぎれもないが、ソグド人の淵叢《えんそう》であった涼州《りょうしゅう》（武威《ぶい》）の出身であることを考慮すればまずソグド人と断定してまちがいない。さらに次の詩に見える踊り手は石国すなわちタシケント出身の胡児というのだから、ソグド人であることはさらに明瞭である。

「王中丞（王武俊）の宅に、夜、胡騰を舞うを観る」　劉言史《りゅうげんし》（中唐の詩人）

石国の胡児、人見ること少なし、
尊前《そんぜん》に蹲舞《そんぶ》して急なること鳥の如し。
織成の蕃帽は、虚《うつ》ろにして頂尖《いただきとが》り、
細氎《じょう》の胡《こ》衫《さん》は、双袖《そうしゅう》小なり。
手中より抛《な》げ下ろす蒲萄《ぶどう》の盞《さかずき》、
西顧して忽《たちま》ちに思う、郷路の遠きことを。
身を跳《おどら》せ、轂《こしき》のごとく転ずれば、宝帯は鳴り、脚を弄《ろう》すること繽紛《ひんぷん》として、錦靴は軟らかなり。
四座《しざ》に言無く、皆目を瞪《みは》り、
・・・・・・・・・・・・

（現代語訳）
（ソグディアナの）タシケント出身の胡児は、中国の人が見るのは珍しく、
酒樽の前に蹲《うずくま》って舞うときの素早さは鳥のようである。
色糸や金糸で織った蕃錦（異国錦）の帽子は、中が空洞で先端部はとんがっており、
高級棉織物の異国風シャツは、両袖ともに細身である。
踊っている手から葡萄酒を飲み干した杯《さかずき》を投げ捨て、
西を向いた時には、故郷への道のはるかに遠いことがふと脳裏をよぎる。
身を躍《おど》らせ、車軸のように回転すれば、（鈴などの）飾りのあるベルトは鳴り響き、
脚さばきの見事さは、彩りあざやかな軟らかい革製ブーツが引き立てる。
満座の者は誰一人として言葉を発することなく、みな目を瞠《みは》って鑑賞し、
・・・・・・・・・・・・

かつては胡騰舞を女子のものとみなす見解が強かったが、私にはむしろ男の舞であるように思われる。胡児・胡騰児とある「児」は男女の児童の意味ではなく男性をさしているとみ

ソグドの胡騰舞　石棺床屏風に浮き彫りされた男性の胡騰舞（下段中央）。上段は舞を見るソグド人の主人(右)と漢人ないしトルコ人の妻。滋賀県 MIHO MUSEUM蔵

るべきで、胡児とは胡姫に対比される語であろう。跳躍的な激しい舞である胡騰舞の踊り手は、ソグドの伝統的な三角帽を派手な模様や真珠で飾りつけてかぶり、軽衫《けいさん》とか胡衫《こさん》という高級棉布か絹でできたカラーシャツのような薄物をまとい、腰には葡萄唐草《ぶどうからくさ》文様のある帯を巻き、動きやすいように柔らかいブーツをはいているのである。踊りが興に乗ってくると、途中で動きを止めずにグラス一杯の葡萄酒をぐいとやり、空《から》の杯を格好良く投げ捨てるなどということもあったようだ。

　動きの激しい健舞としては、胡旋舞・胡騰舞のほかに剣器・稜大・柘枝《しやし》などが知られており、逆に動きが緩やかな軟舞としては涼州・甘州・蘇合香・緑腰・屈柘《くつしや》などがあったというが、それらの具体的内容はほとんど不明である。酒場に侍って歌舞音曲を得意とした胡姫には、どちらかといえばやさしい歌や優雅な軟舞がふさわしい。しかし、あれほどに魅惑的な胡旋舞を踊る胡旋女が高級酒場や酒楼にいなかったはずはなく、胡姫の中には必ずや胡旋舞の名手も混じっていたことであろう。

胡旋舞・胡騰舞の故郷と新パトロン

胡旋舞の踊り子である胡旋女を貢ぎ物として唐に献上したのは、康国（サマルカンド）・米国（マーイムルグ）・史国（キッシュ）などいずれもソグディアナの国々であった。白居《はくきょ》易《い》「新楽府《しんがふ》」では胡旋女の出身を康居《こうきょ》としているが、オアシス都市国家の康国を遊牧民族の康居と混同するのは、当時の通弊であり、ここは疑いもなく康国出身とみなさねばならない。といっても、康国はしばしばソグディアナの代名詞ともなっている。各種の史料から、ソグディアナにはサマルカンド中心の都市国家連合とブハラ中心の都市国家連合があって勢力を二分していたことが窺えるから、ここで白居易が康国ではなく康居といったのは、もしかしたらサマルカンド中心の都市国家連合の意味であったかもしれない。

胡姫の「胡」については文学研究者や一般の方々の誤解を招くほど慎重な言い方をしていた石田幹之助も、胡旋舞・胡旋女の「胡」については明快にソグドをさす意味における「胡」であると断言していた。それゆえ、これらの胡旋女も当然ながら胡姫の部類に入ったと思われる。敦煌壁画のなかで胡旋舞を踊る女性は、仏教壁画の一部として描かれたため、菩薩のような中性的な容貌をしており、人種的特徴をつかむのはむずかしいが、やはりモンゴロイドというよりはコーカソイドとみなす方がよいようである。

ところで胡旋舞・胡騰舞がみられた場所として、王宮や貴族の邸宅、市井の盛り場のほかに地方都市には藩鎮《はんちん》（節度使《せつどし》・観察使《かんさつし》など）の邸宅もあった。節度使とは盛唐以後に置かれた地方軍政長官、観察使とは地方民政長官であるが、前者が後者を兼ねて全権を掌握することも少なくなかった。劉言史が胡騰舞を目にした豪華な宴会は、王中丞の邸宅で催されたものであるが、王中丞とは王武俊のことである。王武俊は、漢名を持っているが実は契丹《きったん》族出身であり、最初は史思明の武将であった李宝臣（本名は張忠志）に仕えて出世した人物である。安史の乱後、その有力武将たちはいわゆる「河朔三鎮《かさくさんちん》」として本領を安堵《あんど》されたが、その一つが李宝臣が初代となった成徳軍節度使であり、建中二年（七八一）の李宝臣没後に王武俊がその職を継ぎ、ついには御史大夫にも任ぜられる。しかし、この詩では王武俊は中丞すなわち御史中丞と呼ばれているから、まだ節度使になる前のことである。とすれば、その詩は七六〇年代後半〜七七〇年代の作で、成徳軍節度使の本拠たる恒《こう》州（後に鎮州、現在の河北省正定県）にあった彼の邸宅での様子を詠んだものと思われる。

もともとが拓跋《たくばつ》系の政権である唐王朝それ自身に異民族の色は濃いのであるが、それに対抗した安史勢力にはさらにその傾向が強く、安禄山・史思明のようなソグド系突厥（突厥人とソグド人の混血、あるいは突厥化したソグド人など）だけでなく、ソグド人・突厥人・契丹人などが結集していた。安史勢力の生き残りである河朔三鎮の武将たちが、胡旋舞・胡騰舞の新しいパトロンになることになんの不思議もない。

最近、唐代恒州の開元寺三門楼石柱銘文に対する森部《もりべ》豊の検討によって、七世紀末の恒州付近にソグド人、あるいはその後裔《こうえい》が集団として居住していたことが明らかにされた。とすれば、王武俊のもとにいて優遇された文人・劉言史の詩に、タシケント出身のソグド人ダンサーが「西を向いた時には、故郷への道のはるかに遠いことがふと脳裏をよぎる」とあるのは、あるいは本国がイスラム勢力に占領される以前から唐にやって来ていたソグド人が、もはや帰るべき故郷を失ったことを嘆じているのかもしれない。

七五一年のタラス河畔の戦いより後の時代には、ソグディアナ本国はすでに完全にアラブのアッバース朝支配下に入っており、徐々にイスラム化が進行している。『冊府元亀《さつぷげんき》』巻九七二によれば宝応元年（七六二）一二月には黒衣大食《タジク》（アッバース朝）と石国が、『旧唐書』巻一一によれば大暦七年（七七二）にもソグディアナの康国・石国が大食やウイグルと並んで唐に朝貢してきているところをみると、アラブ側もソグド諸国に朝貢貿易を続行させるため、独立国のような体裁を取らせていたことが窺えるのである。したがって、ソグド商人の活動が本国のイスラム化とともに凋落したとはおよそ考えられない。だからこそ、第二章一〇四頁に引用したイスラム史料『世界境域志』の抜粋からわかるように、九～一〇世紀にいたってもソグディアナがやはり遠隔地商業の中心地として栄えていたのである。

音楽・舞踏とその担い手

西域音楽の盛行

現代では娯楽の筆頭に挙げられる音楽や舞踊であるが、それらは元来は宗教儀礼、ひいては国家をはじめとする共同体的な儀式に用いられるものであった。中国ではとくに儒学が礼楽を重視したため、音楽は理想の政治に必須の条件となった。春秋戦国時代から、儒教が国教となった漢代までの中国音楽に、それほど娯楽性は認められないが、漢代までには楽器の種類も含め十分の発達を遂げていた。

しかるに、魏晋南北朝時代になり、外来音楽が輸入されるようになると、娯楽性はかなりの勢いで高まっていった。古代音楽の淵叢《えんそう》といえるのは西アジア・インド・中国の三者だけであるが、その中国へ西アジアとくにイランの音楽と、インドの仏教音楽とが新しい楽器とともに中央アジアを通って伝わってきたのである。それが最高潮に達したのが唐代であり、唐代には前代に比べて楽器の種類が豊富で三〇〇種類もあったという。外来音楽の伝入と楽器の発展なくして、唐代の音楽や音楽詩の繁栄はありえなかったのである。

西域音楽の流入にもソグド人が深く寄与した明証の一つとなる詩を、次に引用しよう。

「安万善《あんまんぜん》が觱篥《ひちりき》を吹くを聴く歌」　李頎《りき》（盛唐の進士）

南山に竹を截《き》りて　觱篥を為《つく》る、
此の楽《がく》本《もと》　亀茲《きじ》より出《い》で、
漢地に流伝《るでん》して　曲　転《うた》た奇なり。
涼州の胡人　我が為に吹く、
傍隣《かたわら》にて聞く者　多く嘆息し、
遠客《えんきゃく》は郷を思いて　皆　涙《なみだ》　垂《た》る。
・・・・・・・・・

（現代語訳）
（長安南郊の）終南山で竹を切って　觱篥を作り、
それで演奏するこの音楽は　もともと亀茲《クチャ》の起源であるが、
中国に流伝した曲は　ますます優れたものになった。
涼州出身の胡人（である安万善）が　私のために演奏してくれると、
そばで聞いている者たちは　感嘆して深く溜め息をつき、
遠く（西域）から来ている客たちは　故郷を思って　皆　涙を流している。
・・・・・・・・・・・

甘粛《かんしゅく》の涼州（武威）にはソグド人の大集団が住んでいた。涼州には安姓のソグド人が多数おり、彼らがブハラに故郷のあるソグド人聚落を作っていたことは、すでにくわしく述べた通りである。安万善もその一員のはずである。この詩だけでは、觱篥《ひちりき》（＝篳篥《ひちりき》）は亀茲起源のようにも解されるが、実際には安国楽・亀茲楽を含む西域音楽全般にわたって広く使われていたものである。岸辺成雄《しげお》によれば亀茲は西域音楽の最大の中心地であったというから、この詩にはいささか知識の混乱があるのであろう。

古来シルクロードの要衝であった河西《かさい》回廊の涼州は、南北朝末からソグド人の集住地となっていたが、唐代では「百戯繚乱《ひゃくぎりょうらん》を競い」、剣舞・跳擲《ちょうてき》・獅子舞・胡騰舞などが盛んに行なわれた地であった。

東洋音楽史の研究に一生を捧げた岸辺成雄は、唐代音楽にもっとも造詣が深く、したがって次のようなまとめの言葉は非常に重い意味を持つ。唐代の「合奏の楽器編成は、今日の日本雅楽《ががく》の管弦（八種）よりもはるかに豊富なものであった。しかも、笙《しょう》のほかに、和声を奏する楽器があったと考えることもできるのであるから、和声的な大管弦楽が、唐代音楽の主体であったといえる。同じ時代（七－九世紀）のヨーロッパでは、単旋律の教会声楽が支配的であったことを考えあわせると、唐代音楽の先進性を想像することができよう。」（岸辺成雄「唐代楽器の国際性」）

唐代音楽の種類

いかに娯楽性が高まり、民間の遊興に供されたとはいえ、やはり唐代音楽の最大のパトロンは王族・貴族・高級官僚である。初唐では太楽署《たいがくしょ》所管の十部楽《じゅうぶがく》（十部伎《じゅうぶぎ》）が権威を持ち、国家・宮廷の公式行事や宮廷・貴族邸宅・大寺院における公私の宴会で演奏された。唐の太《たい》常寺《じょうじ》（近代の文部省に当たる）には雅楽《ががく》・俗楽《ぞくがく》・胡楽《こがく》・散楽《さんがく》を司る太楽署《たいがくしょ》と、軍楽を司る鼓《こ》吹署《すいしょ》があった。

「雅楽」というのは、儒教の礼楽思想に基づく祭祀・儀礼用の音楽舞踊であったが、十部楽の中では讌楽《えんがく》に受け継がれた程度である。「俗楽」というのも民間の通俗音楽などではなく、雅楽には含まれない漢代以来の伝統的な芸術音楽で、その代表は十部楽の清楽（清商楽）である。

これに対し、外来の音楽一般をさして「胡楽」というが、中心となるのは亀茲楽・疏勒《カシュガル》楽《がく》・康国楽・安国楽などの西域音楽である。隋代の七部楽（七部伎）・九部楽（九部伎）を発展させて、唐の太宗の時に十部楽（十部伎）が定められたが、胡楽はその大部分を占める。つまり唐朝廷で最高の権威を持つ十部楽ではあるが、その内実は唐朝へと東流した古代シルクロード音楽の集大成であるということができる。ちなみに日本に入った雅楽は中国の胡俗楽である。以下に十部楽を列挙しよう。

①讌楽伎（太宗朝の六四〇年に雅楽・胡楽・俗楽を融合して作曲されたもの）
②清楽伎（漢代以来の伝統的な俗楽）
③西涼伎（亀茲伎と清楽の融合したもの）
④亀茲伎（クチャ音楽、十部伎の中枢）
⑤天竺伎（インド音楽）
⑥疏勒伎（カシュガル音楽）
⑦康国伎（サマルカンド音楽）
⑧安国伎（ブハラ音楽）
⑨高麗伎（高句麗の音楽）
⑩高昌伎（トゥルファン音楽）

十部楽で使用された楽器を見ると管楽器・弦楽器・打楽器がすべて揃っているだけでな

く、それぞれの多様さに目を見張る。唐では当時世界一の音楽が演奏されていたということで、その楽器の数と種類は現代の交響楽団のそれに比べても引けを取らない。もちろん近代西欧で発明されたピアノはないが、現代でも交響楽団にピアノはないのがふつうだろう。

同じく太楽署が司るとはいえ、正統的な音楽である雅楽・俗楽・胡楽とは一線を画する散楽というのは、曲芸・幻術・手品・戯劇などの芸能を音楽伴奏で行なうもので、百戯・雑伎とも呼ばれるものであった。これらは文字通り曲芸とかサーカスの類である。宋代以後、中国音楽の主流となるのは歌劇（宋の雑劇、元の元曲、明の崑曲、清の京劇）であるが、唐代まではまだそれはなく、管弦楽と舞踊が中心であった。さらに唐代散楽の中には歌舞伎と呼ばれる舞楽もあった。

太常寺管轄下の太楽署や鼓吹署で宮廷・国家の楽舞に従事するのは、役人と教官のほかはみな楽工《がくこう》とか太常音声人《たいじょうおんせいじん》と呼ばれた国有隷属民である。技量的には軍楽工より雅楽工が上で、雅楽工より胡・俗楽工が上であったといわれる。これらとは別に宮城内の内教坊《ないきょうぼう》に属する宮女が胡・俗楽に従事していた。

ただし雅楽・俗楽・胡楽が鼎立《ていりつ》していたのは初唐までで、盛唐では俗楽は胡楽を吸収し、新しい俗楽が発生した。玄宗の愛した「法曲」とはこの新俗楽のことである。

玄宗時代と白居易の排外主義

玄宗皇帝は音楽の愛好者で、最大のパトロンとなった。従来からの太常寺太楽署（現代風にいえば文部省音楽局）と内教坊に加えて、二つの音楽教習機関を設置することになるが、それが外教坊《がいきょうぼう》と梨園《りえん》である。

宮城のすぐ東にある二つの坊に置かれた外教坊では、およそ三〇〇〇人の楽人《がくじん》（圧倒的多数が妓女《ぎじょ》）が胡・俗楽の教習に従事させられた。玄宗はとりわけ「法曲」を酷愛し、宮城西北の梨園《なしえん》の一隅に教習機関を設置し、初め太常寺の楽工三〇〇人を選び、後には教坊の妓女の優れた者数百人を加えて皇帝梨園《りえん》弟子となし、自らが教官となって養成に当たった。これがいわゆる梨園《りえん》の起源である。玄宗が愛した法曲は「道調法曲」ともいわれ、名称こそは道教の曲に由来し、いかにも純中国的であるが、その実態たるや南北朝以来西域から伝来した胡楽と、中国古来の俗楽の伝統を継ぐ清楽とを融合したものである。

玄宗朝になると、外教坊・梨園で生み出された新俗楽たる法曲が盛んになり、新たに西域から河西を通じて入って来た「胡部新声《こぶしんせい》」とともに、それ以後の唐代音楽界の二大潮流をなしたのである。玄宗時代でもまだ外来音楽は正しく外来のものであると認識されて流行しており、「天宝の楽曲は皆辺地を以て名づく。涼州・伊州・甘州のごときの類なり」といわれるほどであった。東は涼州（武威）から西は敦煌（沙州）にいたる回廊状の河西地方は、西域から流入する新しい音楽の受け入れ口となると同時に、在来の音楽と融合した新しい音楽をも生み出した。その代表が、北魏より唐初にいたる西涼楽と、盛唐から唐末にいたる「河西の胡部新声」である。

天宝一三載《さい》（七五四）に太常寺太楽署が編んだ楽曲目録（石に刊刻）に載せる二百余曲の

うち約五〇曲は、その時、胡名より中国名に変更されたものである。河西節度使から玄宗に献じられた河西胡部新声の「婆羅門」が、中国風に改作されて「霓裳羽衣《げいしょうようい》」と改称されたのもその一例である。この曲は楊貴妃が愛したことでも有名であるが、長い間に行なわれた胡・俗楽の融合をここで公認した明白な証しともなったのである。

にもかかわらず、このような雰囲気は、安史の乱を挟んで約半世紀後には変わっていたらしく、民間における相変わらずの胡風流行と並行しながらも、知識人層の間ではきわめて排外主義的、中華主義的風潮が顕著になっていくのである。例えば、政治家でもあった白居易に「新楽府《しんがふ》」という五十首からなる諷喩詩《ふうゆし》があるが、その中に「法曲」という一首があり、そこでは強く外国音楽の排斥を主張している。

「新楽府《しんがふ》」の一首「法曲」より　白居易（白楽天）

・・・・・・・・・・・

（則天武后の後の）中宗も（安史の乱の後の）粛宗《しゅくそう》もよく国家統治の大業を回復され、唐の皇帝位は中興して、万世に続く気運となった。

ところがなんとこの朝廷で演奏する法曲の中に夷狄《いてき》の楽曲が混在しているが、夷狄の楽曲はよこしまで乱れており、中華の楽曲こそ調和している。

だからこそ天宝末の一三載に音楽上で夷華の混淆が行なわれるやいなや、翌年には安史の乱の兵馬の塵が宮城をおかしたのである。

そこで分かったのだが、法曲というのはもともと中華的でなくてはならず、よく音楽の道を究《きわ》めれば御政道とも通じるのである。ひとたび夷狄の楽曲が中華のそれと混淆してしまってからというもの、国家の栄枯盛衰と人々の喜怒哀楽を見分けることができなくなった。
　願わくは、昔の伯牙や師曠《しこう》のような大音楽家を国内より探し求め、
　　中国の正しい音楽を復活させ、
　夷狄と中国とが侵害し合うことのないようにしてもらいたい。

　読者はどのように感じられるであろうか。あるいは、古今東西を問わず、外来文化輸入の大流行の後に普遍的に現れる揺り戻し現象ともみなせるだろうが、私にはまさに中国史上に繰り返し見られる保守的中華主義の典型のように思われる。開放的な唐代よりはるかに閉鎖的になる宋代において成立する宋学は、ナショナリズム的傾向の強い新儒教といわれるが、それにまさるとも劣らぬ猛烈なナショナリズムに戸惑うばかりである。仏教教理の刺激を受けて発達した仏教的儒学である宋学が、いったん成立するや今度は仏教を激しく排撃した事態にも似ている。
　実は、先に胡旋舞の項で紹介した「胡旋女」もこの「法曲」と同じく、「新楽府《しんがふ》」中の一首であり、やはり当時の風潮を諷喩《ふうゆ》しているのである。二〇六頁で引用した前半部の続きは次のようになっている。

「新楽府《しんがふ》」の一首「胡旋女」よりの引用の続き　白居易（白楽天）

この胡旋舞を踊る女性というのは、ソグド出身であり、
御苦労にも東の方へ一万里余りを越えてやって来た。
しかし中国自身にもすでに胡旋する者はいて、
その妙技や技能で勝負したら、お前など到底かなわないのだ。
・・・・・・・・・・・・
安禄山は胡旋舞を演じて主君（玄宗）の眼を迷《まよ》わせ、
安禄山の兵が黄河を過《よ》ぎってもまだ反乱ではあるまいと疑っておられた。
楊貴妃も胡旋を舞って主君（玄宗）を悩殺し、
ついに馬嵬《ばかい》駅で殺され、なきがらがうち棄《す》てられてからも、
　　　　玄宗の念いは更に深くなった。
爾来《じらい》、天地は転変したが、
五十年このかた胡旋舞を制止しても、完全に禁止することはできない。
だから胡旋舞する女よ、これからはただ空しく舞うことのないように、
しばしば私の作ったこの詩《うた》を唱えて、
　　　　天子さまに胡風に染まりすぎないよう悟らせておくれ。

唐は自らが異民族の出身であることを少なくとも初唐・盛唐までは自覚しており、華夷《かい》の別をやかましく言い立てることはしなかった。こうした華夷融合を当然と見なした唐帝国の出現により、世界一の大都会である長安にはそれこそ世界中からありとあらゆる人々が輻輳《ふくそう》し、当時のユーラシア世界に流行したものでおよそ長安で見つけられないものはなかったほどである。

ところが、安史の乱をはさんで中唐になると唐は急速に内向的になり、中華主義に陥っていく。先に引用した『旧唐書』輿服志の「太常の楽《がく》は胡曲を尚《とうと》び、貴人の御饌《ぎょせん》には尽《ことごと》く胡食を供し、士女は皆競って胡服を衣《き》る」という文章の直後にも、実は「故《ゆえ》に范陽《はんよう》の羯胡《けっこ》の乱あり」という中華主義的な「おち」が付いていて、「胡風」に染まったことが安史の乱の原因であると非難しているのである。

楽工・歌妓たちの供給源

唐代音楽の現場を担ったのは、太常寺の楽工と内外教坊の妓女《ぎじょ》と梨園の皇帝梨園弟子たちが中心であるが、見落としてならないのは民間にあった妓館《ぎかん》の妓女や名家・富豪の家妓《かぎ》たちである。長安では宮廷のみならず、慈恩寺・青龍寺・薦福寺・永寿尼寺などに有名な遊戯場があり、市内には民間の大歓楽街があった。長安に続く大都市である洛陽・太原・涼州（武威）にもかなりの規模の歓楽街があったのは当然であるが、私はそれ以外の大中都市、少なくともソグド人聚落（コロニー）の存在が確認されるレベルの都市（一一六〜一一七頁の地図参照）にはすべて、それ相応の盛り場があったと考えている。では、それら公私の音楽・舞踏関係者はどうやって供給されたのであろうか。

　国家・宮廷の組織である太常寺・教坊・梨園にいたのは、最高位で良民扱いされる太常《たいじょう》音《おん》声人《せいじん》を除いて、あとはすべて官賤民すなわち国有隷属民であり、民間にいたのはほとんどが私賤民（大部分は奴隷）であった。

　初唐で一万以上、中唐で二／三万はいたといわれる太常寺の楽工の新規供給源は、主として犯罪のために良民から奴隷に堕ちた者であるが、いったん官賤民となればその身分は世襲されるから、楽工の子弟がまた楽工となる場合が多かったであろう。この楽工は当番期間のみ上京して太常寺に入るのであって、非番の時は故郷の州県で生活する。賤民同士で結婚して子女を生むこともできる。

　一方、歌妓《かぎ》（歌姫・舞妓《まいこ》・芸妓）については、宮中や役所・軍営に所属する「公妓《こうぎ》」と、上流家庭や私営の妓館にいる「私妓《しぎ》」がいた。

　公妓は、反逆罪や殺人など重罪を犯した官吏や一般良民の妻や娘、あるいは債務によって父や夫に売り飛ばされた者が供給源となる。さらに諸外国の王侯貴族や国内の臣下・富豪から献上された女性もいる。一方、楽伎によって仕えている民間の賤民・奴隷である私妓の供給源は、債務によって売却された者、自ら身売りした女性、人さらいなど不法に略奪され売却された良家の子女、貧乏人や乞食から幼少時に貰い受けた子、時には合法的な贈与によって獲得された者などである。

これらの歌妓はいかに錦繡《きんしゅう》や毛皮をまとい、きらきら輝く宝飾を帯び、青黛《まゆずみ》・花鈿《かでん》の化粧をして、精美な装いを凝らしていても、大部分はあくまで奴隷身分であった。つまり、主人から見れば一個の財産にすぎず、贈与も売買も勝手なのである。公妓のうちでも宮中に仕える宮妓の主人は唐皇帝であり、私妓の場合は王侯貴族個人や富豪などが主人であるという違いはあるものの、どちらも移動や外出の自由がなく、時に贈与の対象となる点では、まったく同じなのである。

ただし、教坊・梨園の宮妓は、皇帝の側近に奉仕し、宮女に等しい扱いを受け、中には容姿端麗で楽技に優れ寵愛を受けた者も多数いるのであるから、私妓と同列には論じられない。おそらくその出身においても私妓に比べて平均的に高く、なかには貴族・高位高官・大将軍クラスの家柄の女性さえ混じっていたのである。そういう大物でもひとたび反逆罪などの重い罪に問われれば、その家族は国家に没収され、隷属民となる運命にあったということであり、それが近代との違いである。たとえば次に、トルコ系九姓鉄勒《きゅうせいてつろく》の首領であった阿布《あふ》思《し》の妻の場合をみてみよう。

阿布思《あふし》とその妻の場合

阿布思とは、天宝元年すなわち七四二年に、滅亡寸前の突厥第二帝国から王族の主だった女性や王子たちを引き連れて唐に亡命してきた遊牧民集団の大物である。突厥第二帝国は九《きゅう》姓鉄勒《せいてつろく》（トクズオグズ）の一つであるウイグルと、別のトルコ系のバスミル部・カルルク部の三者連合に滅ぼされるのであるが、これら三者とて直前までは突厥帝国に包含されていて、王族・阿史那《あしな》氏に叛旗を翻したのである。同じ九姓鉄勒に属する別部に、最後まで突厥に忠誠を尽くした集団がいても少しもおかしくはない。

阿布思は投降時には突厥の西ヤブグあるいはイルテベルという高い称号を持っていた。唐に降ってからは、中華風の李献忠《りけんちゆう》という姓名を賜り、奉信王の爵位を与えられ、最終的には朔方節度副使にまで任じられる。すなわち蕃将《ばんしよう》として非常に優遇されたのである。また、その間の天宝八載《さい》（七四九年）に、隴右《ろうゆう》節度使・哥舒翰《かじよかん》が隴右・河西及び朔方・河東の兵、およそ六万を率いて、長年の強敵であるチベット（吐蕃）の石堡城を攻陥した時には、阿布思の騎馬軍団も従軍している。しかし、このように唐帝国を支える蕃将としての経歴を積み重ねながら、なぜか阿布思は、同じ蕃将としては最高に出世していたソグド系突厥人の安禄山には心を許していなかった。

安禄山は、当時、北京方面の節度使として絶大な力を持っており、阿布思の軍団と共に東北辺境を揺るがす奚《けい》・契丹《きつたん》を征伐したいという名目で、阿布思軍の北京方面への移動を玄宗に願い出て許された。すると阿布思は、安禄山のもとに行けば、自分は謀略で殺されるだろうと疑い、唐を見限り、自己の部族を率いてモンゴリアへ逃げ帰るのである。時は天宝一一載（七五二）、安史の乱の勃発する三年前のことである。

ところが当時のモンゴリアには、すでにウイグル帝国（東ウイグル）が確立していた。先にバスミル・カルルクと連合して突厥を転覆させたウイグルは、それまでにバスミルとカルルクを順に打破して、完全な支配権を握っていたのである。もちろん、突厥にせよウイグルにせよ、遊牧国家というのは、多数の遊牧民集団の寄せ集めであって、離合集散は自由自在というところがあるから、阿布思の率いる部族集団がモンゴリアに収容される余地はあった。しかし、ウイグルは恐らくそれまでの阿布思部の辿ってきた動向から受け入れを拒んだため、阿布思はやむなくその西方のアルタイ地方にいたカルルク部に竄入《ざんにゅう》したのである。

この間、唐側は一貫して追討の姿勢を崩さず、カルルクにも強い態度で阿布思の身柄引き渡しを要求した。その結果、天宝一二載（七五三）九月、ついに阿布思とその妻は囚われの身となり、カルルクから北庭都護《ほくていとご》・程千里《ていせんり》の手を経て長安に護送された。夫の公開処刑が朱雀街《すざくがい》で実行されたのは、天宝一三載（七五四）三月のことであった。そして、妻の方は唐朝廷に隷属する賤民となったのである。

阿布思の寡婦がその後の史料中に姿を現すのはたった一回である。それはもう安史の乱も治まった後の粛宗《しゅくそう》の宮廷においてである。事の子細を伝える『因話録』によると、彼女は初め掖庭《えきてい》すなわち後宮に配属されたが、歌舞音曲を善くするので楽工に隷《したが》せられたという。つまり教坊の妓女になったことを意味する。そして、ある宴会の席上、粛宗が戯れに彼女に緑色の衣裳を着せ掛け、今でいう俳優の真似事をさせようとした時、粛宗の娘である和政公主が父を諫めて次のように言った。

禁中には侍女が少なくありませんのに、どうしてこの人を指名するのでしょうか。もし阿布思を本当の反逆人とおっしゃるのでしたら、その妻もまた同罪であり、お上のお側《そば》に近づけるべきではございません。もしかりに阿布思が無実だったとおっしゃるならば、そのような高い身分の妻がどうして俳優ごとき賤しい者たちと一緒になって笑い物にされることに堪え忍ばねばならないのでございましょうか。私は至って愚かではございますが、これではいけないと心より思うのでございます。

そこで皇帝も阿布思の妻を哀れに思って、賤民の身分から解放したとのことである。念のために申し添えれば、俳優が卑賤な者の職業とされていた時代の話である。

第五章　奴隷売買文書を読む

ソグド文の「女奴隷売買契約文書」

学界へのデビュー

一九六九年、トゥルファン盆地は高昌故城《こうしょうこじょう》の西北にあるアスターナ古墳群の第一三五号墓より、一枚の胡語文書《こごもんじょ》が出土した。トゥルファン盆地の古墓群からは三世紀から八世紀末におよぶ約四万点の漢文文書断片（接合した結果、少なくとも二〇〇〇件以上の文書が復元された）が出土しているが、胡漢共存したトゥルファン盆地でもアスターナおよびカラホージャの古墓群は漢人専用であったために、胡語文書の発見はほぼ皆無に近いのである。したがって、まさにユニークな貴重文書であるはずなのに、なぜかその存在は長らく学界に知られることはなかった。

私が一九八七年夏に、三菱財団・人文科学研究助成金による中国学術調査行の一環として初めて新疆《しんきょう》を訪れた時、その文書はウルムチ市の新疆ウイグル自治区博物館の片隅でひっそりと眠っていた。文字はソグド文字であるが、それまでに公刊されていた写真や図版で見てきたトゥルファン出土のソグド語で書かれたマニ教・仏教・キリスト教の経典類とは明らかに雰囲気が違う。縦横とも完全できれいな一枚紙なのに、末尾には大きな余白があり、しかもかすかに折り跡が残っている。これはなにかとてつもなく大事な史料となる俗文書ではないかと直感した。

私の専門の一つは中央アジア古代中世史であり、古ウイグル語は読めるがソグド語は読めない。しかし古ウイグル文字はソグド文字の直接の後裔《こうえい》であるから、文字だけなら判読できる。しかもちょうどこの時の調査旅行の日程は、畏友・吉田豊（当時は四天王寺国際仏教大学専任講師、その後、神戸市外国語大学教授を経て、現在は京都大学教授）の結婚式と重なり、私は出席できずに失礼している。彼は当時も今もアジアでただ一人、原文からソグド語が解読できる学者であるから、これを筆写しておみやげにすれば、このうえない結婚祝いとなり、また学界のためにもなるに違いないと思った。

そこで、博物館の許可を得てアイコピーをつくることになったが、なにしろガラスケースから出してはもらえないので、いったん目を離してノートに転写し、再び原文書に戻っても、どこまで写したのかすぐにはわからず、苦《く》心惨憺《しんさんたん》した。時にはいらいらが昂《こう》じてガラスケースをぶち破りたいほどの衝動に駆られた。でも、苦労した甲斐あって、帰国後、吉田はこれが少なくとも何らかの契約文書であることを見抜いてくれ、しかもその完全解読に非常なファイトを見せたのである。そこで翌年春、今度は二人連れだってウルムチへと赴くことになった。その交渉を通じて日本側は、現地に欠けている欧文のソグド語関係書籍を購入して寄贈する約束をした。

一九八八年五月一日、新疆ウイグル自治区博物館において吉田は初めて問題のソグド語文書と対面し、本格的な解読を行なうことに成功した。五月四日に我々が中国語と英語を使って博物館の研究員たちに解読結果の報告を行なった時の、彼らの驚嘆した表情は今も印象に残っている。次いで我々は新疆ウイグル自治区文物局の責任者を説き伏せて、日中共同の研究として出版すべく何日もかけて協議した結果、ようやく正式協議書の調印にまでこぎつけることができたのである。準備段階も含め、本文書の歴史学方面の研究には私もおおいに貢献した。

以上の成果が、吉田豊・森安孝夫・新疆ウイグル自治区博物館「麴氏《きくし》高昌国時代ソグド文女奴隷売買文書」であるが、実際の出版は翌一九八九年のことであり、文書の写真は素人の私が自分のカメラでおっかなびっくり撮影したものである。その後、本ソグド文書はその重要性から世界的に有名になり、研究者の間ではしょっちゅう引用されるほどの大スターになってしまった。二〇〇二年にＮＨＫがバックアップした日中国交正常化三〇周年記念特別展が東京と大阪で開催され、久しぶりにこの文書と再会できた時は、立派に成長した我が子を思う親の心境で、誇らしさと懐かしさでいっぱいになった。ただ『シルクロード　絹と黄金の道』と題した東京国立博物館・ＮＨＫ編の公式カタログのどこにも吉田・森安の名前はなく、二人で酒を飲む機会があると、もう少し育ての親を尊敬してもらっても罰はあたるまいに、と愚痴っている次第である。

さて、冗談はともかく、ここに掲げるのは吉田の校閲を受けた最新の日本語訳である。一九八八年の和訳以後、大筋に変更はないが、細かい点の誤りはいくつか見つかっているので、それを訂正している。

女奴隷売買契約文書の最新和訳

［表面］

歳は、高昌の（元号）延寿、神なる大イルテベル王の一六年であった。豚の年で、漢語では五月、ソグド語ではクシュムサフィッチ（＝一二番目の月名）と呼ばれる月の二七日に。

かくして高昌の市場で、人々の面前で、チャン姓のオタの息子である沙門《しやもん》ヤンシャンが、サマルカンド出身のトゥザックの息子であるワクシュヴィルトから、チュヤック姓の女でトルキスタン生まれのオパチという名の女奴隷を、とても純度の高い（ササン朝）ペルシア製の一二〇（枚の）ドラクマ（銀貨）で買った。

（買い主）沙門ヤンシャンは、この女奴隷オパチを以下のようなものとして購入することとする。（売り主は）買い戻しをせず、（オパチの身には）負債も財産もなく、（第三者からは）追奪《ついだつ》されることなく、（所有権をめぐって）訴訟されることなく、子々孫々（におよぶ）永久財産として。それゆえに沙門ヤンシャン自身とその子々孫々は、彼女を好きなように打ったり、酷使したり、縛ったり、売りとばしたり、人質としたり、贈り物として与えるなり、何でもしたいようにしてもよい。まさしく父祖伝来の遺産や、自家の身内で生まれた固有の（？）女奴隷や、ドラクマ（銀貨）で買われた永久財産に（対する）ように。

この女奴隷オパチについて、（売り主）ワクシュヴィルトは（もはや）関わりなく、すべての旧い（権利）から離れ、強制力を持たなくなった。この女奴隷文書は、王であれ、大臣であれ、すべての人々に対して効力があり、権威がある。この女奴隷文書を携え保持する者は誰であれ、この女奴隷オパチを受領し、連行し、女奴隷として保持してかまわない。以上のような、女奴隷文書中に書かれたような条件で。

そこに（立会人として、以下の人々が）いた。マーイムルグ（米国）出身のチュザックの息子ティシュラート、サマルカンド（康国）出身のクワタウチの息子ナームザール、ヌーチカンス（ヌッチケント＝䥽赤建）出身のカルズの息子ピサック、クシャーニヤ（何国）出身のナナイクッチの息子ニザート。

この女奴隷文書は、書記長パトールの認可のもと、ワクシュヴィルトの依頼により、オパチの同意をもって、パトールの息子オクワンによって書かれた。

高昌の書記長パトールの印記。

［裏面］

沙門ヤンシャンの女［奴隷売買契約文書］

玄奘と同時代の高昌国

本契約文書が作成されたのは西暦でいえば六三九年、場所は麹《きく》氏高昌国の首都・高昌、すなわち現在のトゥルファン市の東方四〇キロにある高昌故城である。我々がそのように断定した経緯は次の通りである。

文書冒頭にある年月日の記載から年に関わる前半部だけを、より逐語的に提示すると「歳は、チーナンチカンスのヤンチウ、神なる大イルテベル王の一六年であった。豚の年で、……」となる。文脈から見てこの紀年中のヤンチウはおそらく元号であろうと予想された。チーナンチカンスのソグド人やペルシア人たちが使った呼称である。チーナンチカンスとは直訳すれば「シナ人の都城」であり、これは高昌城を指すために西方の称号であって、突厥《とっくつ》やウイグル帝国が領域内の草原にいる他部族の君長たちや、間接支配下にある東西トルキスタンのオアシス都市国家の王たちに正式に授与したものである。高昌にイルテベルがいた時期といえば、それは六四〇年に唐に併合されるまで、一世紀半にわたりトゥルファン盆地全体を支配して栄えた麹氏高昌国時代以外にはない。ある国全体をその首邑の名で呼ぶことは古今東西によくあることで、中央アジアとて例外ではない。そこで、幸いによく残っている麹氏高昌国の元号からヤンチウに当たる候補を探すと、「延昌」と「延寿」がピックアップされる。

延昌は第七代目の王である麹乾固《きくけんご》の元号で、その元年は西暦五六一年に当たり、その一六年は五七六年である。ところがその年の六十干支は「丙申《ひのえ・さる》《へいしん》」、つまり「猿の年」であって、候補からはずれる。一方、延寿は第九代・麴文泰《きくぶんたい》の元号で、その元年は西暦六二四年に当たるので、その一六年は西暦六三九年、唐の年号でいえば貞観一三年になる。貞観一三年の六十干支は「己亥《つちのと・い》《きがい》」であるから、まさしく「豚の年」であり、ここにその紀年はぴたりと確定するのである。このソグド語文書とセットになって出土した漢文文書に延寿五年の紀年があった事実からみても、この結論は鉄案といってよい。

当時はまだ西アジアにもヨーロッパにも紙などない時代であった。本文書は縦四六センチ五ミリ、横二八センチ五ミリの完全な一枚紙を丸ごと使っており、明るいベージュ色、目の細かい漉《す》き縞《しま》があり、柔らかいがしっかりしたやや薄手の紙である。世界中の研究機関や図

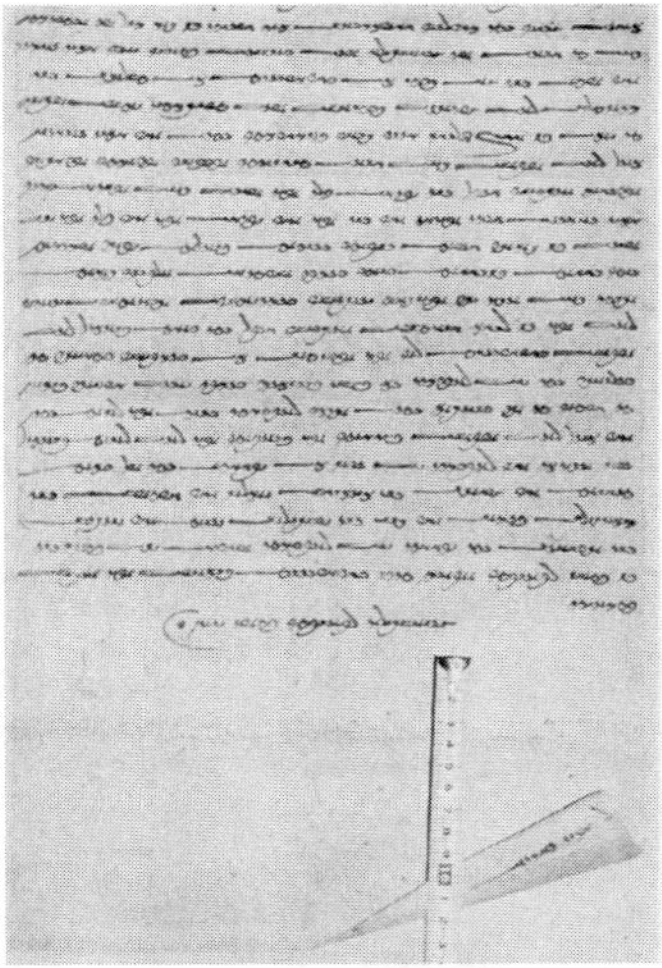

ソグド文女奴隷売買契約文書　高昌故城近くから出土。文書はこの地が高度な契約社会だったことを証明する。著者撮影

書館に散在する中央アジア出土文書を実見してきた私の基準によれば、それは中上質であるが、そもそも上質に分類できる紙はほとんどが立派な仏教・道教・マニ教の経典類であるから、中上質というのは世俗文書としてはもっとも上のランクといってよい。

さらに六三九年といえば、玄奘《げんじょう》がインドへの求法の旅の途中、ここ高昌国において国賓として優遇され、高昌王をはじめ多くの聴衆の前で講義をするなど、何ヵ月か滞在して交流を深めた時から、わずか一〇年しか経っていない。ということは、本文書に現れる人々の幾人かは、必ずや玄奘に直接会ったことがあるだろう。

女奴隷オパチの売買条件

およそ売買契約文書に必要な条件は、売り主・買い主の名前、売買対象物件とその価格、日付である。たとえ地縁・血縁の絆《きずな》が強固で、人々の出入りが少なく、お互いが信用できる社会であっても、最低これだけは必要である。しかるに、ヒトとモノの流動性が増し、お互いの信用度が低くなって、なんでも細かく契約しなければ安心できない社会になればなるほど、言い換えれば原始的社会から文明社会へと発展するにつれ、さらに立会人、書記の名前、公権力の認可（お墨付き）、売買物件の特定、売買理由、売買後の条件、契約を破ったときの罰則規定（違約担保）、第三者からの追奪《ついだつ》担保、保証人などが要求されるようになる。

本ソグド文書は、ローン契約ではないので保証人は本来必要ではなく、これらの条件のほとんどすべてを満たしているのである。西暦六三九年という段階で、中央アジアのオアシス都市がどれほど進んだ契約社会になっていたかを、本文書は雄弁に物語ってくれよう。文字文化が広まり、しかも紙が豊富にあったユーラシア東部ならではである。たった一件しか見つかっていないが、その背後に同様の契約文書が多数存在していたことをうかがわせるに十分である。

あらためて日付以外の本文書の内容を分析しよう。売り主はサマルカンド出身のソグド人ワクシュヴィルト、買い主は漢人の仏教僧侶（沙門）であるチャン姓のヤンシャンである。吉田は最近では、買い主のチャンヤンシャンを、同時代のトゥルファン出土漢文文書に見える張延相と同一人物とみなしている。売買物件はトルキスタン生まれのオパチという名の女奴隷で、価格は高純度のササン朝のドラクマ銀貨一二〇枚である。立会人は、同じくソグディアナ各都市から高昌にやって来ていたソグド人たち四人であり、高昌のソグド人コロニーを監督する立場にあった書記長パトールのお墨付きがある。書記は書記長パトールの息子オクワンが担当した。これらのソグド人たちが商人であることは、疑いなかろう。

ササン朝銀貨　表（上）にはササン朝の王、裏にはゾロアスター教の神官などがあしらわれている。直径３cm、西安市から出土した

「女奴隷売買文書」の背景

漢文契約文書との比較

漢代以降の中国では、私奴婢の正式売買には売買契約書（市券・券）を作成して役所に届け出て、一定の税を支払った上で官印を押してもらう必要があり、奴隷から解放する時にも同様の手続きが要求された。六三九年はまだ唐によるトゥルファン征服以前の麴氏高昌国時代ではあるが、漢人が現地先住のトカラ人や外来のトルコ人・ソグド人たちを支配した高昌国では、それより数百年以上も前から漢文の原始的な売買契約がなされていた。比較するために、一三〇年前の実例を見てみよう。

75TKM99：6（a）［『吐魯番出土文書』第一冊、一八七頁、文物出版社］

承平八年（西暦五〇九）、歳次は己丑《きちゅう》、九月二十二日、翟紹遠《てきしょうえん》は石阿奴より、婢一人を買った。その名は紹女、（年齢は）二十五歳である。（買い主は代価として）丘慈錦《きゅうじにしき》（亀茲《クチャ》特産の高級錦）三張半を与え終わり、（売り主は）婢を付与した。

もし今後、（この物件たる婢に対し、第三者から）盗まれた者だという訴訟が起きたら、売り主に解決させる。解決できなかったら（物件を取り上げられたら）、代価を二倍返しする。両者（売り主と買い主）は先ず同意して、契約書を作った。契約成立後は、どちからも破棄はできない。破棄を申し出たら、罰金として丘慈錦を七張（つまり代価の二倍）、破棄を申し出ない方に支払う。

民間には私的契約の慣行があり、今それを実行する両者は、おのおの署名して信と為《な》す。契約書はただ一通であり、翟紹遠のところで保管する。（依頼されてこの契約書を書いた）書記は道護である。


売り主の石阿奴は、その名前から判断して、タシケント出身のソグド人であろう。トゥルファン出土の漢文契約文書には、麴氏高昌国よりも古い泰始《たいし》九年（二七三）の木簡《もっかん》と升平一一年（三六七）の紙文書があり、貸借契約文書としては建初《けんしょ》一四年（四一八。建初は西涼の年号）のものがある。さらに麴氏高昌国成立後は、ここに紹介した翟紹遠が、今度は丘慈錦《クチャ》や西向白地錦を貸し付けている同時期の貸借契約が二件発見されている。これらの錦はおそらく貨幣としての機能を有しており、翟紹遠は商人だったに違いない。敦煌出土「沙州・伊州地志残巻」（ロンドン大英図書館所蔵、S三六七）から、伊州《ハミ》にあった祆廟《けん》（ゾロアスター寺院）の祆主が翟槃陀という名前であったことが知られているだけでなく、近年、オルドスの統万城付近から出土し、現在、靖辺で保管されている翟曹明の墓誌と墓門から、五七九年に死去した彼がソグド人であることがほぼ確実となるから、翟姓のソグド人がいたことにもはや疑問の余地はなく、翟紹遠もソグド商人である可能性が高い。

さらに次に紹介するのは、もっと発達した書式を備えるにいたった唐代の漢文契約文書の復元を許す文書である。

唐栄買胡婢失満児市券

73TAM509：8／12–1a&2a［『吐魯番出土文書』第九冊、二六〜二八頁、文物出版社］

開元十九年（西暦七三一）二月　日、（西州都督府《せいしゅうととくふ》が）興胡《こうこ》・米禄山の辞（平民からお上に差し出す文書）を得たところ、「今、婢・失満児、年十一（歳である者）を、西州の市に於いて売り出し、京兆府金城県の人である唐栄に（売り）与え、（代価として）練《ねりぎぬ》四十疋を得ました。其の婢および練は、即日に分付（＝交付）し了《お》えましたので、買人（＝買い主）に市券（官庁から正式に発行される売買契約認可書）を発給していただきますよう、申請いたします」という。

（高昌県役所が西州都督府から回ってきた）状に準《よ》って勘《とりしら》べるため、（米禄山本人をじかに本官庁に呼び出して確認を）責《もと》め、問うたところ、口頭で承認しており、賤人身分であることには虚偽はないとのことです。また、責《もと》めて保人（保証人）の石曹主ら五人の款《くちがき》（尋問調書）を得たところ、「（売買物件の婢が）貧窮した良民とか誘拐したような種類のものではないことを保証します」といっている。

勘《とりしら》べて（本人の申し出と保証人の款《くちがき》の両者を）責《もと》めたところ、内容は同じでした。買人（＝買い主）に市券を発給する（というこちらの判断ですので、それ）に依らんことを（高昌県役所より上級の西州都督府に提案いたします）。

練主（買い主）

婢主（売り主）興胡・米禄山

婢（売買物件）失満児、年十二［注：本文中では十一］

保人　高昌県　石曹主、年四十六

保人　同県　曹娑堪、年四十八

保人　同県　康薄鼻、年五十五

保人　寄住　康薩登、年五十九

保人　高昌県　羅易没、年五十九

史（書記）

『西州都督府印』を用いる

同元別筆

丞　上柱国　玄亮　より市券（を発給した）。

史（書記）　竹無冬

本案件の主題となっているのは興胡《こうこ》・米禄山である。荒川正晴の定義によれば、「興胡」とは、中国国内にいる外来ソグド商人ではあるが、すでに中国に定住して百姓《ひゃくせい》（一般良民）の戸籍に登録されたソグド人とは異なる。そして、一時的に寄寓する州県で掌握され、税銭を納めるが、比較的自由に旅行許可を取ることができた存在である。

米姓を持つ人物は、例外なく、本人ないし先祖が米国すなわちソグディアナのマーイムルグの出身であることを示すことが分かっているばかりか、禄山という名は安禄山と同じソグド語ロフシャンの音写で、「明るい」を意味する。

本文書は、このような外来のソグド商人が、中国本土の京兆府金城県出身の漢人・唐栄に、ソグド人の女奴隷・失満児を売り渡す契約をした時に、役所に残されたものである。売り主の米禄山がお上の認可を得るために提出した「辞」と呼ばれる文書に従って、トゥルファン地方を管轄した西州都督府《せいしゅうととくふ》（その出先機関に市令の管轄する西州市場がある）ならびにその下位にある高昌県の役所内でそれを認可してよいかどうか審査しているのである。それゆえ売買当事者間で私的に作成された契約文書の本物ではない。しかしながら、そこには売買物件であるソグド人女奴隷の名前と年齢と代金、売り主、買い主、保証人など、およそ売買契約文書に必要な情報はすべて記載されており、そこから本物の契約文書を容易に類推することができる。

先に掲げたソグド文契約文書の立会人のほとんどがソグディアナから麴氏高昌国にやって来ていたソグド人であったと思われるのに対し、約一世紀後のこの漢文契約文書においてもやはり保証人がソグド姓のグループであることは、まことに驚くべきことである。

契約文書でたどる文化交流

漢代以降、多くの漢人が植民者として移住していったトゥルファンには、漢文契約文書の伝統があったから、ソグド文女奴隷売買契約文書にその影響があって当然である。しかし、文言《もんごん》を細かく検討すると、決して漢文契約文書の書式や定型句にはない箇所がいくつか見つかるのである。その典型が、もっとも衝撃的な「彼女を好きなように打ったり、酷使したり、縛ったり、売りとばしたり、人質としたり、贈り物として与えるなり、何でもしたいようにしてもよい」という文言である。

実は、我々が本文書の研究を世に出した時点ではもちろん、五年前までに知られていた中央アジア発見の多言語にわたる契約文書のなかで、これとそっくりの定型句が見つかるのは、西域南道（タリム盆地南縁部）で発掘された三〜四世紀のカロシュティー文字ガンダーラ語文書だけだったのである。ガンダーラ語とはインド語の方言であり、それが西域南道一帯で使用されたのは、クシャン朝の支配がそこにまで及んだ名残である。この定型文言の一致は、決して偶然ではあり得ない。本文書は、ソグディアナ本土で発見された八世紀第一＝四半世紀に属するムグ文書中に含まれていた四件の契約文書の書式とも通じるところがあるが、問題の衝撃的な文句はそちらには見つかっていない。それゆえ、カロシュティー文書、ひいてはインド文化圏との繋がりが直接的なものなのか、それとも、ソグディアナ本国を仲介したものなのかは、わずか五〜六年前までは分からなかった。

ところが旧ソ連のアフガニスタン侵攻後に発見されたバクトリア語文書が、イギリスの研究者N＝シムズ＝ウイリアムズによって解読された結果、西暦六七八年に書かれた契約文書のなかに例の定型句とかなりよく似たものが存在することが判明したのである。バクトリア語はクシャン朝の公用語の一つで、ソグド語と同じく東方イラン語に属する言語であり、しかも吉田豊によれば、文化的にはソグド語に優越してそれに大きな影響を与えたという。ならば、問題の定型文言は、クシャン朝の契約文書の書式の伝統を受け継ぐものであるが、時代的に離れているガンダーラ語からではなく、同じイラン語でしかも時代的にも近いバクトリア語からソグド語に入ったものとみなしてほぼ間違いないであろう。

また我々のソグド文書は売り主ワクシュヴィルトの依頼で作成され、しかも買い主沙門ヤンシャンの手元におかれていたことが分かるが、契約文書が売り主の指示で作成され、買い主が保管するというのもカロシュティー文書に実例がある。ただし、買い主が保管するというだけなら、上掲漢文契約の翟《てき》紹遠の場合もそうであった。

このように、民族の坩堝《るつぼ》である中央アジアにおける文化交流の跡を辿《たど》るにあたり、契約や手紙など、一定の書式を持つ文書の比較が役立つことが少なくないのである。

世界史上の奴隷と唐の良賤制

高額商品としての「奴隷」

奴隷というのは時代と地域によって実に千差万別であり、一概《いちがい》に定義はできないが、おおよそは家畜と同様、主人の所有物・財産であり、ヒトではなくモノと見なされる人間である。したがって主人による売買・贈与・交換・相続・性行為・緊縛・殴打などは自由であるが、生殺与奪の権利まであるかどうかは時代・地域・場合によって異なる。また、奴隷自身に財産権があるかどうか、自分を解放する手段を持っているかどうか、結婚が許されるかどうかについてもさまざまである。いずれにせよ奴隷は、前近代どころか近代に入ってからもコンピューターが発達するまでは世界最高の精密機械であり、前近代の軍事力の根幹である馬（場所によってはラクダ）と並び、もっとも価値のある高額商品の双璧であった。

奴隷の供給源はおおまかにみて二つある。一つは戦争や購買によって異郷からもたらされる外国人奴隷であり、もう一つは犯罪や債務などにより国内で生み出される同国人奴隷（ただし帝国の場合は民族が異なる場合がある）である。いずれも、奴隷が生んだ子は奴隷となって、再生産されていくのが普通である。

奴隷は古代から近代に至るまで世界各地に広く存在した。かつては生産奴隷と家内奴隷とに二大別する見方があったが、家内奴隷も生産に従事するので、この分け方は適切ではない。労働奴隷と家父長制的奴隷とに分類する方法もあるが、ここではとりあえず農牧鉱工業生産奴隷・家内奴隷・軍事奴隷の三種に分けておきたい。ただし、一人の奴隷が二つ以上の機能を持つことは珍しくない。

奴隷とか奴隷制というと暗いイメージがあって、いかにも明るく輝いた唐帝国にはふさわしくないと感じられるかもしれないが、近代西欧が自分たちの輝かしい先祖とみなそうとした古代ローマは、農業生産の中心を奴隷が担った典型的奴隷制社会であったし、今や自由と民主主義の盟主であることを声高に叫ぶアメリカ合衆国には一九世紀においてさえ大量の黒人奴隷がいたことを忘れてはならない。

奴隷がいたこと、奴隷制があったこと、そして奴隷制社会との三者は厳しく辨別《べんべつ》されねばならない。人口の二〇パーセント以上を奴隷が占める場合を奴隷制社会と定義するならば、市民による「民主的」政治が行なわれた古代ギリシアを世界史上最初の例として、古代ローマと近代アメリカ合衆国南部、さらには植民地時代のカリブ海諸島やブラジルなどが奴隷制社会に当たる。それに対し、唐帝国は奴隷制はあったが奴隷制社会ではなかった。中国の奴隷は一般に「奴婢《ぬひ》」といわれるが、唐代の人口に占める奴婢の割合は、敦煌トゥルファン文書に残る戸籍類などの分析と漢籍との比較から、私奴婢《しぬひ》・官奴婢《かんぬひ》を合わせても全人口の二〇パーセントに至るとはおよそ考えられないからである。

馬鹿息子より有能な奴隷を

現代日本人は奴隷というとすぐアメリカ南部やカリブ海諸島の黒人奴隷を思い出し、人権を剝奪され、きわめて非道い地獄のような生活を強いられたと思いこみがちである。しかし奴隷といっても、すべてが過酷な境遇にあったとはかぎらない。男性の家内奴隷や軍事奴隷の場合には、主人の子飼いの部下や代理人として重要な地位を占める者もおり、時には中世イスラム世界のマムルークのように、主君に取って代わって権力者になることさえあった。宋《そう》代以前の中国でも、奴隷が解放されて高位高官に上った例が少なくない。

女性の家内奴隷の場合には、家事や料理で奉仕する合間に主人の性行為の相手をさせられるのでは確かに悲惨といえるが、後宮（ハレム）や貴族・富豪の邸宅に歌舞音曲の技量や美貌を買われて仕えた奢侈《しゃし》的奴隷においては、一般自由民・農民よりはるかに高級な暮らしをする者も多く、さらに主人の子を産むことによって奴隷身分から解放されて栄華をきわめることさえあった。また古代ギリシアでは乳母を務めることによって家庭内で重きをなすことも少なくなかったという。

近代アメリカについても、その奴隷主と黒人奴隷との関係は、一方的な抑圧・搾取関係ではなく、家父長主義にもとづく一種の互酬関係にあったという説さえ出されてきている。もっとも、そこにアメリカの「自虐史観」を糊塗する意図があるのかどうか、私は責任ある答えを知らない。ただ少なくとも黒人であるパウエル国務長官やライス国務長官が生まれるまでには、アメリカの奴隷解放宣言から一世紀半を要したのであり、中世イスラム世界の西アジアやインドで、マムルークとかグラームとか呼ばれた軍事・家内奴隷の出身者がいきなり権力者になっていわゆる「奴隷王朝」を作ることができたのとは根本的な違いがある。後者の場合は主人に買われて幼少の時あるいは青年の時から、軍事訓練ないし文武両道の教育を受けることが多かったのである。

唐代の民間に流布した教訓書である『太公家教《たいこうかきょう》』では、一般人は他人の奴隷とは親しく口をきくなと教える反面、家長たる父親が自分の馬鹿息子よりむしろ有能な奴隷を可愛がる風潮のあったことをさまざまと伝えている。

奴隷の役割と「歴史の真実」

『大慈恩寺三蔵法師伝』によれば、初唐に玄奘《げんじょう》三蔵が国禁を犯して密出国を敢行した際、彼は河西地方最大の都市・涼州（武威）で人々に請われて仏教の講義をしたが、散会の日にはシルクロード商人たちから金銭・銀銭・奴隷・馬のおびただしい布施を受けたという。当時の河西地方はいまだ唐の銅銭経済圏に包摂されてはおらず、金銭とは主に東ローマ（ビザンツ）の金貨、銀銭とはササン朝ペルシアの銀貨ないしソグドの仿製《ぼうせい》銀貨を指す。このような金銀貨と並ぶ最高の価値あるものとして奴隷と馬が、玄奘の講義に感動した大商人たちから惜しみなく寄進されたのである。

それから一〇〇年ばかり遡《さかのぼ》った五三一年、北魏の王族の一人が涼州刺史となったが、彼はもともと貪暴の悪名高く、当地の富豪・商胡から財物を巻きあげようとして策を弄し、彼らに褒美を与えるといって集めたところでだまし討ちにして、その資財・生口《なまくち》をことごとく没収したという［『魏書』巻一九］。第二章で見たように、シルクロード＝ネットワークの要衝・涼州の商胡がソグド人であることはまちがいなく、彼らが所有していた生口《せいこう》も商品としての奴隷であった可能性が高い。

さらに時代を遡って『後漢書』李恂伝《りじゅんでん》には、李恂が西域副校尉として赴任した時のこととして、「西域は殷富《いんぷ》にして珍宝多く、諸国の侍子および督使《とくし》・賈胡《ここ》はしばしば恂《じゅん》に奴婢・宛馬・金銀・香罽《こうけい》の属を遺《おく》るも、一《いつ》として受くるところなし」とある。賄賂を受け取らなかった彼の清廉潔白《せいれん》ぶりが称賛されているのであるが、逆にいえば奴隷が、金銀や史上に名高い大宛《だいえん》産の汗血馬《かんけつば》と並んで最高の商品であったことが窺《うかが》われるのである。馬（ないしラクダ）の機動力を抜きにしてユーラシア世界史が語れないのと同じく、奴隷の果たした役割を故意に歴史から遠ざけても歴史の真実をみることはできない。

本書第四章で述べたように、唐代の風俗・文化における西域趣味、とくに音楽と舞踏の担い手には、自由を奪われた隷属身分の者たちが非常に多かった。その隷属民については、二五四頁以降で考えてみたい。一時代前までの京都・祇園《ぎおん》の芸妓やサーカスのスターたちが、一般人にはとても我慢できないような厳しい稽古に耐えてきたことを想起してもわかる通り、技芸を継承させるには逃げ場のない隷属民の方が都合がよいという側面があるのは否めまい。宮廷の胡姫には、外国から献上され、官の隷属民として扱われた者もいたであろうが、貴族・高級官僚・富豪の私邸も含む民間に入って胡旋舞・胡騰舞などを披露した胡姫や胡児のほとんどは、おそらく遠くから運ばれてきた私的奴隷であったというのが、私の見解である。

良賤制と人身売買禁止規程

唐代の人民の身分は、「良」と「賤《せん》」に二大別された。これを良賤制という。良民はすべて独立の戸籍を持つが、賤民は独立した戸籍を持たない。つまり両者はまさに対極にあるわけであるが、実は賤民にも上層と下層があり、上層の賤民とは太常音声人・楽戸・工戸・雑戸・官戸・部曲《ぶきょく》・客女《きゃくじょ》・楽事・随身などと呼ばれる者たちである。それに対し、下層がいわゆる奴隷に相当する奴婢《ぬひ》である。さらにその中に官奴婢と私奴婢がいた。

賤民のうち、国家が所有する官賤民《かんせんみん》の場合、上層には「太常音声人・楽戸・工戸・雑戸・

の場合は、上層には男性の「官戸」があり、下層に官奴婢がいた。民間の所有にかかる私賤民《しせんみん》の場合は、上層には男性の「部曲《ぶきょく》」と女性の「客女」がおり、下層に私奴婢がいた。

奴婢というのは、家畜と同様にモノ扱いされる奴隷であり、男性を奴といい、女性を婢という。私奴婢の生殺与奪の権は主人の手中にあったとはいえ、主人が勝手に殺すことは法令で禁じられていた。唐の律令によれば賤民は「自《みずか》ら贖《あがな》いて賤を免《まぬが》れ」ることが可能であったといい、こうして一ランクアップした私奴婢は部曲・客女になるが、それでも部曲・客女はまだ「賤」民であって、完全に自由な良民ではない。にもかかわらず「賤を免れ」るといわれたのは、下層の奴婢からの脱却、すなわち官賤民の場合は雑戸・官戸へ、私賤民の場合は部曲・客女への上昇こそが、実際にはきわめて重大な意味を持っていたからにちがいない。

私賤民と異なる官賤民の特徴は、次第に地位が引き上げられ、最終的には良民として解放されることで、それは官賤民には犯罪者や戦争捕虜に対する処罰や身柄拘束的な意味合いが強く、主人に隷属する私賤民とは本質的に違う存在であったからである。官賤民は国家の公事を負担するが、私賤民は私家に隷属して、税金・兵役などの国家負担を一切負わなかったのである。

官賤民の来源は、反乱・放火・通貨偽造などの犯罪者とその家属、王朝交替期の内乱や外国との戦争による捕虜（婦女・児童を含む）などである。私賤民の供給源は、債務をかかえた没落者およびその妻子、自発的に身売りした者、違法行為ではあるが略奪されたり、騙されて連行された者、奴隷の売買・贈与・交換・相続によって獲得された者、下賜された官奴婢、そしてさらに官賤民の場合と同じく世襲的に再生産された者である。

私奴婢と部曲・客女との違いは、前者はモノであるから主人が自由に売買できるのに対し、後者はヒトであるためそれができないことである。しかしこれはあくまでも建て前であって、実際には唐令に「部曲を転易《てんえき》して人に事《つか》えしむるに、量りて衣食の直《あたい》を酬するを聴《ゆる》す」とあって、奴隷時代ないし部曲になってからの衣食費の名目で金銭をもらって他人に譲ることができたのである。その場合の部曲（客女も同じはず）を特に「楽事」と呼んだという。これは実質的には部曲の売買である。つまり、奴婢が自分のお金で自分を奴隷身分から解放した後、そのまま元の主人のところに留まる場合に部曲・客女と呼ばれ、他人に転売された場合は別に楽事と呼ばれたということである。

良民については、法律や詔勅によってその売買が禁止されており、敦煌文書中の奴隷解放文書の雛形《ひながた》を紹介した池田温《おん》によれば、良民を力ずくで賤民とすることは地獄に落ちるほどの悪徳であるが、賤民を良民として放つことは仏教でいう福山《ふくざん》の高い頂《いただき》にも匹敵する善行であるとの社会通念が窺《うかが》える、という。福山とは福徳（＝功徳《くどく》）の山、すなわち善行・功徳に満ちた山の意であろう。しかしながら、この良民売買禁止令もやはり建て前であって、実態としては私人間の契約による良民の人身売買も普遍的に存在したのである。その一方で奴婢にも蓄財して自分を解放し、さらに有力者になる場合さえあった。このように唐帝国の奴隷は生まれながらに決められたどうしようもない身分としてではなく、上昇可能な範疇として意識されていたことは、注意されてよかろう。

唐代の奴隷市場

唐の市場制度と人身売買

唐代までの中国では、都市の商業活動は市内で勝手にやれたわけではなく、営業場所はお上から強い制約を受けており、長安では東市と西市、洛陽では南市と北市に各種商店は集中させられていた。さらにそうした市場の内部では同業者が店を連ねるように配置されたが、そのような同業店舗の「ならび」を「行《こう》」というのである。日本語の銀行に名残をとどめる金銀行もその一つである。

明治末に大谷探検隊が将来し、現在は龍谷大学に所蔵されるトゥルファン文書によれば、盛唐の天宝元年（七四二）の西州には、綵帛《さいはく》行・帛練《はくれん》行・穀麦行・米麵行・菓子行（果物屋）・菜子行（種屋）・鐺釜《とうふ》行（金物屋の一種）・凡器行（容器屋）という名前の存在が知られるほか、口馬・香料・薬品・顔料・刃物・皮革製品などもそれぞれ別の行で取り扱われていたことが判明する。西州はトゥルファン盆地の首邑・高昌のことであり、問題の大谷文書は西州（一時的には交河郡）に置かれた市場における公定物価表の残巻であるから、その他の商品を扱う行、例えば長安で知られる金銀行・珠玉行・肉行・衣行などもあったはずである。逆に、長安・洛陽・太原・揚州・益州（成都）・幽州（北京）など唐本土の大都市の市場には、少なくとも本文書から知られる各種の行はすべて揃っていたとみなしてよかろう。

人身売買のあるところに必ずしも奴隷制があるとはいえないが、奴隷制のあるところには必ず人身売買があった。それゆえ唐帝国でも、奴婢の需要を満たすための人身売買が普遍的であった。とはいえ建国期当初の内乱が治まり、国内が安定してくると、奴婢の大量供給源は枯渇する一方であり、しかも良賤制のもとで認められた奴隷解放にともなって奴婢が減少すれば、必然的に求められるのは外国からの奴隷の輸入ということになろう。先に紹介したトゥルファン出土の漢文文書「唐栄買胡婢失満児市券」はその一端を証明している。

敦煌文書にも人身売買を示す実例が散見される。そのうちの一件は、唐代の敦煌（沙州）に奴隷市場があって、蕃漢の奴隷が取り引きされていたことを如実に示すので、すぐ後で紹介する。また別の一件は八世紀中葉に敦煌の奴隷市場で、王修智という名の漢人行商人（原文は行客《こうきゃく》）が一三歳のソグド人男奴隷を売ったことに関わるものであり、保証人の一人である敦煌在住の百姓《ひゃくせい》・安神慶もソグド人とみてよい。唐の中心部では古文書はほとんどまったく残っておらず、正式の歴史書にも人身売買のような日常茶飯事が書きとどめられることは稀である。しかし史料がないことと事実がなかったこととは全く別である。実際には長安にも洛陽にもおおがかりな奴隷市場が存在したのである。

産業革命後の機械化文明、まして現代のコンピューター時代を生きている我々には認識が薄れがちであるが、機械文明時代以前の奴隷というものは、現代のロボットにも優る最高の精密機械であった。しかもその値段は馬一～二頭程度、時には馬より安いことさえあるのである。現代の高級車に匹敵する当時の馬を所有する上流階級の者にとっては、身辺警護や私兵としての屈強な奴隷（軍事奴隷）、荘園を耕作させる労働力としての奴隷（農業生産奴隷）、子孫を残すための婢妾、歌舞音曲に秀でた芸能者、料理をはじめとする家事を仕切る奴隷（家内奴隷）は、時代と地域を問わず魅力ある商品であり、一方それを仲介する商人にとっては最高の商品であったのである。また女肆《じょし》（女郎屋）を経営する商売人にとっても、女奴隷は利幅の大きい商品であった。当時、世界一の人口を誇った唐帝国の、しかもその中心地である長安・洛陽に存在した奴隷市場がいかに繁栄したかは、思い半ばに過ぎるものがあろう。

奴隷と馬の価格

日野開三郎《かいざぶろう》・池田温《おん》らの研究によって、唐の両都である長安・洛陽をはじめ、各州県の治所の市場には、奴婢と馬・駱駝《ラクダ》以下の家畜を取り引きする「口馬行《こうばこう》」が存在していたことが証明されたのは、もう二〇年以上前のことである。この「口」とは生口すなわち奴隷のことであり、口馬行とは「奴隷と馬などの家畜を扱う店舗群」の意味である。この名称からも、奴婢が馬をはじめとする家畜と同じくモノとして扱われていたことが窺えるが、実際に奴婢と家畜は、檻《おり》に入れられるか手足を緊縛して繋がれるかして、一緒に並べて販売されていたのである。

敦煌壁画の模写に活躍した有名な画家・張大千《ちょうだいせん》の手から四川図書館に入った少数の敦煌文書のうちに、極めて零細な断片ながら口馬行に関わるものがある。これまた八世紀の公定物価表の一部らしく、それを復元すれば、奴婢は先ず中国国内産（家生）と外国産（蕃）に大別され、それぞれが丁奴（二一〜五九歳という丁男の奴隷）、中奴（一六〜二〇歳という中男の奴隷）、丁婢（二一〜五九歳の女奴隷）、中婢（一六〜二〇歳の女奴隷）に分類され、さらにそれぞれが上・次・下の三段階に分けて価格が設定されていたことが推定される。

　そもそも均田制・租庸調制と結びついて男女を年齢に応じて丁・中に分ける丁中制度では、小（四〜一五歳）・黄（一〜三歳）・老（六〇歳以上）という区分もあるから、理論的には小奴・小婢や黄奴・黄婢もいておかしくない。他の史料からは、その年齢に相当する多数の奴婢の存在が確認できる。

　とにかく、敦煌に奴隷市場が存在したことを証明する貴重な史料となった当該物価表の紹介を兼ねて、その残片から知られる奴隷と馬の種類と価格を一覧にしてみよう。

	上	次	下
一、家生の中婢一口	？	？	？
二、蕃の丁奴一口	四万？文	？	？
三、蕃の中奴一口	三万五〇〇〇文	三万文	？
四、蕃の丁婢一口	三万文	二万五〇〇〇文	二万一〇〇〇文
五、蕃の中婢一口	二万七〇〇〇文	二万五〇〇〇文	？
六、家生の高級去勢馬一疋	七万文	六万五〇〇〇文	？

七、家生の去勢馬一疋　　二万三〇〇〇文　二万一〇〇〇文　　？

しかし、ここに列挙された奴隷や馬の価格は、唐代前半期を通じて見れば高すぎるといわざるをえない。そこで池田温は、「唐代の物価水準は、隋末唐初の混乱期に高く、（太宗の）貞観の治以後初唐の安定期に低く、（則天）武后期にやや騰貴し、（玄宗の）開元・天宝の盛期にまた低く、安史の乱後大いに暴騰し、貞元末から元和・長慶年間にかけて再び低落して落ち着くが、この唐後期安定期の絹価水準は盛唐時の二倍弱程度であり、黄巣の乱以降唐末には又騰貴した」という概観に立って、本物価表断片は安史の乱ないしそれに続く時期のものと推論した。

では唐前半の安定期である太宗の貞観の治とそれに続く高宗時代、さらに玄宗の開元の治の時代には、奴隷や馬の価格はどれくらいであったのだろうか。細かい論証は省き、濱口重國《はまぐちしげくに》・日野開三郎・池田温らの研究成果だけを利用すれば、だいたい次のようになる。ちなみに文と銭は同じく銅銭を数える単位（枚数）であり、一〇〇〇文＝一〇〇〇銭＝一貫である。

太宗・高宗・玄宗時代の安定期
普通の奴隷　　一万～二万文（銅銭一〇～二〇貫）
高級奴隷　　最高は数十万文（銅銭数百貫）

普通の馬　　四〇〇〇～九〇〇〇文（銅銭四～九貫）
名馬　　　　三万～一〇万文（銅銭三〇～一〇〇貫）

普通の奴隷は普通の馬一～二頭程度の値段であり、ちょっとした良馬よりは安いといえよう。当時の日唐の物価に関する諸史料を比較検討した池田温［一九八三、四七～五一頁］によれば、普通絹の一匹と穀物の代表たる粟麦の一石（＝一〇斗＝一〇〇升。唐代の升目は近代日本の約三分の一だから一石は六〇リットルに相当）はほとんど等価で、それを銅銭四〇〇文とみなしてよいから、普通の奴隷の価格は普通絹に換算して二五～五〇匹、粟麦にすれば二五～五〇石となる。なお、粟麦二五～五〇石というのは、二〇畝（＝一〇〇～一二〇アール＝一万～一万二〇〇〇平方メートル）程度の田畑を所有しているにすぎない零細な核家族農家の一年分の穀物収穫量とそれほどかけ離れてはいない。これまたおおよその奴隷価・馬価を推計する目安にはなろう。

とはいえ、お上が両都や各州県の公式市場を管理するために設定した公定物価表は、あくまで標準的なものであろうから、実際の最低価格を推定するには役に立つが、上限に関しては参考になるまい。濱口重國は、「外国の珍しい奴婢や、若くて美人であるとか、芸能を仕込まれた奴婢などは値段が高く、何十万銭に達するものが稀ではなく、豪富貴顕にしてかかる奢侈的奴婢を持つことを誇り合うものもあった」といい、日野開三郎によれば、権貴・富豪が名馬を求めてこれに巨資を投ずる話、あるいは美姫《びき》に惜しみなく大金を注ぎ込む話は、当時の小説類のなかに数多くみえているという。

大金を注ぎ込んで得られる美姫とは、もちろん女奴隷のことである。当時の用語でいえば細婢・良馬、すなわち美しい女奴隷と駿馬とが商品の単価としては最高のものであった。馬を持つことができたのは王侯・貴族・官僚・富豪などの上流階級の者であり、突厥馬・波斯《はし》馬などと呼ばれて名声を博した外来馬は今で言えばまさしく高級外車である。庶民一般が乗用・駄用として広く用いたのはロバ（驢馬）であり、とても国内馬にさえ手が出なかったのである。

胡姫・胡児の出自と奴隷貿易

新発見の奴隷リスト

シルクロード地域における人身売買契約文書の存在は、古くは三～四世紀の西域南道におけるカロシュティー文書、アフガニスタン発見の四～八世紀のバクトリア語文書、唐代にはコータン文書・チベット文書、その後は一〇世紀以降の古代ウイグル文書に知られている。しかし、これらの実例は少なく、しかもそのほとんどは饑饉で窮乏したり、借金返済に窮したり、大金を必要とする事情に迫られたなどの理由で、自己の妻子や所有する奴隷を売り払うというケースで、どうやらそれぞれの近場の人間同士で行なわれた人身売買のようである。しかるに、唐代の胡姫・胡児の売買はこれらと違い、シルクロードを通じて遠距離間で行なわれたと思われる。この点では、中世イスラム世界のマムルークや、近代アメリカの黒人奴隷のケースに似ている。

ソグド人が唐帝国内で奴婢を連れて旅行していたことは、これまでもトゥルファン出土漢文文書から再三にわたり指摘されてきた。しかるに、唐の則天武后《そくてんぶこう》時代のトゥルファンに、私奴婢とくにソグド人奴隷（当時の用語では胡奴婢）の売買を専門とする家の存在した可能性を初めて指摘したのは、ウルムチの漢人研究者・呉震《ごしん》である。その大胆な推測の根拠となったのは、一九六四年にアスターナ第三五号墓から出土した「先漏新附部曲客女《せんろうしんぷぶきょくきゃくじょ》　奴婢名籍」というものである。この名称は出土後に中国人研究者によって付けられたものであり、相当に破損している原文書にあったものではない。要するに私賤民である部曲・客女および私奴婢の名前が列挙されたリスト部分が主体となっており、それに短い説明が付いていたが、それさえ現状では不完全であり、このリスト文書の性格を見抜くのは容易ではなかった。それをやってのけたのが呉震である。

呉震の分析によれば、この「奴婢名籍」には二軒の家の戸籍に所属すべき私賤民が合計で七九名（内訳は楽事一名、部曲三名、客女六名、奴二三名、婢四五名、不明一名）記載されているが、文書の破損状態からみて元来は一〇〇名以上いたはずであり、しかもこれらはすべて前回の戸口調査の時に漏れていたので、今回新たに戸籍に載せるよう申告するものである。

最初の家の戸籍から漏れていた者は楽事一名、部曲三名、客女四名、奴二三名、婢三〇名の小計六一名であり、二番目の家の戸籍から漏れていたのは客女二名、婢一五名、不明一名の小計一八名である。周知のごとく唐朝では徴税の基礎となる戸口管理は厳重であり、もし不法に脱漏があったならば、戸主はいうまでもなく、隣組の責任者や州県の長官までも罰を受けることになる。このような中にあって、本リストのように大量の脱漏があるのは尋常ではない。その裏には、当事者たちには明らかな、なんらかの事情があったはずである。

本リスト中には、建て前上は人身売買されない半自由民の楽事・部曲・客女も見えるが、圧倒的多数は所有者が自由に売買できる私奴婢である。その数は六八人（奴二三人、婢四五人）、そのうちで年齢の判明する者は、一〇歳未満が九人（奴三人、婢六人）、一〇代が一八人（奴六人、婢一二人）、二〇代が一〇人（奴二人、婢八人）、三〇代が七人（奴五人、婢二人）である。さらに婢には二歳か二〇歳代かいずれか不明の者が三人いる。奴の最年少は五歳、最年長は三六歳、婢の最年少は一歳、最年長は三一歳である。たった二つの家族に、これだけ大量の奴婢がいること自体いかにも不自然であるが、それが前回の人口調査の時には申告されなくて、ここでいきなり出現したのであるから不自然さは倍加する。

しかも奴婢の中に一歳から一三歳までの幼少の者が二割近くも含まれており、労働力として使役するために購入したものでないことは明らかである。さらに奴婢の名前をチェックすると、なんと少なく見積もってもその五割以上が漢語とは思われない、つまり胡名の音写なのである。

奴婢は姓がないため、胡名だからといってそれをソグド語・ソグド人と即断するわけにはいかないが、姓を持つ部曲・客女九名のうち四名がソグド姓（石姓が二人、何姓・曹姓が一人ずつ）であるから、やはり約半数はソグド人であったといっても過言ではなかろう。呉震は、漢語名は便宜的に付けられたものであって、すべてソグド人であったというが、その点だけは保留したい。漢人やトカラ人（焉耆人・亀茲人）やトルコ人の奴隷がいてもおかしくはない。残念ながらこれらの賤民を保持した二軒の家の戸主が漢人であったか、それともソグド人ないし西域人であったか、姓名ともに残存しないのでわからないが、多分ソグド人であったとみてよかろう。

ソグド商人の奴隷貿易

以上より呉震は、これらの賤民（とくに奴婢）たちは、前回の人口調査以降（戸口調査は三年毎である）に新たに蓄積された特殊な商品、すなわち販売用の奴隷であり、商品としての付加価値を高めるため、ここトゥルファンの地で漢語や漢人の礼儀作法を習い、さらには歌舞音曲その他の技芸の訓練さえ受けていたのであろう、と推測する。客女六名のうち二名が六〇歳代、一名が四九歳と高齢であるのは、奴婢の教育係であったからとみるのが妥当であろう。

このように大量の人口が戸主の本拠である家で同居するはずもなく、文書中に「寄荘処」とあるごとく、本籍地以外の別荘なり、寄宿舎のようなところがあったにちがいない。まさに奴隷育成施設である。ちなみに、時代は一〇世紀まで降るが、イブン＝ハウカルによれば、サーマーン朝治下のサマルカンドはトランスオクシアナ中の奴隷の集まるところであり、しかもサマルカンドで教育を受けた奴隷が最良であるという。ソグド商人には、購入した奴隷に教育を施してから高く売りさばくという伝統があったと思われる。

　こうした呉震の見方が正しければ、「過所《かしょ》」や「公験《こうけん》」と呼ばれる国内旅行許可証を申請するトゥルファン出土文書に見える、ソグド商人の従者として一緒に旅行することになっている胡奴婢たちは、単に主人の仕事を助けたり、身の回りの世話をするためだけではなくて、実は商品としての奴隷であった可能性が新たにクローズアップされるのである。

　例えば、六四八年に庭州（北庭）で発給された米巡職という三〇歳のソグド商人の公験〔『吐魯番出土文書』第七冊、八〜九頁〕によれば、彼には哥多弥施《かたみし》という一五歳の男奴隷と娑匐《セヴク》という一二歳の女奴隷が同行している。哥多弥施と娑匐はともにトルコ語であり、おそらくこれはソグド商人がトルコ人奴隷を扱っているものとみてよいのではなかろうか。『唐会要』巻八六・奴婢之条によれば、七〇一年には「西北沿辺の州県にては突厥奴婢を畜《やしな》うを得ざれ」という禁令さえ出されている。この突厥奴婢はすなおにトルコ人奴隷とみてもよいが、本章冒頭で取り上げたトルキスタン生まれのオパチがソグド人奴隷であったように、ソグド人やソグド系トルコ人の奴隷も混じっていた可能性は決して低くはない。絹織物という高額貨幣によってもともとはソグディアナから突厥・鉄勒・ウイグルなどのトルコ人の土地（トルキスタン）へ売られてきた女奴隷が、トルキスタンで生んだ子がまた商品となって売られていくという構図が想定されるからである。

呉震は、唐代の良賤制のもと多数の私奴婢が存在したという一般的知識を背景に、従来からよく知られていた胡奴婢の現れる敦煌トゥルファン文書を再検討し、本リスト文書を、トゥルファンにあって奴隷（過半数はソグド人奴隷）の購入・育成と販売・貿易とを専業とする家が、前回の戸口調査以後に獲得した奴隷数と名前・年齢とを申告するためのものであると看破したのである。その論文が出版されて我々の手元に届いたのは二〇〇〇年であるが、その原発表がなされたのは一九九四年のことであり、そこに我々が一九八九年に世に出したソグド文女奴隷売買契約文書が大きな影響を与えているのは、まことに嬉しいことであった。

呉震説によれば、ソグド商人は絹馬交易だけではなく絹奴交易も行なったのであり、彼らの扱う奴隷の産地はソグディアナ本国と草原地帯のトルキスタンであった。私はこの説に基本的に大賛成であり、唐代にはシルクロードを通じて大規模に奴隷貿易が行なわれていたことになるが、まさしくその通りであったと思う。とりわけ、民間でもてはやされた胡姫や私妓には奴隷貿易で流入した者が多かったことであろう。

第六章　突厥の復興

突厥第二帝国の成立

復興前夜の反乱

六三〇年に唐に滅ぼされて以来、東突厥《ひがしとつくつ》の遺民は唐帝国内部に居住し、唐の臣民として高句麗《こうくり》遠征や西域遠征に駆り出されることが多かった。こうした突厥遺民（降戸《こうこ》）にとって大きな画期となる動きがあったのは、六七九年（調露元年）のことである。

まず、漠南《ばくなん》にあった定襄都督府《ていじょうととくふ》管内の首領である阿史徳温傅《あしとくおんふ》と阿史徳奉職《あしとくほうしょく》が、旧東突厥の王族出身の阿史那泥孰匐《あしなでいじゆくふく》を擁立して、突厥再興のための反乱を起こした。定襄都督府とは、六四九年からは燕然都護府《えんぜんとごふ》、六六三年には雲中《うんちゅう》都護府、六六四年からは単于《ぜんう》都護府と一貫して唐の都護府の隷属下にありながら、遊牧生活を送る突厥降戸を集団としてまとめていた自治組織である。この蜂起には降戸からなる二四州がみな呼応し、衆数十万に達して漠南一帯に拡大し、奚《けい》・契丹《きったん》をも扇誘して一時は唐を圧倒するが、唐側は西域の西突厥遠征から凱旋した名将・裴行倹《はいこうけん》を定襄道行軍大総管に任じ、唐建国以来未曾有という三〇万の兵力を投入することによって、翌年、ようやくこれを鎮圧することができた。

一方、まさしく同じ六七九年、唐は造反した突厥降戸よりさらに南に位置するオルドスの霊州～夏州南境にいた別の突厥降戸集団、すなわち「降突厥《こうとっくつ》」をもって魯州・麗州・含州・塞州・依州・契州という「六胡州《ろっこしゅう》」を置き、唐人をもって各州の刺史《しし》（知事）となした。この六胡州の主要な構成要素である「六州胡《ろくしゅうこ》」は「降突厥」からなるとはいえ、古トルコ語で書かれた突厥碑文との比較研究により「六州胡」が語義の上からはソグド人の集団でしかありえないことが明白になっている。しかも漢文の出土史料がそれを傍証する。例えば、洛陽出土の安菩墓誌からは、安菩が麟徳元年（六六四）に死去した後に追贈された肩書ながら「陸（＝六）胡州大首領」であったことが分かり、敦煌出土の景雲二年（七一一）の張君義告身という公文書中には、魯州の康某々、含州の安神慶、依州の曹飯陀、契州の康丑胡がまとまって現れる。

これら六胡州出身の人物がすべてソグド人の代名詞ともいうべきソグド姓を持っていることが、偶然であるはずはない。それゆえ、六胡州に入った人々の多くは、かつて東突厥最後の頡利《けつり》可汗《カガン》時代に突厥政権を動かしていたソグド人ないしソグド系突厥（突厥人とソグド人の混血、あるいは突厥化したソグド人など）に由来し、六三〇年突厥の降衆とともに内徙《ないし》して史善応・康蘇密に統率されていたが、その後、阿史那思摩に従って内モンゴルに移り、再びオルドスに戻っていた者たちの子孫であると思われる。羈縻《きび》州では本族人をトップに据えるのが原則であるのに、ここではあえて唐人を刺史に任命している。恐らく定襄都督府下の阿史徳氏を中心として起こった突厥降戸の大反乱に危機感を覚えた唐政府が、かつて突厥支配下にいたソグド人ないしソグド系突厥の集団を統制する動きに出たのであろう。そして、この年より、両者の運命は大きく分かれていく。

すなわち前者については、第一回反乱失敗後まもない六八〇～六八一年、生き残った阿史徳温傅が頡利可汗の近親である阿史那伏念を夏州から迎え奉じて、再び同じような反乱を起こした。これまた失敗に帰するが、突厥降戸の再独立への意志は固く、六八二年には阿史那氏一門の骨咄禄《クトルク》（「天の霊威《クト》を持つ者」の意）が阿史徳元珍《あしとくげんちん》の援助を得て三たび唐に叛旗を翻し、ついに突厥帝国復興に成功する（突厥第二帝国の成立）。そして翌六八三年には単于都護府を陥落させた。この独立運動が内モンゴルやオルドス北辺だけでなく、一般には唐帝国の本土と見なされる山西省・河北省の北部をも舞台にしていることに注意されたい。

それに対してオルドス南部～陝西北部にいた六州胡は、一部分は復興突厥に合流して北遷したであろうが、大部分はそのまま中国本土に残ることになる。とはいえその後の唐の処遇がまずかったらしく、玄宗時代の七二一～七二二年に「康待賓《こうたいひん》の乱」と「康願子の乱」という連続した反乱を起こした。首謀者の康待賓は葉護《ヤブグ》、康願子は可汗と称し、配下には安慕容・何黒奴・石神奴・康鉄頭などソグド姓を持つ武将たちが集っていたから、それなりの軍事力を持っていたはずである。にもかかわらずこのようなソグド系突厥集団の反乱に、突厥本国が助力した形跡はなく、結局は二度とも失敗し、ついに独立することはできなかった。しかしながら、これこそが安史の乱の先駆けをなすものであり、しかも安史の乱に合流していく勢力となるのであって、唐史における彼らの重要性は再認識されなければならない。

遊牧民族最初の「歴史史料」

建国当初の突厥第二帝国の本拠は漠南の陰山山脈地方であり、最初は南で唐と、東で契丹《きったん》と戦うのが主であったが、徐々に漠北のモンゴリアに拠る鉄勒《てつろく》諸部へも討伐軍を振り向けて勢力を拡大していき、本拠を漠北のオルホン河〜オトュケン山地方に移すことができたのは、六八六年末〜六八七年前半のことである。すでにそれ以前から漠北に大旱魃があって九姓鉄勒全体が危機に瀕し、六八五年には唐の安北都護府が漠北から河西へと撤退しただけでなく、六八六年には鉄勒から多数の難民がゴビを渡って河西地方に流入するありさまであったため、突厥が北遷するには好都合な状況だったのである。漠北を回復してようやく阿史那骨咄禄は初代可汗としてイルテリシュ可汗と名乗ったが、それは「国民《イル》を集めたる可汗」という意味である。

トニュクク碑文　ウランバートルの東南約50kmにあるトニュクク遺跡に建つ。著者撮影

この突厥の復興と漠北回帰に尽力したのが、王族・阿史那氏に次ぐ名門の阿史徳氏のリーダーであった阿史徳元珍、すなわちトニュクク（漢字表記は暾欲谷《とんよくこく》）である。波瀾万丈の生涯を送ることになる彼は、初代イルテリシュ可汗、第二代カプガン可汗、第三代ビルゲ可汗に宰相として仕え、老年にいたるまでそれこそ粉骨砕身して縦横無尽の活躍を見

キョルテギン碑文　オルホン河畔にあるキョルテギン廟に建つ。漢文と突厥文の両面があり、漢文面は玄宗御製。著者撮影

せただけでなく、突厥史を復元する重要な記録である自撰のトニュクク碑文を残してくれた。これとビルゲ可汗碑文、その弟のキョルテギン碑文などを合わせてオルホン碑文ないし突厥碑文と総称するが、これこそ遊牧民族自身が書き残した世界最初のまとまった歴史史料なのである。

トニュクク碑文によれば、イルテリシュとトニュククが蜂起した時の勢力は、わずかに七〇〇人であり、その三分の二は騎馬、三分の一は徒歩であったという。そしてさらにイルテリシュが「南にタブガチ(=唐)を、東に契丹を、北にオグズ(=トクズオグズ=鉄勒)を、非常に多く殺した。彼の参謀・軍事司令官は、まさに私であった」といって自分の功績を誇っているが、この記事は『通典』巻一九八に阿史徳元珍が骨咄禄のもとに馳せ参じた時のこととして、「骨咄禄これを得て甚だ喜び、立てて阿波《アパ》大達干《タルカン》と為し、専ら兵馬の事を統べしむ」とあるのと合致する。

漠北に本拠を移した後にイルテリシュは、弟の黙啜《もくてつ》をシャドに、もう一人の弟の咄悉匐《とっしつふく》をヤブグに任命して、それぞれを領土の東西に封建し、自己の直轄する中央と合わせた分統体制を取った。シャドとヤブグは可汗に次ぐ位の称号である。こうした中央と東西両翼からなる三分統体制は、匈奴の昔から後のモンゴルにいたるまで中央ユーラシア東部の遊牧国家、ひいては中央ユーラシア型国家の伝統的特徴である。トニュククが任じられたアパ＝タルカンというのは軍機大臣ないし国防大臣のようなものであるが、その権限は可汗直轄の中央部に限られたのか、それとも東西にある左翼・右翼にまで及んだのかはよく分からない。

さて、以上のような経過をたどって、ゴビ砂漠の南北にわたった唐の突厥・鉄勒に対する羈縻支配体制は崩壊した。しかし突厥にとっては、六三〇年以来、タブガチという異民族に屈し、その支配に甘んじただけでなく、高句麗や西突厥への遠征をはじめとするさまざまの軍役に奉仕させられた五〇年間は忘るべからざる屈辱の時代として、戒めを込めて永く記憶されたのである。次の史料はキョルテギン碑文東面七〜八行目からの引用である。従来これは父祖たちが唐において行なった偉業を誇る文言と理解されてきたが、決してそのような文脈ではない。自らの可汗を持つことができずに、唐皇帝を天可汗と仰がざるを得なかった痛恨の時代の記憶なのである。

（本来は成長して突厥の支配貴族たる）ベグとなるべき男子たちは、唐（タブガチ）の民への奴隷になり、ベグ夫人となるべき女子たちはその女奴隷になってしまった。突厥のベグたちは突厥風の名前（称号）を放棄し、唐にいるベグたちは唐風の名前（称号）を帯びて唐皇帝（タブガチ可汗）に服属したという。五〇年間（唐皇帝に）労力を捧げたという。前方（東）へ日出づる所には、高句麗可汗（の国）にまで出征したのだという。後方

（西）へは、（ソグディアナとトハリスタンの境界にある）鉄門にまで出征したのだという。

カプガン可汗と則天武后の対立

唐から再独立し、突厥の復興を果たしたイルテリシュ可汗が六九一年に病死すると、弟の黙啜《もくてつ》がイルテリシュ可汗の嫡男の黙棘連《もくきょくれん》（黙矩《もくく》ともいう、後のビルゲ可汗）を押しのけて、カプガン可汗として即位した。ちょうど中国は武周《ぶしゅう》革命の時期に当たっており、以後、カプガンは則天武后《そくてんぶこう》に対して挑戦的な中国侵略と和親とを繰り返した。則天時代は周であって唐と呼ぶのはふさわしくないので、彼女が死去する七〇五年までは中国と呼ぶ。

まず六九三年には可汗即位の挨拶代わり、突厥部内に対しては可汗としての腕の見せ所といわんばかりに、自ら部衆を率いてオルドス西端の霊州に侵入し、漢人住民を殺戮・略奪していった。こうしていったんは中国を叩いておいて、次には一転して和親を求めてきたのである。中国側は、これが遊牧勢力側の常套手段とわかっていても、戦争による多大の出費と、和親のための貢ぎ物とを天秤にかければ、それに乗らざるを得ない。そして六九六年、契丹が中国に反乱した際には中国に味方して討伐に参加し、則天武后から立功報国可汗《りっこうほうこくカガン》に冊《さく》立《りっ》された。冊立といっても、それは単なる懐柔策であって、唐と東アジア諸国との間のような冊封《さくほう》関係になったというわけではない。唐の北方から西方にいた突厥・ウイグル・チベットとはあくまで「敵国」関係であり、これらは唐に匹敵する対等の国家であるから、冊封とはほど遠いものである。

さらに六九六年にカプガンは、まだ中国のオルドス〜山西北部一帯に分散して残っていた突厥降戸の返還と単于都護府の地の割譲、さらにその地で農耕させるための種子と農器具を要求してきた。この法外な要求に接して則天武后は憤激したものの、臣下らの説得にあって態度を軟化させ、結局翌年には豊・勝・霊・夏・朔・代州の六州（六胡州とは別）にいた降戸数千帳と種子四万石以上、農器具三〇〇〇点を与えたのである。この後、突厥第二帝国は

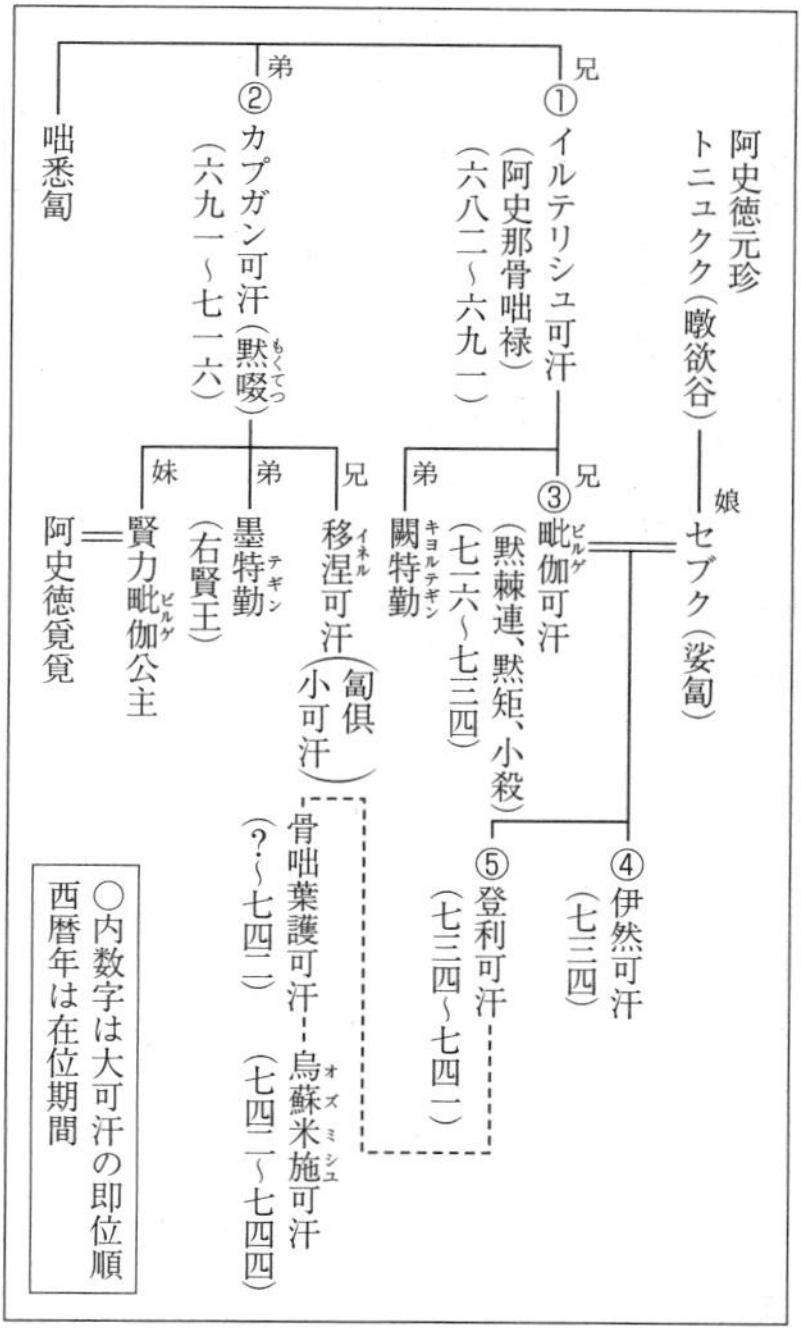

突厥第二帝国の王族系図

かつての第一帝国のように強大化していくことになる。

またカプガンが中国に婚姻を求めてきたのに対し、六九八年、則天武后は自分の一族である淮陽王《わいよう》の武延秀《ぶえんしゅう》にカプガン可汗の娘を娶らせてその王妃とするため、彼を黄金・絹帛と共に突厥に送り込んだ。今や唐王朝を簒奪して周王朝の女帝となっていた則天武后にしては好意的な措置であったのであろうが、カプガン可汗は、「自分は唐の王族である李氏との通婚を願ったのであり、則天武后の一族である武氏とではない」といって激怒した。その本心は、いまや唐王室の正統な王子は二人だけになってしまったと聞くので、そのうちの一人と自分の娘を娶《めあわ》せ、あわよくば彼を将来帝位に即けて、唐を牛耳りたかったのであろう。

その夢がうち砕かれた結果、カプガンは大軍を繰り出し、華北各地（陝西省～山西省～河北省）に入寇させたのであった。則天武后は対抗策として三〇万の大軍を投入するだけでなく、詔を下して「黙啜を斬《き》ったものは王に封じる」と懸賞をかけ、黙啜の名を「斬啜《ざんてつ》」と呼んで憂さ晴らしをした。この時、突厥が八万～九万ともいわれる大量の漢人男女を略奪したのは、今や完全な突厥領となった内モンゴルの陰山方面の可耕地において農耕に従事させるためであろうと、林俊雄はいう。こうして中国に勝利したカプガンは、六九九年、統治体制をいっそう確かにするため、弟の咄悉匐《とつしつふく》を東のシャド、甥の黙棘連《もくきよくれん》を西方のシャドに任じてそれぞれ二万騎を率いさせただけでなく、それらの上に嫡男の匐倶《ふくぐ》（小可汗、移涅《イネル》可汗）を拓西《たくせい》可汗として置き、これには四万騎を与えたのである。

以後、七〇六年まで、中国北辺への入寇と和親が繰り返されたが、それ以降のカプガンの治世後半には、突厥は北方・西方経営に忙殺されることになり、唐側に巻き返しのチャンスが生まれる。突厥の復興からカプガン可汗時代の半ばまでは、内モンゴルは唐よりもむしろ突厥の支配下にあることが多かった。しかるに、突厥が北方・西方計略に乗り出して、南方の漠南経営に兵力を割くことができなくなった隙に、七〇八年、唐が朔方道大総管となった張仁愿《ちょうじんげん》の積極策を用いて東・中・西の三つの受降城《じゅこうじょう》（降伏者を受け入れるという名目の最前線軍事基地）を黄河大屈曲部の北側に設置すると、一挙に形勢が逆転することになるのである。突厥にトニュククがいたように、唐には中央の高級官僚であると同時に軍機に優れた名将・張仁愿がいたのである。

すでにモンゴリア内部の鉄勒諸部を押さえた突厥にとって、北方シベリア側にいる敵対勢力はチクとキルギスであり、さらに強大なライバルは西方にいる旧西突厥系の突騎施《トゥルギシュ》と、同じくトルコ系のバスミル、カルルクであった。七〇九年と七一〇年にはチク・キルギス遠征、七〇八年と七一〇年には突騎施遠征、七一三年から七一五年には唐支配下の東部天山北麓の要衝・北庭《ほくてい》（ビシュバリク）に対する三次にわたる攻撃、七一四年と七一五年にはカルルク遠征と、兵を休める暇がないほどであった。それはいわば遊牧民中心の軍事国家の宿命であり、これによって国家は拡大発展したのである。

ビルゲ可汗の登場

晩年のカプガンはその横暴ぶりで、いったんは支配下に入っていた諸勢力の離反を招くよ

キョルテギン像の頭部
キョルテギン遺跡で発見された石製像の頭部。鳳凰の冠をかぶる。高さ41cm。著者撮影

うになった。そして治世末年の七一五年（開元三）に九姓鉄勒が反乱したのに対し、翌七一六年、カプガンは九姓鉄勒諸部の一つであるバヤルク（抜曳固）部をトーラ河畔で撃破した際に、油断していて、頡質略《けつしつりゃく》に率いられたバヤルクの残存勢力に不意を襲われ、あえなく死去したのである。

その結果、カプガンの嫡男である小可汗（移涅可汗、拓西可汗）を筆頭とする一派と、初代イルテリシュ可汗の子である黙棘連・闕特勤《キョルテギン》兄弟との間で後継争いが起こり、後者が勝利して兄がビルゲ可汗として即位し、弟キョルテギンが左賢王《さけんおう》として軍事の大権を掌握するとともに、さらに譜代の老臣トニュククが宰相に返り咲いた。

ビルゲ可汗はトニュククの忠告もあり、唐と事を構えることは極力避け、主力を北の鉄勒諸部、東の奚・契丹、西のカルルク・バスミルなどへの制圧に振り向けた。ただしかつての西突厥の領域にいる突騎施は一時的に制圧したものの、蘇禄《そろく》のもとですぐさま復興したので、これは敵に回さず、共存を計った。こうして中央ユーラシア東部、すなわちシルクロード東部を唐とトルコ族（突厥と突騎施）が南北に分け合う形勢が、ビルゲ可汗の時代にはできたのである。

振り返ってみれば、突厥第一帝国ないし東西突厥に代わって唐が陸のシルクロードであるオアシスの道と草原の道の両方を押さえたことが、唐が世界帝国となった要因であったが、突厥の復興後は草原の道の支配権をめぐって激しい攻防があり、ようやくそれがトルコ族側の手に戻ったことによって、落ち着きをみせたといえるのである。

ビルゲ可汗の治世と、それを支えたトニュククの業績については、護雅夫に一般向けの優れた記述があるので［『古代遊牧帝国』ないし護／神田編『北アジア史（新版）』］、ここではそれに譲ることにする。ただ一点だけ、どうしても述べておかねばならないのは、ビルゲ可汗時代はそれまでの対決姿勢とうって変わって、基本的に唐と宥和する政策へ転換したことである。それは換言すれば、いわゆる絹馬交易重視策であり、当然ながら我々はその背後にソグド商人の介在を想定せねばならない。

突厥第二帝国のソグド人

実は突厥第二帝国におけるソグド人の活躍を伝える史料や遺物には、それほどめぼしいものが見あたらない。これは、その前後の時代の突厥第一帝国およびウイグル帝国（東ウイグル）とソグド人の緊密な関係、さらに同時代の唐に大量のソグド人の姿が見られた事実と比較すると、まことに意外といわざるを得ない。しかし突厥第二帝国においても絹馬交易は盛んであったから、そこにソグド人が介在していないはずはない。ウイグル時代も突厥第一帝国時代も、盛んな絹馬交易を支えたのがソグド人であったことが判明しているのである。そ

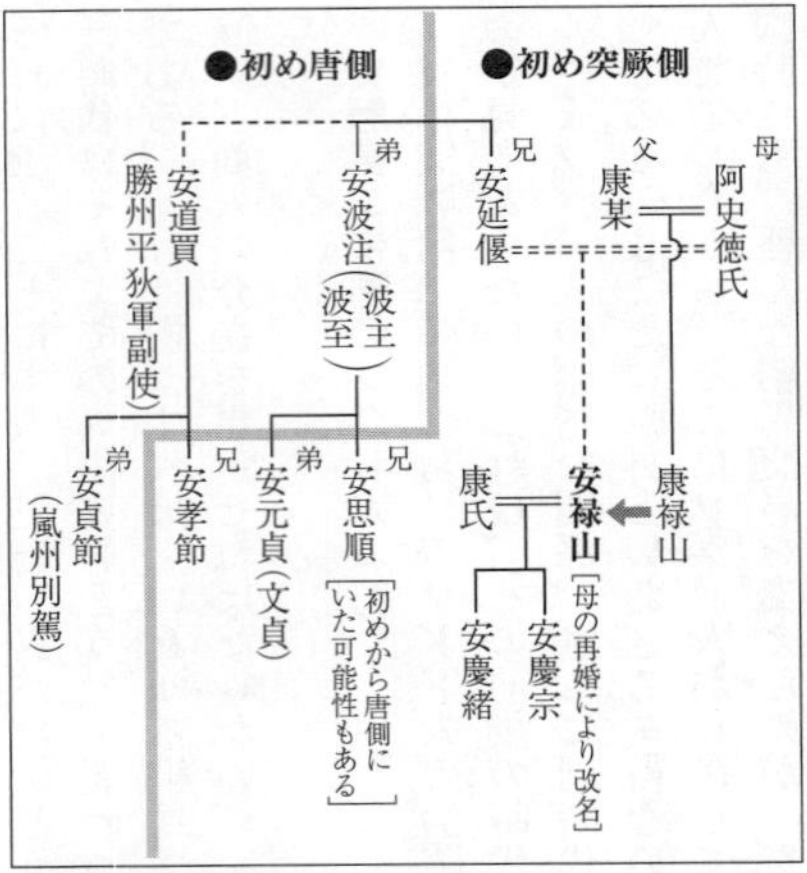

安氏一族の系図　安氏はソグド伝統の安全保障策によって、唐と突厥の両方に一族を配している

こで、改めて注目されるのが、唐の玄宗期に大反乱を起こした武将（節度使）・安禄山《あんろくざん》の生い立ちに関する漢籍史料である。

安禄山の出生地については北京《ペキン》東北方の営州・柳城（遼寧省朝陽県）とする説と、モンゴリアとする説の両方がある。しかし、その生母が突厥の名門・阿史徳氏の女性であるとする点に異論はない。実証はできないが、我々の立場から史料の伝えるところを読みとれば、彼は突厥第二帝国時代のモンゴリアで生まれたと見るのが穏当であろう。そして阿史徳氏のシャーマンであった女性を母とし、サマルカンド出身者を表す康という姓を持って突厥で活躍していたソグド系武将を父として生まれた混血児である。しかし父が早くに死去したので、母は同じく突厥に来ていた別のソグド人有力者であったブハラ出身の安延偃《あんえんえん》と再婚した。それゆえに彼は養父の姓を取って安禄山と名乗るようになった。

突厥第二帝国では七一六年にカプガン可汗が内乱に遭って死去すると、カプガン可汗に仕えていた多数の突厥人・ソグド人・ソグド系突厥人が唐に亡命して来たようである。安禄山と養父の安延偃、さらにその一族の安孝節、安思順・安元貞（または文貞）兄弟らは、その隊列の中にいたという。ここで注目すべきは、安延偃の弟で、安思順・安元貞兄弟の父である安波注《あんはちゆう》（または波主／波至）と、安孝節の父の安道買の二人はともに唐に仕える胡将軍であったことである（安思順も最初から唐側にいたという説もある）。つまりソグド人は、すでに言及した安全保障の伝統に則り、ここでもきっちりと一族を敵対勢力の両方に配置していたわけである。具体的には安禄山らは、安道買の次男で安孝節の弟である安貞節が山西地方の嵐州別駕《らんしゆうべつが》という官に就いていたのを頼って、そこに身を落ち着けることになったという。

以上によって、おそらく突厥第二帝国にも前代と同様、「胡部」というソグド人集団ないし植民聚落がいくつもあり、ソグド人ないしソグド系突厥人の有力武将が活躍していたことが推測されるのである。そしてその推測は、唐側の康阿義屈達干《こうあぎくつタルカン》神道碑の記事によっても傍証される。

康阿義屈達干とは、突厥第二帝国滅亡時に、王族の主だった女性や王子たちを引き連れて唐に内附してきた阿布思《あふし》と行動をともにし、その後、安禄山側に取り込まれたが、死を賭《と》して唐側に奔った者である。神道碑では彼は柳城人となっているが、その祖先は旧東突厥の貴族「北蕃十二姓之貴種」であり、父はカプガン可汗時代に突厥にあったソグド人集団を率いるイルテベルであると同時に、カプガンの側近として仕えた武将であった。しかも、カプガン没後にビルゲ可汗一派によって旧カプガン派が粛清を受けた時も無事で、その後も突厥に留まることができたのであるから、突厥第二帝国時代全体を通じてソグド人の存在したことも判明する。

突厥側の史料であるキョルテギン碑文・ビルゲ可汗碑文には、七〇一／七〇二年に默棘連に率いられた突厥軍がオルドスに進軍し、オルドス南部にいたはずの六州胡を経略したというから、相当数のソグド人ないしソグド系突厥人が唐から突厥に移動したことであろう。

次いで、七〇三年、バスミルが突厥にキャラヴァンを送らなかったという理由で、突厥がバスミルを征伐したことを、ビルゲ可汗碑文のみが伝える。バスミルは東部天山北麓の北庭付近にいた遊牧部族であり、突厥と違った特産品があったわけではないから、そこから突厥に向かうキャラヴァンが運んだ貢納品ないし商品というのは、ほとんどが西方からもたらされたものであり、その担い手としてはソグド商人以外に想定できない。それまでバスミルは草原ルートである天山北路の要衝にいて、西方から北庭地方に蝟集《いしゅう》してくるキャラヴァンをコントロールして、唐と突厥にうまく振り分けていたのが、この時なんらかの理由によってキャラヴァンが突厥へ向かうのを妨害したのであろう。しかし突厥のバスミル征伐によって、ソグド人主導のキャラヴァンはそれまで通りに突厥と通交し続けたはずである。領域内のソグド人の数はますます増加していったことであろう。

北庭で財をなした男

当時の北庭地方（現ウルムチ東方百数十キロ）が貿易の利を得るに真に適していたことは、裴伷先《はいちゆうせん》という人物の伝記からも窺える。彼は則天武后時代の宰相・裴炎の甥であり、伯父の恩蔭によって官僚となったのであるが、伯父が謀叛の罪を着せられて誅殺されると、則天武后に抵抗し、初め嶺南に、次いで北庭に配流された。しかるに、その地で商業を営むようになり、五年にして巨万の財をなしたという。

『新唐書』巻一一七や『資治通鑑』巻二一〇にある彼の記事は簡略であり、足りないところは『太平広記』という伝記・小説集に見える彼の伝に頼らざるを得ない。それゆえ、どこまで史実であるか危ういところもあるが、当時、北庭周辺には唐に降っていたトルコ系遊牧集団が一万帳ばかりいて、そのリーダーである可汗が裴伷先を気に入り、彼に一人娘を娶《めあわ》せ、多額の黄金や駿馬や牛羊を贈ったという。それによって彼はますます富裕となり、その財力で食客数百～数千人を養い、彼らを使って北庭から河西を通り長安・洛陽にまでいたる情報ルートを作り、中央の情勢を探らせていた。そして則天武后が流罪人一般を誅殺する方針を固めたことを事前に察知すると、食客を集めて相談し、その結果、妻の父とは違って唐に服属していないトルコ系遊牧集団に亡命することに決した。そして馬やラクダ八〇頭ほどに財産を積み、妻と家人・奴隷さらに戦力となる主だった食客ら約三〇〇人とともに出奔したが、北庭都護に気付かれてしまい、その追撃を受け、ついに捕縛されてしまったという。

ここでトルコ系遊牧集団としたところは、史料によって「胡」とあったり「突厥」となっているのであるが、私はそれをトルコ人だけでなくソグド人やソグド系トルコ人も含む遊牧集団であるとみなす。ソグド商人兼武人は、モンゴリアや河西やオルドスにいただけでなく、天山北麓にも散居していたに違いないと考えるからである。バスミルの支配氏族も突厥と同じく阿史那氏であるから、裴伷先が亡命しようとしたのはバスミルであったかもしれない。

キョルテギン碑文・ビルゲ可汗碑文によれば、七一〇年、旧西突厥に代わって天山北路一帯を支配し、いまや最大のライバルとなっていた突騎施を突厥軍が征伐した際に、さらに歩を進めてはるばるソグディアナにまで遠征したという。漢籍とイスラム側史料の両方から、ちょうどその頃、ウマイヤ朝のムスリム軍が北上してソグディアナを虎視眈々と狙っていたことが判明しているので、危機感を抱いたソグド諸国が反ムスリム同盟を結成し、突厥に援軍を要請した結果、突厥軍がそれに応じたと考えられる。それゆえこの時、突厥とソグドの直接の接触によって、それまでもあった結び付きがいっそう強化されたはずであり、凱旋する突厥軍にソグディアナ本土からソグド商人やソグド軍人が同行し、突厥の「胡部」に新たな血が注入された可能性も決して小さくはない。

悲劇の王女

ある王女の墓碑銘

ここに実に興味深い墓碑銘がある。それは七二三年夏、二五歳で夭折《ようせつ》した突厥可汗の王女

（公主）の墓誌である。正式の題名は「唐故三十姓可汗貴女・賢力毗伽《ビルゲ》公主・雲中郡夫人・阿那氏之墓誌、並びに序」といわれるものであるが、撰者は知られていない。墓誌には撰者が明記されないことが少なくないのである。題名の次には、先に死去した夫の肩書と名前が記されている（駙馬《ふば》都尉・故特進兼左衛大将軍・雲中郡開国公・踏没施達干《タプミシュタルカン》・阿史徳覓覓《べきべき》）。

この墓誌の主人公たる賢力毗伽《ビルゲ》公主（王女）の阿那氏とは、墓誌銘中に聖天骨咄禄黙啜《クトルクもくてつ》大可汗として現れる人物、すなわち突厥のカプガン可汗の娘である。突厥王族である阿史那氏の出身なので、略して阿那氏と書かれたのである。主人公がカプガン可汗の娘であり、唐に亡命した後に長安で亡くなったことだけを念頭に置いて、まずは全文訳を御覧いただきたい。

ゴビ砂漠の北方の大国に三十姓可汗の愛娘《まなむすめ》がいらっしゃり、賢力毗伽《ビルゲ》公主に冊立されたが、中華の公主に比肩するお方であった。唐に入国してから、（夫が雲中郡開国公であったので）雲中郡夫人に封ぜられた。父は、天上より果報を得た突厥の聖天骨咄禄黙啜大可汗である。（彼は）天よりすばらしい勇姿と仁徳を授かったため、西方地域に君臨すれば（鉄勒の）九姓部族はその神明を畏れ、東方の蛮族の地に覇を唱えれば、（狭義の突厥）十二部は喜んでそのうるわしい感化を受けた。

貴公主がこの地に誕生したのは、天が織姫星をおろして下されたのであり、雄々しい殿方が配偶者となって、日々、牽牛星のいる野原で暮らしていたのである。（ところが）しばらくして（突厥の）国家が騒乱し、部族集団が分解してしまったので、（夫とともに）南の方に亡命を決意し、唐朝に帰順してきたのである。（しかるにその後）夫が（唐の）法律を犯し（処罰されてしまったので）、公主本人は（自由を奪われた隷属民として）宮中の大奥に収容された。（それでも）天子の恵みはすみずみにまで行き渡っているので、（彼女に）妃嬪《きひん》と同じ待遇を与えて住まわせてくださった。

（そして）天子の恩恵が天の下、地の上の万物に及んだ結果、従兄《いとこ》と婚礼を行なうこととなった。その従兄とはすなわち三十姓（の支配者たる）天上より生まれたビルゲ＝シャド可汗である。それゆえ特別のはからいで（大奥を出ていったんは）実兄の右賢王《うけんおう》である墨《ぼく》特勤《テギン》の邸宅に帰ることを許され、同時に絹帛・衣服が下賜されて諸費用に充てられた。（兄弟姉妹の和合の象徴である）野バラの枝が再び茂って重なり合い、（兄弟姉妹の）花がともに輝くことを待ち望んだのに、（兄弟姉妹の象徴である）庭梅は未だ開花しないうちに、にわかに寒風と霜のために（蕾が）落ちてしまった。年齢は二十五歳であった。開元十一年癸亥《きがい》年六月十一日、首都の懐徳坊にある右賢王の自宅にてみまかったのであり、同年十月十日に長安県の龍首原（の墓地）に埋葬した。（これは）葬礼に従っている。

天の河から月が消えて、もはや（公主の）お化粧をする楼閣の影さえ見えず、天の河から織姫星がいなくなって、（婚礼用ベッドの）錦の帳にも（彼女の）息づかいは感じられない。（先夫との間の）息子の懐恩にとっては、母の膝元を離れ、もはや孝養を積むすべもなく、実兄の右賢王にとっては、互いに手足となるべき兄弟姉妹が散り散りになった痛みは深い。葬送の礼をもって松の木の植えられた墓を作ったが、世の移り変わりによっていつしか雑草が覆い隠してしまうことを恐れるので、堅固な石を磨いて不変の印となし、この文章を彫りつけて（彼女の生きた）証しとなそう。こいねがわくは、海が桑畑に変化するほどの大変動が起きても、この墓のありかは忘れられませんように。

詞に曰く、「たちまち辞去す美しき楼閣、とこしなえに眠る草むす墳墓、人生ここに至りては、天道もなにをか言わん、陽光一瞬にして朝露《あさつゆ》乾く（ほど人命ははかなく）、風は□?門に急なり、千秋万古、寂寞《せきばく》たる孤独な魂よ！」

突厥と唐のはざまで

黙啜（カプガン可汗）の娘である賢力毗伽《ビルゲ》公主とその実兄たる墨テギンが、唐で生活しているのは、当然ながら父の死後、唐に亡命することを余儀なくされたからである。黙啜は二〇年以上にわたるその在位期間中に、東は奚・契丹を、西は同じトルコ系のバスミル・カルルク・突騎施、西北はキルギスまでを服属させ、第一帝国時代に肉薄するほどの勢力復興を果たした。その間、その愛娘である公主はモンゴル高原にある本国で、王族と頻繁に婚姻を結ぶ有力氏族（これを姻族という）である阿史徳氏の男である覓覓《べきべき》と結婚し、幸せな日々を送っていた。

しかるに七一六年、黙啜が急死し、黙啜の直系と、初代イルテリシュ可汗の実子であるビルゲ＝シャド、キョルテギン兄弟とが後継争いをした結果、後者に軍配が上がったので、残された黙啜一家は活路を唐に求めたのである。賢力毗伽公主の兄である墨テギンは唐で蕃将として活躍したことが漢籍からも知られるが、他に一切知られない夫は、本墓誌によれば、唐内附後にどうやら重大な罪を犯したらしく、そのため公主も犯罪者の妻として奴隷身分にされ、いったんは後宮に入れられたのである。ところが事態は思わぬ急転回をみることになる。

すでに見てきたように、唐帝国にとって最大のライバルは北の突厥である。太宗・高宗時代に第一帝国（東突厥）と西突厥をようやくにして滅ぼしたが、則天武后時代に復興した突厥の初代可汗も二代目の黙啜（カプガン可汗）もいわば不倶戴天の敵であった。それゆえ玄宗皇帝も最初はなんとか突厥を打倒しようと苦心し、七一六年（開元四）には黙啜討伐の詔を出した。それが黙啜自身の死去によって矛先を失うと、今度は七一八年、西・南・東の三方から三〇万の大軍を発してビルゲ可汗を包囲攻撃する遠大な作戦を企画、ついに七二〇年にそれを実行に移した。

今度の計画には、七一五～七一六年の混乱時に突厥から唐に帰服し、山西北部に安置されていた九姓鉄勒中の五部、すなわちウイグル・バヤルク・同羅《トングラ》・霫《しゅう》・僕骨の集団が、それぞれ討撃大使に任じられた首領のもと八〇〇騎から三〇〇〇騎を率いて加わる予定になっていた。それだけでなく、あの黙啜の子の墨テギンも唐側の将軍として、兄（小可汗＝移涅《イネル》可汗）の仇《かたき》であるビルゲ可汗討伐を目指している。さらに漢籍によれば、本墓誌で右賢王とされる墨テギンと並んで、左賢王の毗伽特勤《ビルゲテギン》（ビルゲという語はトルコ語で「賢い」の意であり、頻用されるので紛らわしいが、ビルゲ可汗とは別人）もこの討伐軍に参加しているところを見ると、唐内部には旧黙啜派の突厥亡命政権があって、彼らが唐の後援を得て巻き返しを計ったとさえ考えられる。

ところがこの一大作戦は西方からのバスミル軍の先走り、東方からの奚・契丹軍の遅れなどがあって失敗し、逆に突厥が唐の西域経営の拠点たる北庭までも攻撃する勝利を収め、さらに河西に回って甘州・涼州の北方で唐軍を撃破した。しかしビルゲ可汗はそのまま攻勢に出ることをせず、従来の突厥のやり方とうって変わって唐との宥和《ゆうわ》策を取ることとなった。具体的には玄宗の子になりたいと請願し、公主降嫁を求めてきたのである。直前の戦争の勝者から敗者への請願というのは、言葉のあやであり、実質は強制に近いのである。

ビルゲ可汗廟遺跡　キョルテギン廟の南方1㎞弱にある。最近ここから大量の金銀器が発掘され、話題になった。著者撮影

玄宗と父子関係になりたいという申し出は、唐にとって断る理由はなく、なんなく認められた。しかし唐側は公主降嫁には苦慮したらしい。その時、玄宗は、とんでもない政略結婚を思いついた。それは、後宮にいる黙啜の娘を、唐側の公主に仕立てて、ビルゲ可汗と再婚させようというものである。

賢力毗伽《ビルゲ》公主とビルゲ可汗とはいとこ同士であり、

遊牧社会においてそうした結婚はありえなくはないが、いかんせんビルゲ可汗は長兄（小可汗＝移涅可汗）を殺した仇である。若くて美しい公主は、降嫁前に後宮を出ていったんは実兄の邸宅に身を寄せることを許され、そこで豪華な嫁入り準備をしていたはずであるのに、墓誌によればなんの前触れもなくあっという間に死去してしまうのである。

実兄の墨テギンは今や唐の蕃将として優遇され、立派な邸宅に住んでいるわけであるから、不慮の事故に遭う可能性は少なく、また病死なら病死と書くはずであるが、それもない。まだ二五歳という年齢を考慮すると、これはいかにも不自然であり、本墓誌を早くに学界に紹介した羽田亨とペリオは、彼女の急死の原因を、同族とはいえ一家の仇敵と再婚させられそうになった身の不幸を悲嘆するあまりの自殺と想定したわけである。確たる証拠こそないものの、あらゆる状況証拠からしてそれがもっとも無理のない解釈である。とすれば、これこそ悲劇といわずしてなんといおう。

第七章　ウイグルの登場と安史の乱

ウイグル帝国とマニ教

古代ウイグルとソグド人

唐帝国と対等にわたりあった突厥《とっくつ》第二帝国の最盛期は比較的短く、ビルゲ可汗《カガン》の没後は急速に衰えていく。それに替わって台頭してくるのがウイグル帝国（東ウイグル可汗国）である。古代ウイグル族は、七世紀に一度、鉄勒《てつろく》集団全体が唐帝国の羈縻《きび》支配を受けた時に姿を見せてはいるが、中央ユーラシア東部の歴史舞台に主役の一人として華々しく登場するのは八世紀中葉からである。

まず七四二年、バスミル・カルルク・ウイグルの三者連合軍が、それまでの中央ユーラシア世界東半部の覇者であった突厥第二帝国の骨咄葉護《クトルクヤブグ》可汗を敗走せしめ、バスミル（抜悉密）の君長である阿史那施《あしなし》を新たな可汗に推戴した。実際には三者のトロイカ体制である。これに対し突厥の遺民は烏蘇米施《オズミシュ》可汗を立てて対抗したが、三者連合軍は七四三～七四四年にこれを捕殺し、その首級を長安に伝送してきた。

七四四年、ウイグルとカルルクは連合して、これまで自分たちの風上に立っていたバスミ

シネウス碑文　横倒しになった碑文は突厥文字ウイグル語が刻まれている。右端の文様は可汗の氏族の紋章（タムガ）。著者撮影

ルを撃破し、ウイグルの君長であった骨力裴羅《クトルクボイラ》が初代可汗として即位した。これがウイグル帝国初代の闕毗伽《キョル・ビルゲ》可汗である。明けて七四五年、カルルクがウイグルと不和となり、その主要部がモンゴリア西部のアルタイ地方から西部天山北方のセミレチエへと叛《そむ》き去った。

こうして突厥第二帝国に取って替わったウイグル帝国は、七四〇年代から八四〇年までの約一〇〇年間、漠北に覇を唱えるのである。第二代・葛勒《かつろく》可汗・磨延啜《まえんてつ》の紀功碑であるシネウス碑文によれば、彼の治世中の七五七年、セレンゲ河畔にソグド人と漢人を駆使してバイバリク城を築かせたとある。バイバリクとはウイグル語で「裕福な都城」という意味であり、漢籍では「富貴城」と伝えられており、これは遊牧ウイグル人のためではなく、外来のソグド人や漢人たちを住まわせるものであった。ウイグル帝国がかつての柔然・高車や第一・第二突厥と同じく、初めからソグド人の経済的・外交的手腕を利用していたことが容易に推測され、そのことは、史料からも十分に証明されるのである。ただしここでも、ウイグルがモンゴル草原の中に都市を建設させたことと、遊牧文化に誇りを持つウイグル人自身の「定着化」とか「文明化」とは截然《せつぜん》と区別すべきであることに注意していただきたい。

さて、古代ウイグルが果たした歴史的役割として一般に最もよく知られているのは、唐代史を前期（初唐・盛唐）と後期（中唐・晩唐）に分ける分水嶺となった安史の乱の鎮圧にめざましい活躍をみせ、唐の延命に大きな功績を残したことと、マニ教を国教化したことの二点であろう。

七五五年に勃発して唐王朝を存亡の危機に陥れた安史の乱に際しては、ウイグルが強大な騎馬軍団による武力を行使して唐を救ったのは事実である。それ以後、ウイグルは唐に対し優勢を保ち、さまざまな要求をしてくるようになる。またウイグルと結びついたソグド商人も、虎の威を借る狐のように、勝手な振る舞いを中国で行ない、絹馬交易をはじめとする内陸でのシルクロード貿易の利益を壟断《ろうだん》していく。これまで本書で一貫して述べてきたソグド商人の伝統は、唐＝ウイグル併存時代になっても継続するのである。

ただ従来と大きく異なるのは、ソグド人とウイグルとの緊密な結び付きの背景にマニ教が存在することである。歴史学・文献学・考古学的研究のいずれもが、ソグド人の宗教は、紀元前後からイスラム化以前まで、ずっとゾロアスター教が主流であったことを示しているのであるから、東ウイグルに入っていったソグド人だけが十中八九までマニ教徒であったとみなすのはきわめて不自然である。にもかかわらず状況証拠はすべて、ウイグルにマニ教を伝播・普及させた仲介者はソグド人であることを示唆している。この問題は、家畜の解体を常とする遊牧民族であるウイグルが、仏教以上に徹底的に殺生を戒めるマニ教に改宗し得た理由とともに、いまだ学問上の謎として残されている。

マニ教の世界史的意義

マニ教とは、三世紀前半に宗教の坩堝《るつぼ》であった西アジア世界のバビロニアに生まれ育ったイラン人マニが、独特の二元論を持つヘレニズム的折衷主義の一つであるグノーシスを中核とし、それにゾロアスター教・ユダヤ=キリスト教などから学んだ思想を取り入れて創始した二元論（光と闇、精神と物質、善と悪）的折衷宗教である。

マニは布教開始後まもなく東方に伝道の旅をして、仏教文化圏であった西北インドでもある程度の成功を収めたという。その後帰国した彼は、すでにパルティア帝国に取って替わり、西アジアに覇権を確立していたササン朝ペルシアの皇帝シャープール一世に働きかけ、その帰依を得ることに成功した。その結果、広大な帝国内を自由に伝道することができるようになった。

こうしてマニ教はしばらく我が世の春を謳歌《おうか》するが、シャープール一世の死後まもなく伝統的なペルシアの民族宗教であるゾロアスター教の勢力から反撃をこうむり、マニは処刑され、その信者も過酷な迫害を受けて四散を余儀なくされた。しかし初めから血統や民族の枠を越え、アフロ=ユーラシアの諸民族に受け容れられる「世界宗教」として、マニ生存中より東西に伝道団を送り込んでいたマニ教は、ついには西は大西洋から東は太平洋にまで達し、各地で相当長期にわたって生き続けることとなった。そして西方のキリスト教優勢地域ではキリスト教と、東方の仏教優勢地域では仏教と、時には共存し、時には軋轢《あつれき》を生じながら、時間と空間を異にするさまざまな局面で影響し合ったのであり、その世界史的意義は決して小さくない。

例えば地中海地方では、教父アウグスティヌスの活動に典型的にみられるように、マニ教との激しい教義論争を通じてキリスト教が自らの教義を確立していったし、他方中央アジアでは仏教と出会い、マニ教自身が仏教化しただけでなく、北伝仏教が変容・発展する上にも大きな影響を与えたと考えられる。また天文・暦学・思想・説話・文字・絵画・音楽や書物の形式・製本法などの東西文化の交流にも多大の貢献をなしたのである。

匈奴やクシャン朝の勃興以後、イスラム化以前の中央アジアの歴史と言語と文化の上に最も深い影響を与えた宗教は、いうまでもなくインドに起こった仏教であるが、一方で、三世紀のササン朝ペルシア統治下に成立したマニ教も相当に重要な役割を果たした。とりわけ八世紀半ば以降に強大となったウイグルはマニ教を国教化して尊崇した世界史上唯一の国であり、中央アジア＝マニ教史とウイグル史は密接不可分の関係にある。ウイグルを抜きにして中央アジア史は語れないが、マニ教抜きではウイグル史もまた語れない。したがってマニ教抜きの中央アジア史も成り立たないのである。

マニ教とウイグルの邂逅

ウイグルにおけるマニ教導入の最大の功労者は、第三代の牟羽《ぼうう》可汗である。一般にはウイグルへのマニ教伝播の時期ときっかけとして、牟羽可汗が安史の乱に際して中国本土に進駐した七六二〜七六三年、洛陽でマニ教僧侶と遭遇し、彼らを本国に連れ帰った事実が挙げら

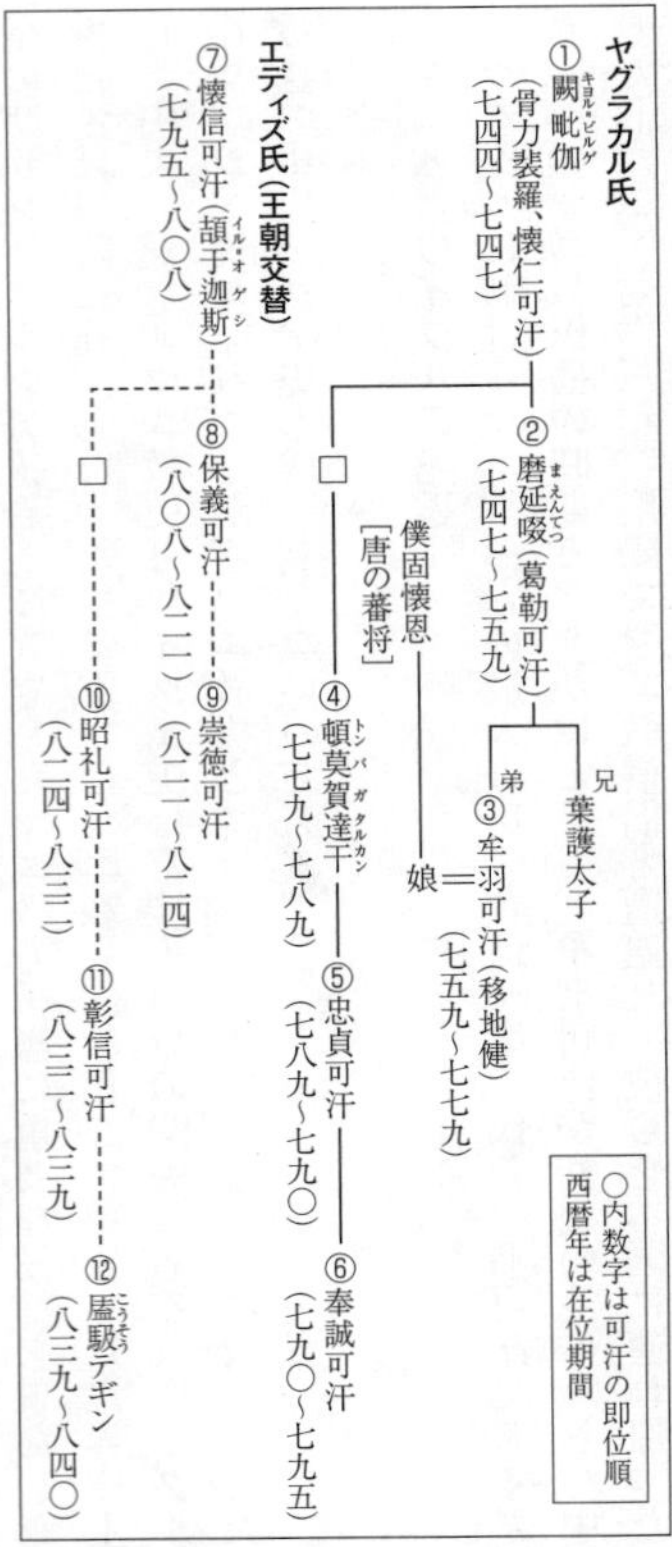

ウイグル帝国（東ウイグル可汗国）王族の系図　キョル＝ビルゲが突厥第二帝国を倒して漠北に覇を唱えた。王朝交替はエディズ氏のイル＝オゲシが7代目に即位し、それまでのヤグラカル氏の可汗と替わったため

れる。

しかし、古ウイグル語で書かれたかなり長文の「牟羽可汗マニ教改宗始末記」「ベルリン＝ブランデンブルク科学アカデミー所蔵U72&U73」に基づけば、彼のマニ教改宗が決して順調なものではなく、保守的な反マニ勢力の根強い抵抗があったことが判明するだけでなく、マニ教がソグド商人（サルト）と密接に結びついてウイグルに流入してきたことが推定される。しかも本文書からは牟羽のマニ教への改宗が七六三年以前であった可能性も窺え、その可能性は、「マフルナーマグ」と呼ばれる豪華なマニ教賛美歌集が焉耆のマニ教寺院において歓喜の中で作成し始められたのが七六一／七六二年であったという事実と併せ考慮す

る時、いっそう高くなる。ウイグル可汗の改宗ほど中央アジアのマニ教徒を歓喜の渦に巻き込んだ出来事はなかろう。逆に、牟羽のマニ教改宗の背景には、ソグド＝ネットワークの利用という経済的・政治的理由があったように思われる。

牟羽可汗は、安史の乱鎮圧という大業をなしとげた後はさらに権力基盤を固めるため、シルクロード貿易の利益獲得という経済的理由に加え、商人・マニ僧を使って国際情報を収集するという政治的理由からマニ教徒ソグド人をますます優遇して、彼らに枢要な地位を与えたはずである。それでも、マニ教は牟羽時代にすぐさま国教化したわけではない。牟羽のマニ教への傾斜はいささか性急すぎたため、国内の保守層からの根強い抵抗があり、七七九年、反マニ教勢力を結集した頓莫賀達干《トンバガタルカン》のクーデターにより、牟羽は殺されるのである。

マニ教経典（断簡）　白衣を着て白い帽子を被ったマニ教僧侶と「生命の木」が描かれ、ウイグル文字の経文が記されている。高昌故城のマニ寺址から出土した

そして頓莫賀が第四代可汗に即位し、以後しばらくはマニ教はウイグル帝国内で逼塞《ひっそく》を余儀なくされる。その影響は大きく、中央アジアのソグド人をはじめとするマニ教徒の熱狂もいったんは下火になった。それでもウイグルがシルクロードを掌握し続けるためにはソグド商人の協力は必須だったの

で、遅くとも七九〇年代にはマニ教はウイグルで復活することになる。

東部天山地方がウイグルのほぼ完全な支配下に入るのは八世紀末葉の北庭（ビシュバリク）争奪戦における勝利以後のことである。この北庭争奪戦で活躍したのがウイグルの宰相兼将軍であったエディズ氏出身のイル＝オゲシ（頡于迦斯）で、後に彼が第七代懐信可汗となり、マニ教を名実ともに国教とし、マニ教徒ソグド人を牟羽時代にも増して優遇した。北庭戦以後、トゥルファン盆地を含む東部天山地方全体が東ウイグルの勢力下に入った。従来よりソグド人居住者の多かったトゥルファン盆地と焉耆地方の諸オアシス都市を押さえたことが、ウイグルのマニ教発展に拍車をかけたことは想像に難くない。

ベルリン所蔵のトゥルファン出土ウイグル文書U1によれば、八〇三年の羊年にウイグルのボクグ汗（＝懐信可汗）が高昌にまでやって来て、マニ教会東方大司教区のトップである慕闍《モジャク》に会い、マニ教団第三位の高僧であるマヒスタクを三人もモンゴリアに設置することを相談した事が伝えられる。一方、カラバルガスン碑文からは当時のモンゴリアにおけるマニ教会のトップは第二位の高僧アフタダンであることが判明するから、懐信可汗は新たにマヒスタクを本国に呼び寄せてマニ教団の強化を図ったと考えられる。

安史の乱とソグド・ウイグル

安禄山とソグド＝ネットワーク

さて、話を安史の乱にまで戻さねばならない。当時、中央ユーラシアの騎馬民族集団を代表する勢力となっていたモンゴリアのウイグル族の目には、安史の乱はどのように映っていたのであろうか。失敗したから乱といわれるが、当初は新帝国を樹立する勢いだったのである。

最終的に唐側につくことによって安史の乱失敗の趨勢を決定したのは、「北」のウイグルであった。しかしながら、それはあくまで結果論であって、ウイグルは終始一貫して唐側についていたわけではない。ウイグルは、「南」で覇権争いをしている唐朝と安史勢力の動向を両天秤にかけながら、自己の政策を決定していたのである。ここにまず漢籍史料から知られる安史の乱の推移を、ウイグルとの関係を重点にしてみていこう。

安禄山の生い立ちについては、すでに第六章で述べたが、一〇代の時に突厥より亡命して、山西地方の嵐州別駕であった安貞節のもとに身を落ち着けた後のことは、定かでない。おそらく、唐内部にいたソグド人集団を頼って生活するうちに、六種類の言語に通じる能力によってソグド人の商業ネットワークを利用する立場になり、長距離を動き回ったようである。そして諸蕃互市《ごし》牙郎《がろう》という国際商業市場の仲介業者になった。それと同時に、キャラヴァンを組むソグド商人の常として軍事にも習熟し、いつしか武人としても成長していった。

国際商人として、あるいは武人としての彼の青年時代の舞台の一つが営州（柳城）であり、そこで彼は七三三年、幽州（のち范陽《はんよう》）節度使・張守珪《ちょうしゅけい》と運命的な出会いをして、生涯の盟友となる史思《しし》明《めい》とともに捉生将《そくせいしょう》（捕縛隊長）に抜擢される。そして張守珪のもとで契丹・奚討伐に活躍した結果、安禄山は彼の養子となり、さらに衙前《がぜん》討撃使に取り立てられ、ここから武人として出世していく。そして紆余曲折はあったものの、ついには節度使にまで上りつめ、上京する毎に玄宗と楊貴妃の恩寵を蒙《こうむ》るようになったのである。

安史の乱勃発

七五五年（天宝一四載《さい》）一一月、幽州（范陽・燕京などともいう、現在の北京）に本拠を置く范陽節度使の安禄山は、盟友である史思明とともに、参謀である次男の安慶緒《あんけいちょ》、漢人官僚の厳荘《げんそう》・高尚、蕃将の阿史那承慶（旧突厥王族）・孫孝哲（契丹人）らを従えて兵を挙げた。当時の北京にはソグド人やソグド系漢人や漢人が経営する「行」という商人ギルドが多数存在し、ホテルと倉庫業と金融業とを合体させたような「邸店」も建ち並んでいた。それまでに安禄山が、ソグド人ないしソグド系トルコ人・ソグド系漢人のシルクロードを中心とする商業ネットワークによって莫大な資金を調達し、トルコ人・ソグド人・ソグド系トルコ人・奚人・契丹人・室韋人・漢人などの騎馬・歩兵軍団による軍事力を十分に整えていたことはいうまでもなかろう。

蜂起の名目は、玄宗の側近にある奸臣・楊国忠を除くというものである。そして全幅の信頼を置く親衛隊八千余騎を中心に、蕃漢一〇万〜一五万の大軍団を率いて、一気に河北地方を南へと駆け下り、またたくまに洛陽を陥れた。この親衛隊にはソグド軍人が相当数含まれていた可能性がある。また蕃軍には同羅《トングラ》・奚・契丹・室韋の曳落河《えいらくか》を含んでいたが、曳落河とは、多分、兵士ないし軍官の一種を表す契丹語であり、ここでは健児《けんじ》（傭兵の意味）や壮士と解釈される語であろう。

翌七五六年（天宝一五載）正月元旦、安禄山は洛陽で大燕聖武皇帝として即位した。安史側の勢力が強まる一方であるのに対し、同年六月、玄宗は蕃将の哥舒翰《かじよかん》に命じて大軍を率い、潼関《どうかん》より東に出撃させたが、哥舒翰は敗北して敵の手中に落ちた。パニックに陥った長安では、楊国忠の主張により、玄宗を奉じて蜀（四川）への蒙塵《もうじん》（皇帝の都落ち）を決定し、六月一三日未明、玄宗、皇太子夫妻、楊貴妃とその一族、楊国忠一家、公主たちが、極秘裏に宮殿を脱出した。その直後、かの有名な馬嵬駅《ばかいえき》の悲劇が起こり、楊貴妃は命を絶たれるのである。

玄宗はそのまま蜀へ蒙塵する一方、皇太子は捲土重来《けんどちようらい》を期して霊武へ向かう。霊武は西北辺境の要衝であり、かつ朔方節度使・郭子儀《かくしぎ》の本拠地であった。七月、皇太子は群臣の懇望を受けて、蜀にある玄宗を上皇にまつりあげ、粛宗として霊武で即位し、至徳と改元した。

唐からウイグルへの援軍要請

同年九月、粛宗はウイグルに援軍を求めるために使者をモンゴリアに派遣する。この時、使者となったのは、王族である敦煌郡王・承寀《しようしん》とトルコ系武将の僕固懐恩《ぼくこかいおん》、並びにソグド系蕃将の石定番であった。一〇月にモンゴリアのオルホン河畔にある首都オルドバリクで会見が実現すると、ウイグルの第二代可汗・磨延啜（葛勒可汗）は喜んで、可敦《カトン》（可汗の正妻）

の妹を自分の娘とした上で、これを承寀に娶《めあわ》すことになる。さらに磨延啜がウイグルの首領を答礼の使者として派遣してきたので、粛宗は自らこれを彭原《ほうげん》まで出迎え、承寀の妻となったウイグル王女を毗伽《ビルゲ》公主に封じた。

同年一一～一二月、安史勢力側の阿史那従礼《あしなじゅうれい》が突厥・同羅《トングラ》・僕骨軍五〇〇〇騎を率い、長安より北方へ進軍し、唐の支配下で河曲《かきょく》にいた九姓府・六胡州らの勢力数万と合流し、粛宗のいる行在《あんざい》（仮の首都）の霊武を襲わんとした。これに対して郭子儀は、可汗の磨延啜自身

の兵力で洛陽・長安を目指した

安史の乱関連地図　安禄山は親衛隊8000余騎を中核に、10万〜15万

が率いて南下してきたウイグル本軍を陰山から黄河流域への出口に当たる呼延谷《こえんこく》で迎え、これと合流して阿史那従礼軍を斥け、河曲《かきょく》（黄河の大湾曲部内側のオルドスとその外側周辺部か）を平定した。『新唐書』巻二一七上・回鶻伝にのみ伝えられるところではあるが、この合同作戦に当たって磨延啜は、明らかに郭子儀の風上に立って振る舞ったという。

七五七年（至徳二）正月、安禄山は洛陽で実子の安慶緒ならびに腹心の部下によって暗殺された。安禄山の盟友で、洛陽政権樹立の最大の功労者であった史思明は、いちはやく分離独立の方針を決め、莫大な軍資金を蓄積してある范陽（北京《ペキン》）に帰還した。二月には、粛宗が鳳翔《ほうしょう》にまで南進した。さらに同年九月、すでに帰国していたウイグルの磨延啜可汗は太子の葉護《ヤブグ》を筆頭に、将軍の帝徳らに三〇〇〇～四〇〇〇騎を率いさせて唐に派遣した。粛宗は喜び、宴会を催し、元帥の広平王・俶《しゅく》（後の代宗）に命じて葉護と兄弟の契りを結ばせた。

こうして蕃漢一五万にふくれあがった唐軍は、広平王・俶を総帥とし、鳳翔を出発した。扶《ふ》風《ふう》でウイグル軍を出迎えた郭子儀は、三日間の大宴会で接待するという気の遣いようである。以後、ウイグル軍には食糧として毎日、羊二〇〇頭、牛二〇頭、米四〇石が支給されることになった。そして日をおかずして、長安攻撃を開始する。唐側の蕃将・僕固懐恩とウイグル軍が連携して戦った結果、安慶緒側の守備軍は約六万の損失を蒙って潰走《かいそう》し、唐軍は長安を回復した。

同年一〇月、反乱軍は唐側の郭子儀軍やウイグル軍により潼関・陝《せん》州を次々に落とされ、安慶緒は洛陽を脱出して河北の鄴《ぎょう》に走る。唐側はついに洛陽までも奪回したのである。同年一一月、葉護が長安に凱旋すると、粛宗は葉護を労《ねぎら》い、司空の位を与え、忠義王に封じ、錦繍綵や金銀器皿を下賜し、さらに毎年、絹二万匹を朔方軍にて支給する事を約束した。

ウイグルからの求婚

七五八年（乾元元年）五月、ウイグルの使者一行が長安に来て、公主降嫁《こうか》を要請した。粛宗はやむなく幼少であった実の王女を寧国《ねいこく》公主に封じて降嫁させ、同時に磨延啜を英武威遠《えいぶいえん》毗伽《ビルゲ》可汗に冊立することに意を決した。寧国公主と冊立使の一行がウイグルの本営に向かったのは七月のことであり、公主を郊外まで見送っていった粛宗は、泣いて別れを惜しんだという。一方、盛大な儀式で彼女を迎えた磨延啜は、返礼の意味もあってか、王子の骨啜《クトチョル》テギンと宰相・帝徳らに三〇〇〇騎を率いさせて唐に派遣してきた。そこで粛宗は僕固懐恩にこの援軍との共同作戦の指揮を命ずる。

七五九年（乾元二）三月、史思明は安慶緒を殺し、四月、自ら大燕皇帝として即位する。同年四月、ウイグルの磨延啜可汗が急逝すると、ウイグルは寧国公主を殉死させようとしたが、公主は抵抗し、同年八月に唐に帰国することができた。一方、長男・葉護《ヤブグ》太子はすでに罪を得て殺されていたので、次子の移地健《いちけん》が第三代可汗として即位することになる。彼こそがウイグル史上に名高い牟羽《ぼうう》可汗である。実は磨延啜在世中に、彼が息子・移地健のために唐に婚姻を請うたため、粛宗は僕固懐恩に命じてその娘を娶《めあわ》せていた。それゆえ、僕固懐恩の娘が自動的に可敦に昇格したのであり、そのことが以後の唐＝ウイグル関係と僕固懐恩の運命を左右することになる。

安史の乱終結

七六〇年（上元元年）閏三月、史思明は洛陽に入城し、再び東西両都に対立する政権が誕生した。しかし、この後、史思明は長男の史朝義《しちょうぎ》に代わって妾腹《しょうふく》の子・史朝清を溺愛《できあい》し始め、これを後継者にせんとしたため、逆に史朝義の部下が史思明を捕らえて幽閉した。以後、史朝義が洛陽を保持する。

七六一年（上元二）二月、史思明が殺され、史朝義が即位。

七六二年（宝応元年）四月、約二年の蟄居《ちっきょ》生活の後、玄宗が死去。わずか十余日後に粛宗も崩御し、代宗が即位した。宝応と改元。

同年八月、ウイグルは史朝義から援軍要請を受け、「唐朝では天子の死去が度重なり、国は乱れ、主君がいないので、侵略して府庫を手に入れてはどうか」〔両唐書ウイグル伝〕と誘われたので、牟羽可汗自らが「国を傾けて」一〇万とも称される大軍を率いて南進することになる。ところがたまたま同じ頃、代宗は、史朝義軍を打倒するため、ウイグル軍の出動を要請する使者・劉清潭《りゅうせいたん》を派遣していた。劉清潭は自分がゴビ砂漠に入る前に、すでにゴビ砂漠を南下し、内モンゴリアの陰山山脈をも越えていたウイグル軍と遭遇するのである。

劉清潭は可汗に、かつて代宗がウイグルの葉護《ヤブグ》と協力して安慶緒から両京を奪還した故事、さらに唐からウイグルに毎年絹数万匹を贈っていることを訴えつつ、翻意を促したが、牟羽可汗はこれを無視し、さらに南下して山西の太原方面に向かった。そこで劉清潭は長安の代宗に密使を送り、ウイグル軍の現状を報告した。そのため長安中が略奪の危険を恐れて震撼《しんかん》したという。その時、牟羽と一緒に中国に入って来ていた妻の可敦が両親に会いたいと要請してきたので、実父である僕固懐恩が太原方面に赴き、娘婿の牟羽可汗に道理を説いたらしい。その結果、ウイグルは再び唐側につくこととなり、山西盆地を汾水《ふんすい》沿いに南下し、南流黄河が東流する陝州《せんしゅう》付近で黄河北岸に本営を置いた。

代宗は雍王・适《かつ》（後の徳宗）を兵馬元帥とし、僕固懐恩らに命じて、食糧を備蓄した太原倉のある陝州でウイグル軍に合流させる。一〇月、ウイグル軍と僕固懐恩軍とが先鋒となって戦い、ついに洛陽を奪還、史朝義は范陽（北京）に向かって敗走した。雍王は安全な西方に帰ったが、牟羽可汗は洛陽付近の河陽（河南省孟県、黄河の北岸）に数ヵ月間駐屯した。その間、僕固懐恩の息子・僕固瑒《ぼくこちょう》の軍はウイグル軍とともに史朝義を追跡していく。

七六三年（宝応二）正月、追いつめられた史朝義は范陽で自殺。史朝義の首が長安に届き、安史の乱がようやくにして平らいだ。同年二月、牟羽可汗は唐皇帝のいる長安には立ち寄ることなく、モンゴリアに帰国した。

ウイグルのマニ教とソグド人

カラバルガスン碑文より

ここまで、安史の乱をウイグルとの関係から見てきたが、そうした経緯はウイグル側の史料としてはカラバルガスン碑文などに断片的に見ることができる。カラバルガスン碑文とは、モンゴリアのオルホン河畔にあったウイグルの首都オルドバリク（その遺跡がカラバルガスン）に残されたウイグル帝国第八代保義可汗（在位八〇八～八二一年）時代の巨大な紀功碑であり、ウイグルの公式歴史文献ともいうべきもので、ウイグル語・ソグド語・漢文の三種で記述されていた。

ウイグル語は自分たちの言語、漢文は唐帝国のみならず東アジア漢字文化圏の共通文語、そしてソグド語は北中国を含むシルクロード東部地域の国際語であり、はからずもウイグルにおけるソグド人の重要性を証明している。私の考えでは、本碑文はウイグルのみならずシルクロード東部全体のマニ教記念碑というべきものである。おそらくは人為的破壊によって、ウイグル語面はほとんど破壊されてしまったが、幸いソグド語面と漢文面は比較的よく残った。

ここには、牟羽可汗の即位から安史の乱の時の中国本土遠征、それに直結するマニ教導入に関わる前半部分を、ソグド語面・漢文面から引用しよう。カラバルガスン碑文の解読研究は、一九九〇年代に私が代表となった文部省科学研究費によるモンゴル現地調査によって進展をみせたものであり、ソグド語面は吉田豊の最新の業績により、漢文面は私が復元作成中の最新テキストより和訳して提示する。［　］は小さい破損部の推定復元であり、推定不能の場合は空白のまま残してある。大きい破損部は……で示す。（　）は解釈をわかりやすくするために補ったものである。

カラバルガスン遺跡　遺跡はオルホン河西岸にある。写真上は破壊されたカラバルガスン碑の頭部。下は城壁に囲まれた宮城跡。周囲1500m余り、高さ７～８ｍの城壁が残る。碑文は城外で発見された。２点とも著者撮影

●ソグド語面八〜一二行目

［牟羽］可汗として位についたのは、男として奇特で、すべてのあり方で特別であったからである。彼が支配者の位についた時、四方に驚愕と畏れが広まった。（彼の）天運と幸運のゆえに［　　］と智恵のゆえに、技倆と［男らしさのゆえに］……そして言葉（＝請願書）が来た。次のように（書いてあった）、「この苦難から救って下さい。援助して下さい」と。神である王（＝可汗）がこの言葉（＝請願書）を聞いた時、自ら強力な軍隊とともに天子の居所（中国を指す）にお進みになられた。その軍隊は……彼らは再び戦闘を行なった。すべての外教の信者（＝異教徒）たちは神なるマール＝マーニーの宗教をそれほど［　　］したので、この［　　］は追放された。神である王（＝可汗）は強力な軍隊とともにここオトュケン（モンゴリア中央部）の地で［　　］を彼らは打った、取った。……数において四［人のマニ僧？］……我々は［　　］に仕えている。そして逆さまの法（邪教）を保持している。悪魔に仕えている。今、神である王（＝可汗）の……がこの手（で？）、すべての火を燃やす宗教（の代わりに？）、神であるマール＝マーニーの宗教を受け入れ［た？］。それから神である王（＝可汗）は［　　］と宗教を受け入れた。……汝らは受け入れることができない。……その時、神である王（＝可汗）は同意（／満足）した。（そして）詔を発した。（曰く）、「（汝らは）受け入れなさい。そのゆえに（？）（私たちは）悪魔に仕え、お供えをし、信仰してきた。軽蔑すべき手……我々は偶像をグラータークという名前の土地ですべて焼こう（／焼いた）。」偉大な神である［王（＝可汗）

と」王子たち（？）……神であるマール＝マーニーの宗教……下方へ（？）神であるマール＝ネーウ＝ルワーン慕闍《モジャク》が［　　］した時……

●漢文面六～八行目

［牟羽可汗はその力量が］奇特にして異常であったため、北方世界の諸邦が欽伏した。［唐の玄宗］皇帝が蒙塵してより、史思明［の後嗣の史朝義が］……使者を送ってきたが、その幣物は重く言語は甘く、軍隊の出動を要請し、協力して唐の国家を滅ぼそうと願った。それに対し牟羽可汗は、史思明［の子の史朝義］が玄宗の恩に背き、帝位を簒奪しようとしていることに憤激し、親《みずか》ら驍雄《ぎょうゆう》を統領して、唐軍と共に前後から敵（反乱軍）に当たり、協力しあって敵を一掃し、京洛を回復した。皇帝（代宗）は……［唐とウイグルは］兄弟の邦となり、永遠に……となった。（牟羽）可汗は東都（洛陽）に駐屯して風俗を視察し、……（マニ教高僧である）［　　］法師は、睿息《えいそく》ら四人のマニ僧を率いてウイグル帝国に入り、マニ教を布教させたが、彼らはよく三際（過去・現在・未来に対応する前際・中際・後際のこと、すなわち基礎的なマニ教教義のこと）に通じていた。況《いわ》んや法師はマニ教教義に熟達し、七部からなるマニ経典に精通しており、その才能は海よりも深く山よりも高く、辯舌は立て板に水の如くであった。それゆえによく正教（マニ教）をウイグルに開くことができたのである。［以下省略］

一読してわかるように、ソグド語面と漢文面とは完全には対応していない。特にウイグルに援軍を要請して使者や請願書を送ってくるのが、ソグド語面では唐皇帝であるのに対し、漢文面では史朝義である。漢文面には破損があって「史思明」しか読みとれないが、漢籍によって判明している事件の経緯から、ここではその子の史朝義の名前を破損部に補うことに疑問はない。さらに漢籍から判明する所によれば、安史の乱に介入したウイグルの可汗は第二代の磨延啜（葛勒可汗）と第三代の牟羽可汗の二人である。

前者は七五六年に粛宗の要請を受けて即座に軍隊を出動させ、粛宗の行在所《あんざい》となった霊州（霊武）に近いオルドス地方を安定させただけでなく、翌七五七年にはウイグルの皇太子的存在であった長男の葉護を筆頭に据えた援軍を派遣し、長安・洛陽奪回に多大の貢献をなした。

これに対し後者の牟羽可汗は、七六二年秋、最初は史朝義の誘いに乗って唐を侵略するために自らが大軍を率いて南下してきたのであるが、粛宗の後を継いだ代宗の必死の要請を受け容れ、結果的に唐側の味方となって行動し、洛陽にまで進撃して安史の乱を終結させたのである。

一方、漢籍はまったく沈黙しているが、カラバルガスン碑文漢文面七〜八行目により、牟羽可汗が洛陽付近滞在中にマニ僧と知り合い、七六三年、彼らを本国に連れ帰ったことにより、ウイグルのマニ教の歴史が始まったとされているのである。

新発見ウイグル文書断簡より

豊かな情報を伝える漢籍にさえ記録されない事実が、カラバルガスン碑文というウイグル側に残されたわずかな史料から知られるわけであるが、同様のことは他にもある。つい最近、私は中央アジアのトゥルファン盆地から出土した文書群の中から、ウイグル自身が安史の乱とマニ教について書き残したウイグル語史料を発見することができた。それは、現在、ベルリン＝ブランデンブルク科学アカデミーに所蔵されている Mainz 345 という整理番号を持つ断簡である。

Mainz 345 表面

——前欠——

(1)……中国［の天子？は京兆？］
(2)城市から外へ［逃げ出して？、西方の？遠い？］
(3)土地へ行った（蒙塵）。そして中国［の天］
(4)子のところから何度も［救援の軍？を］
(5)要請しつつ、彼の請願書が我々の所へ……
(6)請願して来た。「今、我々の所に［敵が攻めて来ている？しかし］
(7)汝よ、知れ。我々の国を我々は失うまい。」（天子の言葉）……
(8)……時に、我が……

(9)……軍……

(10)……残った……

——後欠——

Mainz 345 裏面

——前欠——

(1)……イル＝オトュケン［のカリスマ］……

(2)……の間（一方）、また

(3)［吉辰］吉日に、（国家と宗教の）両方に対し

(4)［完全な支配権を持つ?］神聖なる牟羽王の所より、高座のある（?）

(5)……［将］軍を始めとして三〇人の大

(6)［軍司令官?に］附属する兵士たちが神聖なるマール＝ネーウ＝

(7)［ルワーン慕］闍のところに使者としてやって来た。

(8)……神聖なる慕闍はその時……

(9)……～した。また……

——後欠——

この復元テキストの内容をまとめれば、表面がウイグルの安史の乱への介入、裏面がウイグルへのマニ教伝播を公認した牟羽可汗とマニ教団との関わりを記述したものとなる。より

具体的かつ大胆に推定すれば、次のようになろう。

表面の一～三行目が七五六年の玄宗皇帝（並びに後の粛宗皇帝）の長安からの蒙塵、三～七行目が中国皇帝からウイグルへの書信による救援依頼、八～一〇行目がウイグル軍の中国への出動、そしてその後にかなりの欠落がある。続く裏面一～二行目で、牟羽可汗がトルコ民族の聖なる山であるオトュケン山に宿るカリスマ（威霊、守護神）によって権威・権力を保証された正統な可汗として統治していることを述べた上で、三行目以降では、さらにマニ教を受容して（或いは受容しようとして）マニ教団最高位の高僧たる慕闍《モジャク》のマール＝ネーウ＝ルワーンと交渉を持ったことを述べている。

この慕闍は、いうまでもなくカラバルガスン碑文ソグド語面に見えるのと同一人物であり、おそらく「牟羽可汗マニ教改宗始末記」に見える慕闍とも同一であろう。慕闍はウイグルをカバーするマニ教東方教区全体に唯一人しか存在し得ないものであり、当時の彼の本拠（大司教座）として考えられるのは、第一に高昌、第二に焉耆である。

表面の五行目に見える「彼の請願書」が、カラバルガスン碑文ソグド語面九行目に、「そして言葉（＝請願書）が来た。次のように（書いてあった）、『この苦難から救って下さい。援助して下さい』と。神である王（＝可汗）がこの言葉（＝請願書）を聞いた時、自ら強力な軍隊とともに天子の居所（中国本土）にお進みになられた。」と書かれていた中国の天子からの「言葉（＝請願書）」に当たることは、誰しも容易に想像できよう。

ここで「請願書」と解釈した原語は、ソグド語の方もウイグル語の方も、目下から目上に向けた言葉や請願、さらにはその文書であり、神への祈願文や皇帝への上表文さえ意味することができる。唐の皇帝がウイグルの可汗宛に使者に持たせた救援依頼の手紙に、この言葉を使っていることに注意したい。完全に可汗の方が皇帝より上という扱いである。

本文書表面の二～三行目の記事は、カラバルガスン碑文漢文面六行目に見える「蒙塵」に対応する。玄宗皇帝の「蒙塵」は歴史的事実としては磨延啜時代の出来事であり、磨延啜自身の紀功碑であるシネウス碑文では正しくそのように書かれている。ところが、本文書とカラバルガスン碑文では共にそれが牟羽時代に記載されるのである。また、カラバルガスン碑文ソグド語面では請願書は一度きり、それも牟羽可汗時代にしか来ていないが、本文書では「何度も」来ている。当然ながらそれらは粛宗から磨延啜への要請と、代宗から牟羽への要請とを合わせて述べたからである。粛宗から磨延啜への要請は複数回行なわれた可能性が高いが、代宗から牟羽への要請は時間的に見て恐らく一回しかチャンスがなく、しかも牟羽はそれをモンゴリアから南下した後に中国本土内で受け取ったのである。それゆえ、本文書にみえるように「何度も」請願を受けた可汗が牟羽一人ではありえないのである。

牟羽の中国遠征はもともとは反乱側のリーダーである史朝義の要請に応じたものであって、唐側の要請に応じたわけではなかったのだから、本文書表面に記された事績は論理的には磨延啜のものでなければならない。

磨延啜の功績はなぜ無視されたか

客観的にみれば、磨延啜と牟羽可汗の両者とも唐に大恩を売ったわけで、いずれの功績が大きいか判別する事はむずかしいはずである。いや、牟羽の可敦（可汗の正妻）が唐の臣下たる僕固懐恩の娘に過ぎなかったのに対し、磨延啜の可敦である寧国公主は粛宗皇帝の実の娘であったのであるから、ウイグルにおいてはむしろ磨延啜の方が高く評価されて然るべきであるとさえいえよう。

ところがカラバルガスン碑文では安史の乱に介入して功績を挙げた者としては牟羽可汗を顕彰するばかりで、磨延啜をまったく無視しているのである。というより、そもそもカラバルガスン碑文漢文面において磨延啜に関わる部分は、私と吉田豊との碑文復元案によれば、一九字の即位記事とそれに続いて事績を述べたわずか八文字の合計二七字だけであって、牟羽可汗の事績に四〇〇字以上を費やしているのとは雲泥の差がある。

ウイグル史上、磨延啜に顕彰すべき功績がほとんどなかったのならばともかく、唐との外交関係で大きな成果を挙げたのは上述の通りである。また漠北でも、対外的には西北方イェニセイ河上流域のチク族やキルギス族、西方アルタイ地方のカルルク族に対し赫々たる武勲を立ててウイグル帝国の版図を拡大し、対内的にはモンゴル草原の重要拠点にシネウス、タリアト、テスの三碑文を建てさせ、オルホン河畔のオルドバリクの造営を推進し、さらに西北のセレンゲ河の支流に沿ってソグド人と漢人のためにバイバリクという都城を建造させるなど、実子の牟羽と比べても決して遜色のない偉大な人物であった。ならば、なにゆえにカラバルガスン碑文における記述量が両者間であれほどにかけ離れているのであろうか。私の考えでは、その理由は以下の通りである。

実はウイグル帝国を建設したヤグラカル（薬羅葛）氏という王族の血統は第六代で断絶し、エディズ（阿跌《あてつ》＝硤跌《けつてつ》）氏出身の骨咄禄将軍すなわち宰相イル＝オゲシ（頡于迦斯）が、国人に推される形をとった無血革命により、第七代懐信可汗として即位した。つまり七九五年に王統がヤグラカル氏からエディズ氏に代わったのである。カラバルガスン碑文はエディズ氏の懐信を嗣いだ第八代保義可汗が、先代の功績に自分の功績を重ね合わせて書き残そうとしたものであり、はじめからヤグラカル氏の可汗六代の事績については冷淡であった。

牟羽可汗に対してクーデターを起こし、可汗とその側近のソグド人を大量に殺害して即位した第四代可汗・頓莫賀達干《タルカン》はマニ教を迫害した。そしてそのマニ教迫害という状況は第五〜六代可汗の時も続いたが、ようやくエディズ氏の懐信可汗の時代になってマニ教は復活し、以後、本格的に国教化していった。こうした情勢のもとに作られたカラバルガスン碑文は、実は単に現可汗の功績を最大限に讃えるために、建国以前の歴史から説き起こした歴史的記念碑であるだけでなく、一面ではマニ教会の歴史を述べ、以後益々の発展を願うものでもあったのである。だからこそ、血筋の異なる者であるにもかかわらず、ウイグル＝マニ教会にとっては最大の功労者である牟羽可汗について、例外的に詳しく記述したのである。

シネウス碑文のバイバリク建設記事に見られるように、磨延啜とソグド人の関係も決して浅くはなかったのであるが、彼はソグド人の伝えたマニ教と関わりを持たなかったがゆえに、カラバルガスン碑文では称揚されなかったのである。それが第七代懐信可汗以後、マニ教を国教とする史上唯一の国家となったエディズ朝ウイグル帝国並びにそれを直接的に受け継ぐ西ウイグル王国（九世紀後半～一三世紀初頭）初期の公的態度だったからに違いない。そうであれば、安史の乱征伐とマニ教導入の功績を牟羽可汗に一本化する方針は、国家ないし王朝からの全面的保護を享受しているウイグル＝マニ教団全体の立場でもあり、ウイグル時代に入ってからのマニ教教会の歴史を述べる公式文献の記載もその方向に統一されたことであろう。

そもそも公式に残される歴史文献というものは、どこでも自分に都合の悪い事実を隠蔽しようとするものである。ウイグル側のカラバルガスン碑文でも、牟羽可汗の南征軍が本当は史朝義の要請に呼応し、協同で新たなる「征服王朝」を作るために出動したにもかかわらず、牟羽はいかにも最初から史朝義の要請を唐朝の恩顧に対する裏切り行為として断罪し、徹頭徹尾、唐の味方であったかのように記述している。一方、中国側史料におけるこのような略筆、あるいは中華主義的改竄《かいざん》はそれこそ枚挙にいとまがない。

ほんの一例を挙げれば、カラバルガスン碑文ソグド語面と Mainz 345 文書からわかるように唐からの援軍要請はせっぱつまったものだったのに、漢籍ではニュアンスがかなり異なる。『旧唐書』本紀の至徳元載《さい》（七五六）八月の条では、九月に粛宗が敦煌王や僕固懐恩らを派遣してウイグルの助力を依頼する前に、いかにもウイグルとチベットの方が先に唐に

「和親を請い、助国討賊を願った」とし、『新唐書』回鶻《ウイグル》伝でも月日こそ書かないがやはりウイグルから先に願い出があったので敦煌王や僕固懐恩を派遣したというのは、まさに噴飯《ふんぱん》ものである。「和親を請」わねばならなかったのは唐の方であって、絶対にウイグルやチベットではなかったのである。

安史の乱の見方を変える

中国史の分水嶺

八世紀中葉に勃発した安史の乱が中国史上に持つ意義は極めて大きく、これまでにも膨大な研究が蓄積されてきた。安史の乱を境に、唐帝国は西域を失うばかりか、中国本土の内部においてさえ藩鎮（節度使・観察使など）の跋扈《ばっこ》を許し、まさしく帝国時代であった前期（初唐・盛唐）に比べれば実質支配領土を極端に狭められたのであるが、淮南～江南の農業経済の飛躍的発展に支えられて、前期に匹敵する一世紀半近くの命脈を保つことになるのである。国家の常備軍についてみれば、それまでのように民衆への一律の租庸調制に基づく徭役でまかなうのではなく、土地課税重視の両税法《りょうぜいほう》と塩専売・商税などの間接税によって得られる税金で雇うようになるのである。

中国史の優れた研究に従えば、安史の乱以降は唐は自前で軍事力を調達する武力国家から、お金で平和を買う財政国家へと変身したというわけである。まさにその通りであるが、いわば別の国家になってしまったのであり、私は誤解を避けるためには、安史の乱以後は大唐帝国という呼称は使うべきでないと思っている。

視座を中国からユーラシアへ

私には、安史の乱は単に唐代史の分水嶺であるばかりでなく、中国史全体、ひいてはユーラシア史の分水嶺であるとさえ見えるのである。しかしながら、従来の研究において安史の乱の原因として指摘されるのは、宰相・李林甫《りりんぽ》が科挙出身の政敵の登場を嫌って安禄山のような異民族将軍を辺境の節度使に積極的に登用したから（胡漢の対立を煽った李林甫悪玉説）であるとか、遠方にいて玄宗に寵愛された安禄山と玄宗側近の皇太子や宰相・楊国忠（楊貴妃の一族）との間の玄宗後をめぐる権力闘争であるとか、謀叛の意志ありと疑われて追いつめられた結果の否応なしの選択とか、長安のある関中と雑胡化した河北との地域的対立であるとか、いずれも中国史の視点からのものが多く、しかもほとんどマイナス評価である。

私は近年、ソグド人・トルコ人・ソグド系トルコ人たちが主役となった八世紀の康待賓《こうたいひん》・康願子の乱、安史の乱、僕固懐恩の乱、八～九世紀の河朔三鎮《かさくさんちん》の動向、そして一〇世紀に入って五代の沙陀《さだ》諸王朝と遼（契丹）帝国の成立という一連の動向を従来とは違った角度から見直し、それらを担った中央ユーラシア的勢力に注目し、安史の乱に従来とはまったく違うプラス評価を与えることを提唱しつつある。中央ユーラシア的勢力とは、中央ユーラシア出身のモンゴロイドでアルタイ系（主にトルコ系で奚・契丹などのモンゴル系も含む）の騎馬遊牧民やコーカソイドでイラン系のソグド人、及びその混血種によって構成される遊牧的・軍事的・商業的集団である。

そしてさらに、唐朝に味方して安史の乱を「つぶした」とされるトルコ系のウイグル（廻紇・回鶻）についても、別の評価がありえることを主張する。換言すれば、中央ユーラシア型国家の典型（いわゆる「征服王朝」）としての遼帝国の雛形として、かつて私自身が提唱した渤海《ぼっかい》に加えて安史の乱勢力、そしてさらにウイグル帝国の三者があったのであり、しかもその趨勢はユーラシア全体の必然的な歴史の流れ（長期波動）であった、という考えを提出しているのである。それは次のようなものである。

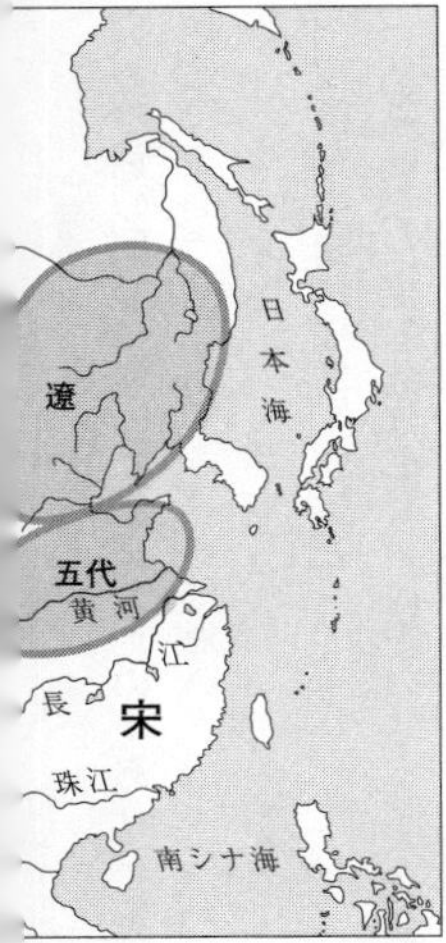

早すぎた「征服王朝」

生産力・購買力と並んで歴史を動かしてきた大きなモーメントは軍事力である。紀元前一千年紀初めに中央ユーラシアの乾燥した大草原地帯に馬を乗りこなす遊牧民集団が登場し、地上最強の騎馬軍団を擁するようになってから、彼らの動向が世界を動かす原動力となったのは自然であった。

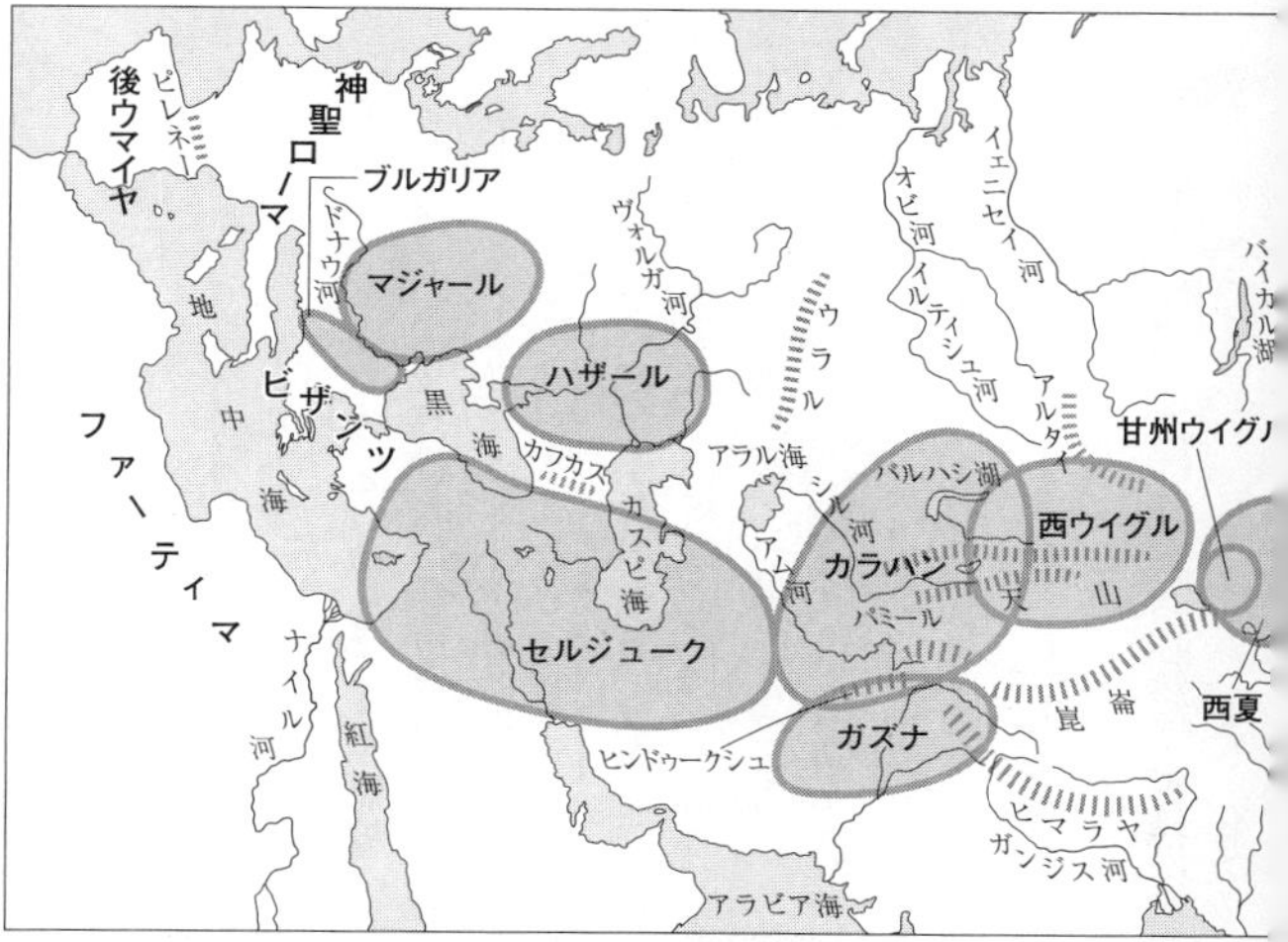

10世紀前後の中央ユーラシア型（征服王朝）国家　あくまで概念図であり、すべてが同時に並存したわけではない。宋は960年に五代の後周の領域を包含して成立。10世紀を通じてトランスオクシアナ〜東イランに存続したサーマーン朝はイラン系なので掲げない

第一章で時代区分について述べたように、私は世界史の時代区分の中に、④遊牧騎馬民族の登場と、⑤中央ユーラシア型国家優勢時代、を設けている。とりわけユーラシア史の一大転換期として注目するのは、⑤が始まる一〇世紀前後の時代である。この時代になると、ユーラシアには東から順に遼（契丹）帝国、沙陀諸王朝（五代のうち後唐・後晋・後漢・後周の四王朝）、西夏王国、甘州ウイグル王国、西ウイグル王国、カラハン朝、ガズナ朝、セルジューク朝、ハザール帝国など、同じ様なタイプの中央ユーラシ

ア型国家がずらりと並び立った。

すなわち、④遊牧騎馬民族の登場となった紀元前一〇世紀頃以降の長い時間をかけて、豊かな農耕・定住地帯への略奪・征服あるいはその住民との協調・融和・同化に成功と失敗を繰り返してきた遊牧民勢力が、一〇世紀頃にいたってついに、大人口の農耕民・都市民を擁する地域を少ない人口で安定的に支配する組織的なノウハウを完成することができたのである。それらのノウハウとは軍事的支配制度、税制、人材登用制度、商業・情報ネットワーク、文字の導入、文書行政、都市建設などであり、それらを支える最大の基盤は、遊牧民集団の軍事力とシルクロードによる財貨の蓄積であった。

しかしながらそれだけでは支配は一時的に終わってしまい、より安定した強固な「征服王朝」を維持するには不十分である。そのために必要だったのは、いくつもの要素が複雑に絡み合った「システム」の構築であったと思われるが、その根幹に文字文化（文字の普及と文字を使用しての文書行政）があったことはいうまでもない。

人口の少ない「北方」の遊牧民勢力が、従来からの本拠地である草原に足場を残しながらも、「南方」に位置する都市や農耕地帯を支配する中央ユーラシア型国家を一挙に出現させたのは、決して偶然ではありえない。長い歴史を経た「北方」勢力の水準が、武力のみに頼るのではなく、文書行政を通じて直接・間接に「南方」を支配するシステムを構築できる段階にいたっていた、だからこそユーラシア全域にわたってほぼ同じ時期に同じような現象がみられたと考え、そこに歴史的必然性を見出すべきなのである。安史の乱側の勢力はもとより、それらを鎮圧する側の唐の軍隊でさえその中核は同じく中央ユーラシア的勢力の騎馬軍団であったことを絶対に忘れてはならない。

このような見方に立てば、安史の乱には「乱」というレッテルに象徴されるような中国史側からのマイナス評価だけでなく、ユーラシア史の側から積極的なプラス評価を与えることができるのである。それは安史の乱が、一〇世紀前後に全ユーラシアにわたって認められる歴史的動向に連動するもの、より正確にいえば先行する事象であったと認めるからなのである。安史の乱を起こし、それを維持した背景に、遊牧民の軍事力と、シルクロード貿易による経済力の両方があったことは、すでに中国の栄新江《えいしんこう》によっても指摘されている。つまり征服王朝となる条件は十分に備えていたはずなのであるが、最終的には安史勢力はウイグルを味方に取り込むことができず、軍事的に破綻したのである。もし安史の乱が成功していればそれは安史王朝となっていたであろうが、いかんせん八世紀にはまだそうなる基盤が十分には整っていなかった。だから安史の乱はいわば「早すぎた征服王朝」だったのである。

第八章　ソグド＝ネットワークの変質

唐・安史勢力・ウイグルのソグド人

唐帝国内の興胡

荒川正晴の研究によると、北朝～隋～唐初のソグド人と、太宗《たいそう》・高宗《こうそう》時代の西域《さいいき》発展期以降の唐のソグド人とでは、中国における扱いが大きく変化した。とくにそれが薩宝《さっぽう》（薩保）という官称号の内容変化と、唐代になって全民衆を「百姓《ひゃくせい》（本貫地で戸籍登録）」「行客《こうきゃく》（本貫地を離れた寄住先の州県で戸籍登録）」のいずれかの戸籍に付けて掌握する政策を推し進めた時、ソグド人に対しては「百姓」「行客」だけでなく特別に「興胡《こうこ》」というカテゴリーを設けた点に具現化しているという。

かつてのソグド人は、中国内地においていかに大人数で植民聚落（都市内居留地を含む）を築こうとも、彼らはあくまで「外国人」であった。ところが唐帝国が西域に進出してまず麴氏高昌《きくしこうしょう》国を征服して直轄化し、次いで東トルキスタン全体を安西都護府《とごふ》によって羈縻《きび》支配する体制を取り、さらに羈縻支配の網がパミールを越えて西トルキスタンにまで拡大すると、六五八年、ソグディアナ諸国には康居《こうきょ》都督府《ととくふ》が置かれて名目的には唐帝国の支配下に入った。

同様に羈縻都督府が置かれた地域は他にいくらでもあるのであるが、ソグディアナだけは特別であった。なぜならそこは、ソグド商人の故郷であったからである。つまり唐は、それまでにソグド商人がシルクロード東部全域に広げてきた商業・情報ネットワークをつぶすことなく、積極的に取り込もうとしたのである。そのために、羈縻州となったソグディアナから新たにやって来るソグド商人を、外国人ではなく「興胡」という特殊な扱いにした。そして、すでに以前から中国に入っていたソグド人を内地人（唐人であって漢人ではない）として「百姓」「行客」のいずれかに分属させ、相変わらずの商業活動の余地を残し、彼らと「興胡」とをドッキングさせ、更なるシルクロード＝ネットワークを構築させる政策をとったのである。従来から、柔然《じゅうぜん》・突厥《とっくつ》・ウイグルなどの遊牧国家の一大発展には、必ず商業民を取り込むことが前提とされてきたが、その点は大唐帝国にしても同じだったわけである。これは大きな発見である。

「百姓」「行客」「興胡」のいずれかであるソグド商人が、帝国内を移動するには中央ないし州レベルで発給する「過所《かしょ》」、または州県レベルで発給する「公験《こうけん》」という通行許可証をお上から発給してもらわねばならず、以前より移動の自由が減少したようにも見えるが、逆に過所または公験を持参しさえすれば道途《どうと》においてさまざまな公的サービスを受けられるという有利さもあったのである。

こうして唐の内部で活躍を許されたソグド人たちの一部が、これまでみてきたように自らある程度以上の軍事力を持つだけでなく、突厥第一帝国滅亡後にそこから南下して来たソグド系突厥と結び付き、さらに同羅《トングラ》・突厥などのトルコ系、奚《けい》・契丹《きったん》などのモンゴル系の遊牧民勢力とも結び付いて強大な軍事力を持った時、伝統的な経済力と情報網を駆使して独立の方向をめざすのは、なんら不思議ではない。それが安史の乱だったとみることもまた不可能ではない。

牟羽可汗の政策とソグド人

さて、東ウイグルからみれば、安史の乱への介入は決して単なる援助・救援ではない。本書でこれまで縷述《るじゅつ》してきたような中央ユーラシア史の大きな流れとソグド人の動向とを踏まえるならば、磨延啜《まえんてつ》・牟羽《ぼうう》両可汗《カガン》が、治下のソグド人やソグド系トルコ人によってユーラシア東半部に張りめぐらされていたネットワークから集めた情報をもとに、ソグド人政商やソグド系武将とも相談の上、明らかな目標を持って安史の乱に積極的に参入した可能性は十分ある。

玄宗皇帝の長安から蜀（四川）への蒙塵《もうじん》は七五六年六月に起こり、翌七月に行在《あんざい》の霊武で即位した粛宗《しゅくそう》皇帝は、九月にウイグルの磨延啜可汗への救援要請の使節団を派遣した。それが漠北《ばくほく》のオルホン河畔にあったウイグルの本拠地に到着し、磨延啜可汗と会見したのは多分一〇月である。そして早くもその翌月から翌々月にはウイグル軍が唐の郭子儀《かくしぎ》軍と合流して、安史勢力側の阿史那従礼《あしなじゅうれい》軍を撃破し、少なくともオルドス地方一帯に平安をもたらした。

すでにアメリカのL＝W＝モージスやカザフスタンのA＝K＝カマロフらは、ウイグルは唐朝に臣属していたから援助を当然の義務と考えたという中華主義的見方をはっきりと斥け、突厥第二帝国の滅亡時に中国に亡命していた突厥ないしソグド系突厥の集団を、最初は安史勢力側にいた旧突厥王族の阿史那従礼が糾合したので、ウイグルが対抗措置をとったのであるという見解を示している。確かに磨延啜時代に限っていえば、このような旧突厥勢力の復活阻止という一面があった可能性は認められる。しかし、繰り返し述べたように、牟羽可汗の時代に入り、ウイグルは史朝義の勢力と組んで、唐王朝自身を打倒するために中国に侵入しているのであるから、このような見方を全体におよぼすと、単なる結果論に陥ってしまう。

さらに忘れてならないのは、牟羽可汗は、安史の乱が終息した七六三年の八月、唐側の僕《ぼく》固《こ》懐恩《かいおん》が反乱を起こすと、やはり中央ユーラシア勢力として成長著しいチベット帝国と手を組んで、妻の実父である僕固懐恩を助けようとしたことである。いうまでもなく僕固懐恩はウイグルと同じ九姓鉄勒《てつろく》に所属する僕骨（＝僕固）部出身のトルコ人武将であり、その配下に遊牧民族出身の軍団を率いていたのである。僕固懐恩の乱側の勢力はウイグル・チベット・吐谷渾《とよくこん》・党項《タングート》・奴剌《どらつ》を合わせて二〇万以上に達したという。しかし、懐恩の病死後、ウイグルはチベットと袂《たもと》を分かち、再び唐についた。

その後も牟羽は決して中国侵攻の意志を放棄していない。七七八年、従父兄の頓莫賀達干《トンバガタルカン》をして太原地方に侵入させ、羊馬数万を獲得しただけでなく、翌年には、本格的な中国征服を企図したのである。すなわち七七九年五月、中国で代宗が逝去し、徳宗が即位すると、牟羽は側近のソグド人の意見をいれ、国を挙げて中国を目指し南下しようとしたのである。

もしこれが実現していれば唐はこの時点で命脈を絶ったはずであるが、この牟羽の壮図は、頓莫賀達干らのクーデターによって挫かれ、牟羽はその与党と側近のソグド人を合わせた約二〇〇〇人とともに殺されたのである。つまり、マニ教の公式伝道を許しただけでなく、自らもマニ教に改宗し、マニ教徒と表裏一体であるソグド人を優遇した牟羽の「革新的」政策は、いまだ国人の圧倒的支持を得るにはいたらなかったのである。

このように考えてくると、安史の乱の時に中国に親征した牟羽可汗が、その頃にマニ教に改宗し、それを国教化しようとした理由は、先に述べたような経済的・政治的理由からのソグド＝ネットワークの利用にあるだけでなく、軍事的にも重要なソグド人ないしソグド系トルコ人の取り込みを意図したのではないかとさえ思われる。しかしながら、ソグド人のほとんどは本来ゾロアスター教徒であり、中国にやって来たソグド人の間には仏教徒になる者も多く見られ、また明らかに景教徒もいたのであり、どの程度のソグド人がマニ教徒であったのか、そして何ゆえにマニ教がウイグルの国教的地位を獲得したのかは、依然として謎のままなのである。

敦煌出土ペリオ＝チベット語文書一二八三番

天才ペリオも手を焼く

ここに紹介するのは、パリ国立図書館に所蔵されるペリオ＝チベット語文書一二八三番（P.t. 1283）の一部である。ペリオとはフランスが世界に誇る偉大なる東洋学者ポール＝ペリオ（一九四五年没）のことで、彼は一九〇六年、二八歳の時に中央アジア学術探検に出発し、一九〇八年に到達した敦煌莫高窟《とんこうばっこうくつ》の蔵経洞《ぞうきょうどう》から貴重な文書や絵画をパリへ持ち帰った。敦煌莫高窟への到着はイギリスの東洋学者・探検家であるマーク＝オーレル＝スタインより一年遅れたため、古文書でも美麗な精品の多くはロンドンに持って行かれて英国図書館の所蔵に帰したが、ペリオ将来文書は彼の学識によって選び抜かれたために、パリには内容的に優れたものが多く、これもその中の一点である。

敦煌のペリオ　莫高窟蔵経洞で、文書・経典などを調査するペリオ。30歳

ただその解読には、天才の名をほしいままにしたペリオでさえ手を焼いたらしい。中間的発表と出版予告はなされたものの、最終原稿の完成にまではいたらず、没後に

見つかった遺稿を、J＝バコーが補訂して出版した。その後、イギリス・フランス・ハンガリーなどの錚々たる学者が研究を引き継ぎ、最後に私が一九七七年に初めて全訳を発表し、総合的考察を加えたのである。それでも不明の部分はまだまだ残っていた。今回の和訳はその後の研究を踏まえ、今枝由郎・武内紹人《つぐひと》・石川巌の三氏の助けも借りながら作成した最新のものである。

五人のホル人の報告

本チベット語文書は、八世紀末～九世紀初頭にチベット帝国の支配がチベット高原から河《か》西《さい》回廊・隴右《ろうゆう》一帯に拡大したまさにその時、敦煌あたりの古文書庫から当時のチベット側にいた人がたまたま発見した「ホル王が派遣した五人のホル人の報告」に基づいて作成されたものである。「ホル人」とは何者なのか、それは後で述べることとして、内容的には、五人のホル人の報告だけを順に並べただけでなく、他のいくつかの資料や伝聞が付け加えられ、しかもチベット語で書かれているので、チベット人のための『北方誌』であるとみなされる。当時のチベット領の北方への急速な拡大にともなって、チベット人の間に北方情勢に対する関心が一層高まったのに応じて、こういうものが編纂され、伝写されたのである。

元になった五人のホル人の報告が何語で書かれていたのかは不明であるが、対象となった年代は本文書の作成年代よりもう少し古いはずである。それについては後で考証するが、だいたい八世紀中葉とみてよい。五人のホル人とは商人なのかスパイなのか判然としないが、彼らが当時の中央ユーラシア各地を視察した結果が集められているので、これによって国家・民族集団の分布など当時のシルクロード東部情勢が判明するのである。次の訳文中のローマ数字Ｉ～Ｖはその五人を区別し、アラビア数字は段落を分かりやすくするために便宜的に付けたものである。

ペリオ＝チベット語文書一二八三番の最新訳

［タイトル］ 北方に王がどれだけいらっしゃるかの系統的記述。かつてホル王が詔して、北方に王が何人いるのかと、五人のホル人を偵察に派遣した時の報告の記述が文書庫にあった、それから写しを取ったものである。

［Ｉ-１］（ホル）国の名は漢語でジウル、トルコ語でバキルバリク（銅の町）という。

［Ｉ-２］ その向こうにはトルコ系の突厥（原文はブクチョル'Bug-čhor）十二部がいるが、射摩《しゃま》可汗王族（すなわち阿史那部）が一つ、賀魯《がろ》部族が一つ、阿史徳《あしとく》部族が一つ、舎《しゃ》利吐利《りどり》部族が一つ、奴剌《どらつ》部族が一つ、卑失《ひしつ》部族が一つ、綽《しゃく》部族が一つ、蘇農《そのう》部族が一つ、ジョルト部族が一つ、ヤンティ部族が一つ、悒怛《エフタル》《ゆうたん》部族が一つ、ガルガプル部族が一つであり、これら（突厥十二部）に王はいない。これらの間には軍隊が六〇〇〇人いる。

［Ｉ-３］ その東方を見ると、チベット人が奚《けい》と呼び、漢人が奚子、トルコ人がタタビと呼ぶ種族がおり、その首長はチョンボンヤである。このタタビのしかるべき父祖たちの頭蓋骨を金や銀で飾って（金銀箔を張るなどして）、酒杯にする。

【Ⅰ-4】これより東方を見ると、トルコ人がムクリク、漢人が高麗と呼ぶ者がいる。山東（シャントング）地方の大臣である張忠志（チャングチュングチ）の領域である高麗地方では、住民は顎が胸にくっついており、人肉を食べ、年老いた父母と老人たちを交換に出して殺すのである。

【Ⅰ-5】これより東方を見ると、百済という裸でいる南蛮がいる。【Ⅰ-6】これより南方を見ると、人々は水の中に魚のように住んでいる。【Ⅰ-7】これより南方を見ると、黒い肌で白い眼、水馬のように縮れた髪の南蛮人がいて、魚のように泳ぐのがうまい。

【Ⅰ-8】タタビの北方を見ると、ダスレ族がいて、テント材も魚（あるいは海獣）の肋骨で作り、テント覆いも上流階級は魚皮で作る。下層階級は白樺の樹皮で作る。

【Ⅱ-1】突厥（ブクチョル）から西方を見ると、チベット人が九姓トルコ（すなわち九姓鉄勒）と呼ぶ九つの部族がおり、その大族長は、ウイグル都督のうちから中国が認可（上からの冊封《さくほう》ではなく実際は単なる追認）するところの可汗になるが、その家系はヤグラカル（薬羅葛）という。（牙帳の）門口に九つの旗印を立て、ウイグル族だけで軍隊が六〇〇〇人いる。

【Ⅱ-2】その北方を見ると、契丹という者がいて、王は契丹の可汗であり、食物も宗教も吐谷渾《とよくこん》（原語はアシャ）と同じで、家畜も牛・羊・馬がほとんど、言語も吐谷渾とほとんど一致する。ウイグルとある時は戦い、ある時は和親する。

【Ⅱ-3】これより東方を見ると、タタビ（奚族）がいる。【Ⅱ-4】これより北方には、ガラビギル族がいて、国は谷の方で、家畜は豚ばかりいる。［Ⅱ-5］ドレマン族がいる。その国からよいキビ類と菜の花（もしくは朝鮮人参？）がとれる。［Ⅱ-6］テントを白樺の樹皮で覆う五つの部族がいる。

［Ⅱ-7］ここから北方の果てしない湖のほとりまでは、人々は住居と身体つきが吐谷渾と同じである。家畜にはさまざまの種類がいる。衣類としては毛皮を着る。冬、大平原では地面が割れて、人々は往き来できない。大きくて幸せな部族がいる。

［Ⅲ-1］そこ（ウイグル）から北東を見ると、ケルゲド族がおり、テントを白樺の樹皮で覆っている。ウイグルに青鼠の毛皮を差し出している。

［Ⅲ-2］これより北方にはイェドレ七部族がいるが、王はいない。ウイグルといつも戦っている。テントを白樺の樹皮で覆う。白樺樹の雌木を乳のように搾って、酒を作る。国は谷の方にあって、強い。

［Ⅲ-3］この西を見ると、小さいグド族がいて、家も山に草の庵、鹿（トナカイ）に荷を積んで使う。衣類は夏冬同じく野生草食動物の毛皮に黒いタールを塗りつけて着て、食物は野生草食動物の肉と百合根、さらにモンブ（即ち）野鼠が糞状に累々と集めたものや、キツツキ鳥などが腐った大木の中に累々と集めたものを食べる。ウイグルに野生肉食動物の毛皮を差し出している。

［Ⅲ-4］ここより北西を見ると、クチュグル族がいて、国は強く、ウイグルの言うことを聞かないで、いつも戦っている。

【Ⅲ－5】その後方にはキルギス族の小さい二つの部族がいて、ウイグルとある時は戦い、ある時は和親する。

【Ⅲ－6】これから北方にはキルギス族がいる。眼は水晶の眼、赤い髪である。国にはあらゆる種類の家畜がいる。大きな馬が育つ。

【Ⅲ－7】これより北方は、砂漠性大山脈地帯によって隔てられていて、（かつて突厥の）射摩可汗は軍隊を引き連れていったけれども、軍隊は越えることができなかった。

【Ⅲ－8】この向こう側の北の方には、背が高く身体の大きい巨人がいて、その身体は三尋《みひろ》ばかり、矢……と食物は他の王と同じである。敵を作り、人を喧嘩させて、殺生を戒める（？）法はない。人が死んでも葬式はしない。墓は立てない。会話する子供より上の者は神に敬意を表する。家畜は牛・羊などあらゆる種類のものがいる。キルギスが使者を遣る時は、「このような子供のような（小さい者）は犬が盗みに来る」といわれているから、……中へ（入るように）命じて、背負子《しょいこ》（？）にくくりつける。（巨人が）使者に尋ねるには、「我々の牛・羊飼いで黒車子という者がいるが、知っているなら、どこにいるか尋ねる」と言う。巨人（族）の向こう側には人がいるとの話を聞かなかった。

【Ⅳ－1】その（ウイグルの）北方にバスミル五部族がいて、ウイグルとカルルクとの三者が共謀して、突厥の王すなわち可汗の政権を打ち破り、バスミルの族長が可汗になった。それからウイグルとカルルクによってバスミル可汗が殺されると、バスミル族は分裂し、隷属部族になっていたのであるが、バスミルの構成要素であったゲスドゥム族と、バスミルの構成要素であったバヤルク族、族長はイェドミシュ＝イルキンと、ヒドガス族、族長はヒキルコル＝イルキンとは国が強くて、カルルクは支配下に取り込めなかった。［Ⅳ-2］これより北方にいるゴコク族は誰とも争わない。［Ⅳ-3］その西方に、一〇ほどの部族がいる。ある者は国が強く、ある者は大きな谷、ある者は国がよくて大きい牧草地。［Ⅳ-4］これらの北方には砂漠性大山脈地帯。

［Ⅳ-5］その向こう側には天の帝王の二部族がいて、突厥の王である射摩可汗の政権が安定していた時に、この方向に軍隊を導き入れたが、軍隊は通り抜けることができず、二人の人が迷子になってさまよい行くと、雌ラクダの足跡と出くわして、足跡を追ってついて行くと、雌ラクダの一群がいる近くに婦人がいるのと出会って、トルコ語で話し合ってから、この婦人が案内するのに隠れてついて行った。野生草食動物を狩りに行っていた犬の一群が戻って来ると、犬たちは（二人の存在を）鼻で嗅ぎつけた。（そこで婦人はその二人を）犬たちに拝伏させた。それから犬たちは、一〇頭の雌ラクダと必需品全部と無人の砂漠性山脈を越えるための水を積んでやって（二人を）再び出発させ、（二人は）トルコ国に帰着した。

最初の犬は天から降りてきた。赤い犬と黒い犬との二匹が峠に降りて、妻に牝狼を一匹見つけて生活していたが、子供に恵まれなかった。そこでトルコ人の家庭から一人の娘を強奪してきて、その娘と生活していると、息子たちが犬にうまれた。息女たちは人間に生まれて、本当の女になった。赤い犬の一族はキジルクチュ（トルコ語で「赤い子犬」の意）と言った。黒い犬の一族はカラクチュ（トルコ語で「黒い子犬」の意）と言った。犬（男）と女（人）はトルコ語で会話をし、家畜などや財産・食糧は女が調達して使った。その向こうには、人がいるとの話は聞かなかった。

【V-1】その（ウイグルの）西方をみると、カルルク三部族（＝三姓葛邏禄）がいて、軍隊が八〇〇〇人いる。（このカルルクは）トゥルギシュ（＝突騎施）及びタジク（＝大食）と戦った。

【V-2】この東方をみると、オグラク三部族がおり、大ウイグルの方をみると、マニ教の教師を求め、呼び寄せるための援助をしており、（オグラクは）ウイグルと戦った。

【V-3】この（オグラクの）北東にはトルコのグロゴルチョルから出たイビルコル族がいて、軍隊が一〇〇〇人いる。

【V-4】この北西にはペチェネーグ族がいて、軍隊が五〇〇〇人いる。ウイグルと戦った。

【V-5】この西方にはトルコの駮馬《はくば》族がいて、大きくて幸福な部族である。トルコの駮馬（ブチ馬、まだら馬）はここから来る。

【V-6】この北方にある砂漠性山脈地帯の向こうには、「牛足を持つ者」と呼ばれる人々がいて、足は雄牛の蹄《ひづめ》を持ち、身体にふさふさした毛があり、人肉を好む。

【V-7】この方向から向こうにトルコの兵士たちがさまよっていたら、兵士の一人の足が折れて、歩くことができなくなって、仲間たちが足の折れた人のそばで馬を一頭殺し、木をたくさん積みあげて、火打ち石を手に渡して、そこに見捨てていってからしばらくすると、一頭の虎が息を切らして足の折れた人の方へ近寄って来た。虎の後には、身体が大きい猫ほどあり、毛は鉄の棒のように固く、喉と左右の脇腹には親指大ほどの白い斑点（のあるハリネズミがいた）。足の折れた人がその白い脇腹に矢を射て殺したら、身体は豚のように曲がり、毛は鉄の棒のように固くて鋭い。鼻の先から尻尾の先まで剣のように鋭い。トルコ語でコグニョヨグといい、……、虎と喧嘩するのをそこで見た。［以下、原文書が破損していて文脈が不明なので省略］」

「五人」はいつ、何を報告したか

さて本文書の元になった「五人のホル人の報告」は、一体いつ頃のものであろうか。まず四人目の報告［Ⅳ-1］の中に、「その（ウイグルの）北方にバスミル五部族がいて、ウイグルとカルルクとの三者が共謀して、突厥の王すなわち可汗の政権を打ち破り、バスミルの族長が可汗になった」とあり、これが第七章冒頭でみた七四〇年代前半の事件を伝えていることは紛れもない。

これに対し二人目の報告［Ⅱ-1］には、「九姓鉄勒の大可汗はウイグル部から選出されて、それを唐が追認するが、その家系は薬羅葛《ヤグラカル》氏である」という内容が述べられている。これはウイグルがバスミルもカルルクも打倒してウイグル帝国を建国した後になることはもちろん、少なくとも初代闕毗伽可汗（七四四年即位）と第二代磨延啜可汗（七四七年即位）という薬羅葛氏出身可汗の即位が二回以上は繰り返された後でなければなるまい。

次に五人目の報告［V－1］に、カルルクが突騎施や大食と戦ったとあるのは七四〇～七五〇年代のことと推定される一方、ウイグルへマニ教が公式伝播するかしないかという時期の記事［V－2］があるのは、牟羽可汗治世初期の七六〇年代かと思われる。さらに二人目の報告［Ⅱ－2］には、契丹が「ウイグルとある時は戦い、ある時は和親する」とある。このような情勢は磨延啜時代ではなく、やはり牟羽可汗時代である。こうしたことを考慮すれば、元の「ホル人の報告」の年代は必然的に八世紀中葉で、下限は七六〇年代ということになる。

「張忠志」の発見

私が一九七七年に発表した旧訳では不明のままにしておかざるをえなかった「シャントング地方の大臣であるチャングチュングチ」［I－4］を、この度の新訳では「山東地方の大臣である張忠志《ちょうちゅうし》」と翻訳することができた。これは学問的にはかなり大きな進歩である。張忠志とは、唐中央に反抗した半独立的軍閥である「河朔三鎮《かさくさんちん》」の一角をなした成徳《せいとく》軍節度使となった重要人物であるが、漢籍ではほとんどの場合に唐朝より賜った李宝臣《りほうしん》の名前で現れるので、これまで誰も気付かなかったのである。張忠志を大臣といっているのは、中央朝廷より名目上の大臣の位を与えられていたからで、実際には成徳軍節度使として実権を握り、山東を支配していた。当時の山東とは太行《たいこう》山脈の東ということで、現在の山東省だけでなく河北省も含まれる。

張忠志は純粋の漢人ではなく、もともと奚《けい》人であったが、范陽《はんよう》地方の武将であった張鎖高の仮子（義子）となったため張姓に変えた。旧稿執筆時には、一人目のホル人使者の報告がなぜ奚についてくわしいのか、奚のすぐ東になぜ渤海《ぼっかい》国があるのか、朝鮮半島ではなぜ新羅《しらぎ》が無視されているのか理解できなかったが、今はそれらの疑問が氷解したように思う。そもそも張忠志は奚族出身であり、安史の乱直後の河北一帯における彼の権力は絶大で、その領域は、安史の乱時に遼東を占領した渤海国と、内海（これも渤海という）を挟んで直結していたのであろう。そしてその渤海国の陰に隠れて、新羅の情報は得られなかったのである。とっくに滅亡している百済以下の情報はやはり伝聞にすぎなかったわけである。

張忠志は幼い頃から騎射にすぐれ、安禄山に見いだされて、出世していった。安禄山に従って長安に上京すると、玄宗皇帝に気に入られて、朝廷に留められた。安禄山が反乱を起こすといさんで范陽《はんよう》に逃げ帰ったので、喜んだ安禄山は安姓を与えて自分の仮子とした（安忠志）。その後、安史勢力側の大将軍として活躍し、反乱軍側の節度使となった。

成徳軍節度使・李宝臣

七六二年（宝応元年）一一月、張忠志（安忠志）は支配下にあった恒・趙《ちょう》・深・定・易州の五州をもって唐側に帰順してきた。そこで唐朝は彼を成徳軍節度使に任命し、あらためて上記五州の統治を任せるとともに、検校礼部尚書という名目的大臣の位を与え、さらに唐皇

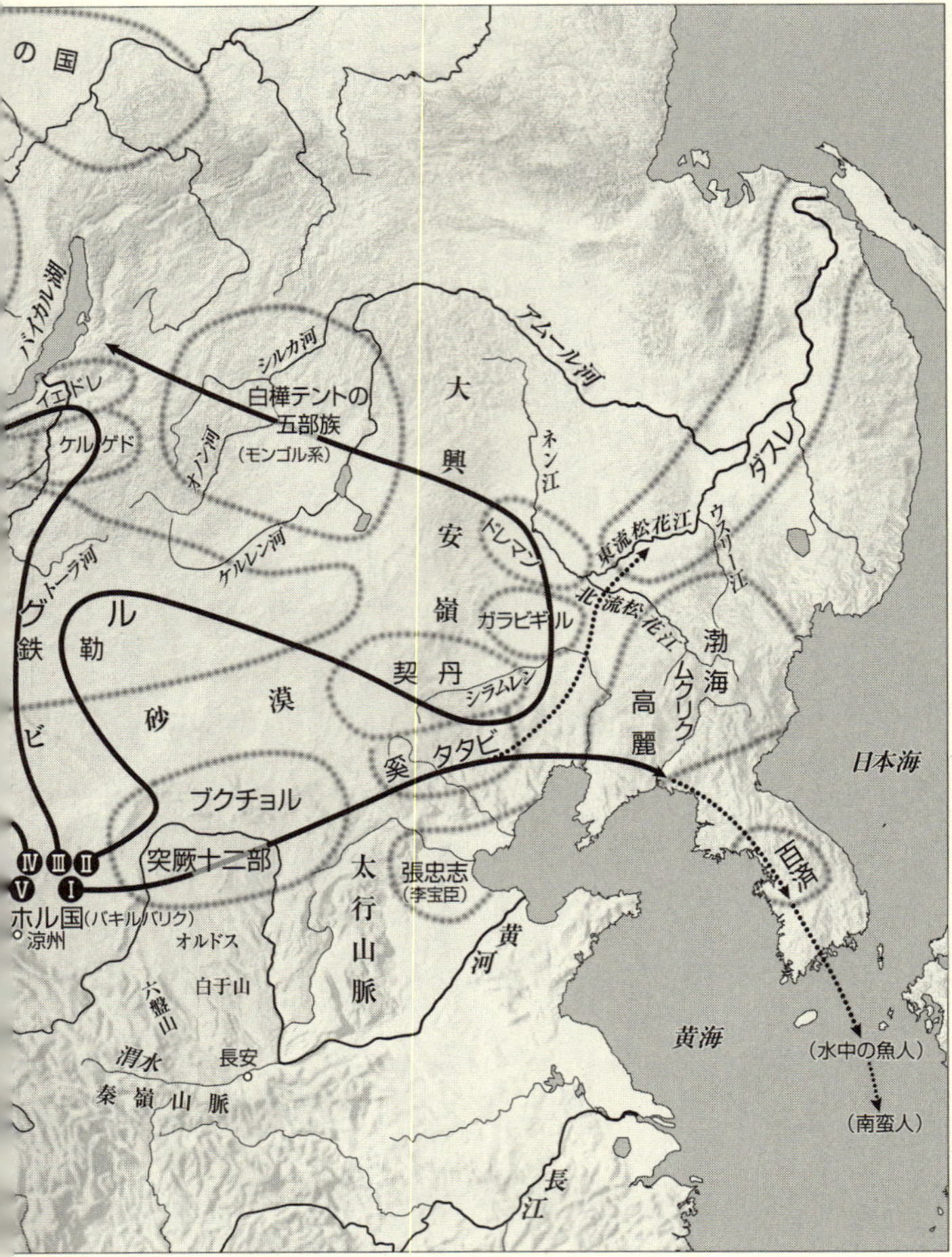

の報告」をもとに復元した

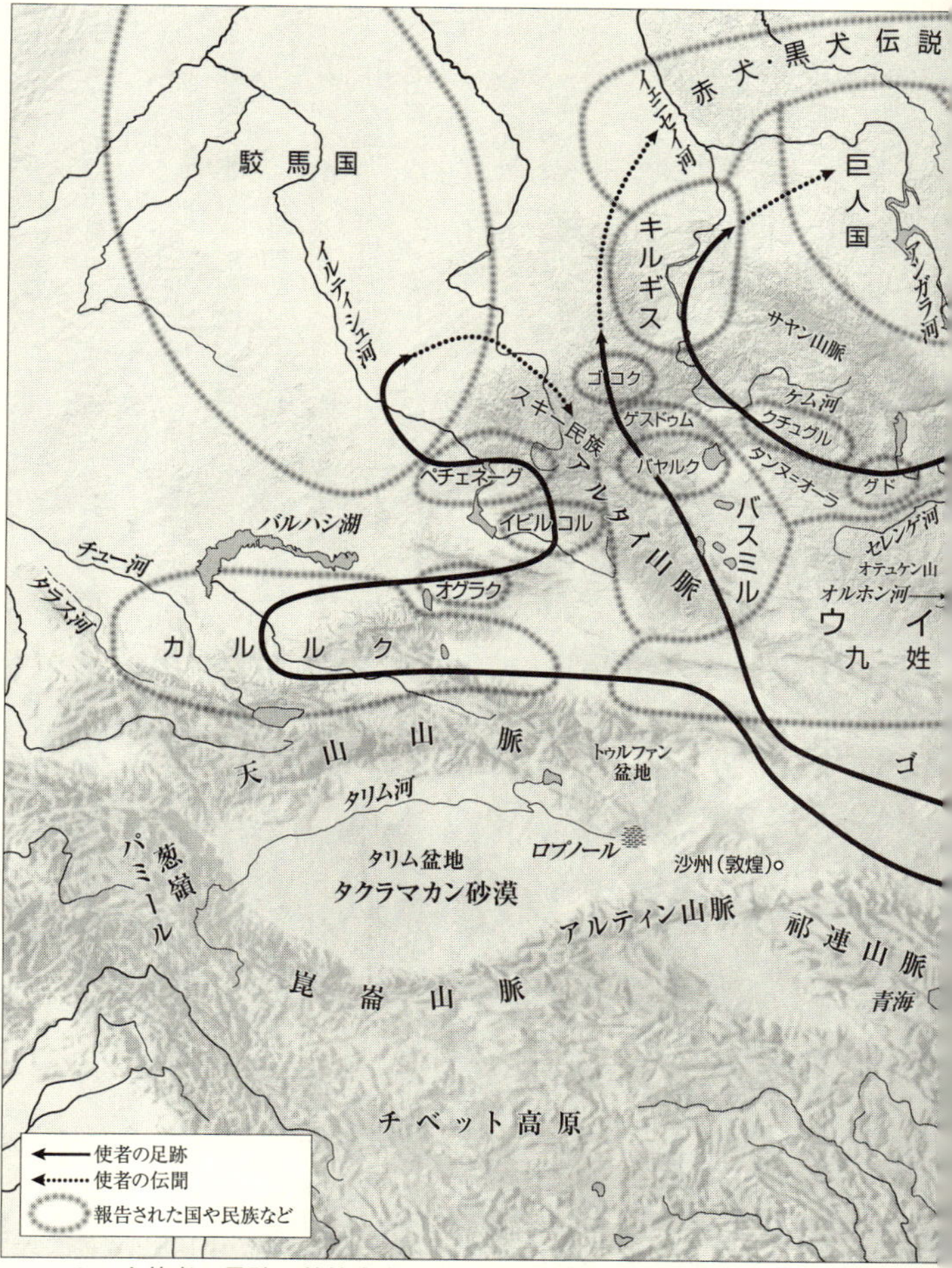

ホル人使者の足跡　敦煌出土チベット語文書 P.t.1283「五人のホル人

帝と同じ李姓と宝臣という名とを恩賜した。翌年には清河郡王にさえ封じられた。節度使というのはあくまで地方の軍政を任された者であり、多くは民政を牛耳る観察使とセットになることによって各地方の全権を握るものである。彼の場合も、いつの時点からか恒定等州観察使を兼ねるようになった。

七六二年に初めて置かれた成徳軍節度使の領域には、まもなく冀《き》州が加わり、さらに大暦年間に滄《そう》州が加わって、張忠志あらため李宝臣は兵卒五万人、軍馬五〇〇〇頭を率いることになり、『新唐書』李宝臣伝に「雄は山東に冠たり」と明記されるごとく山東地方最大の実力者になった。そして自己の領域内からあがる租税を唐中央に納めず、勝手に軍隊を整備したり官吏を任命するなど、朝廷の命令に従わない半独立国の代表たる河朔三鎮の一角を形成するのである。

唐帝国の後半は、このような節度使に支配された半独立国がいくつも割拠する状態になるが、それでも経済の好況と、隋代に完成した大運河による物流とに支えられて、世界一の国家の威容はなんとか保たれ続けたのである。朝廷もこうした節度使・観察使に代表される藩鎮勢力に対しては、あからさまな謀叛でも起こさないかぎりは黙認する方向で、あえて事を荒立てることをしなかった。

もちろん、その背景には突厥に代わって強大化したウイグル帝国という遊牧国家の存在があり、漠南〜オルドスに散在する契丹・奚・韃靼《だったん》・旧突厥残部・六州胡・沙陀《さだ》・吐谷渾《とよくこん》・党項《タングート》など中小の騎馬遊牧民のみならず、内部に騎馬軍団を擁した藩鎮勢力、さらには唐の西方にあって膨張しつづけるチベット帝国にさえ睨みをきかせていたことも忘れてはならない。このウイグルの存在なくして唐後半の安寧はない。その見返りが絹馬《けんば》交易であり、ここにも唐が前半の武力国家から後半の財政国家へ移行した姿が見られる。

李宝臣はその後も権勢を強め、時に皇帝の位さえ望んだこともあったようであるが、実際に唐朝に叛旗を翻すまでにはいたらず、七八一年（建中二）に成徳軍節度使として実質的な山東の王の位にとどまったまま、波乱の一生を閉じたのである。

シルクロード東部をカバーするネットワーク

さて、以上の新知見を踏まえると、「五人のホル人の報告」は八世紀中葉を対象にし、その下限は安史の乱平定以後の七六〇年代後半（あるいは七七〇年代？）にまで降ることになる。そのことを念頭に置いて、本文書新訳より復元される五人のホル人使者の足跡を地図上におとすと、三四〇〜三四一頁の図のようになる。当時の地理的情報では東西南北の方向が九〇度ずれることがよくあるので、それは他の史料と比較して適宜修正してある。全部を合わせると、当時のシルクロード東部地域から唐本土を除いたほとんどをカバーしていることは一目瞭然であり、ホル王国ないしホル人の情報網の広がりが実感されるのである。

これまでの常識に縛られている中国史研究者は、唐本土内に突厥帝国が生き残っているという事実［Ⅰ-2］に目を白黒させることであろう。しかしそれが現実なのである。ここに見える突厥十二部を、第三章一七九頁で言及した突厥遺民の羈縻州を構成した旧東突厥十二部と比べると、舎利吐利部《しゃりどり》・阿史那部・綽部《しゃく》・賀魯部《がろ》・悒怛部《エフタル》・蘇農部《そのう》・阿史徳部・卑失部という八部が合致する。もちろんその間には一〇〇年の時が流れており、旧東突厥十二部がずっと中国内地に留まって本文書の突厥十二部になったわけではない。後者は、七一六年の黙啜《もくてつ》急死後の内乱に敗れて唐に逃亡し、右賢王・墨テギンと左賢王・ビルゲ＝テギンによって統制された旧黙啜派突厥亡命政権ともいうべきものに、七四〇年代の突厥第二帝国滅亡時に新たに唐に降ってきた者が加わって増強された政治勢力なのである。

「ホル」はソグドである

本文書の解釈に当たって最大の鍵になるのは、なんといっても一人目の報告冒頭［I－1］に、「国の名は漢語でジウル、トルコ語でバキルバリク（銅の町）」と説明される五人のホル人使者の出発地である。旧稿では、時代によって意味が大きく変化するチベット語のホルを「チベットの北方にいる漢民族以外の有力異民族で、拡大・縮小するチベット族の領域に直接接している もの」と定義することはできたが、問題のホル王国・ホル人の正体については、それが河西～トゥルファン～北庭地方のどこかにあったという以上の見解を打ち出すことができなかった。しかしながら、本書をここまで系統だてて執筆してきた今は、当時これほどの情報ネットワークを持っていたのはソグド人しかありえず、したがってホル人とはソグド人、ホル国とは河西～トゥルファン～北庭地方のどこかにあったソグド人植民聚落のいずれかに相違ない、と確信するにいたった。

しかも二番目の報告者であるホル人がモンゴル系の契丹族その他を吐谷渾と似ていると説明しており［Ⅱ-2］、鮮卑出身でモンゴル系の吐谷渾人をホル人が身近に知っていたことを窺わせるので、トゥルファン～北庭より河西の方がよりふさわしい。そうしたホル国の候補としては甘州（張掖）、同城（エチナ）、粛州（酒泉）、沙州（敦煌）の可能性もあるが、やはり第一に挙げるべきは、当時の状況からみて、涼州（武威）であろう。その推測の根拠は次の通りである。

安史の乱勃発より一年あまり経ち、唐政府側が各地で苦しい戦いを強いられていた時期の最中である至徳二載《さい》（七五七）正月、武威の九姓商胡（明らかにソグド商人を指す言葉）の安門物と河西兵馬使の蓋庭倫《がいていりん》が連合して衆六万を集め、河西節度使の周泌《しゅうひつ》を殺害し反乱を起こした。当時、涼州（武威）の大城の中には小城が七つあり、胡（ソグド）側はそのうちの五つを占拠した。そこで支度判官の崔称は、残りの二つの城の兵を鼓舞して反撃に転じ、一七日で反乱を鎮圧したという。これは、『旧唐書《くとうじょ》』巻一〇ならびに『資治通鑑《しじつがん》』巻二一九より知られる大事件であるが、乱の首謀者の一人である安門物が明らかにソグド商人であり、反乱軍の中心が胡であることから判断して、これが安史の乱に無関係だったとは考えられない。また、安門物が率いたのも第二章一三八～一四三頁で述べた「涼州のソグド人軍団」以外には考えられず、おそらくこれが安史の乱に合流しようとしたのであろう。

この涼州の反乱は平定されたけれども、唐の中期にいたってもなお涼州のソグド商人たちが、強力な軍事力を保持していたことは疑う余地がない。ホル国とはいうものの、その原語はトルコ語でバキルバリクすなわち「銅の町」であり、バリクは「町、都城、都市」を指す語であるから、七つあったといわれる小城のうちの一つがそれに当たる可能性は低くない。唐代の涼州の人口は約一一万であり、単純に計算しても小城一つに一万〜二万人がいることになるから、その一つがソグド人だけの都城であり、そのリーダーが騎士的商人貴族であって王と呼ばれるにふさわしい存在であったとしたら、いかがであろうか。その王が、遠隔地商業に有利なように時々刻々と変わる政治情勢を摑もうとして、五人の使者を涼州から延びる幹線道路に沿って派遣したとしたら、それは必然的に中央ユーラシア東部のシルクロード＝ネットワークと重なる結果になろう。なお、涼州が唐からチベットの手に落ちるのは安史の乱終結まもない七六四年であることを、ここに付記しておく。

本章冒頭に紹介した荒川正晴説によれば、唐代になると、それまでの聚落のソグド人ばかりか外来のソグド人も唐政府の戸籍で把握されたため、ソグド商人全体としては以前ほどの移動の自由がなくなったように思われるかもしれない。しかし唐国内で活動するだけのソグド人なら「行客」にすれば十分であるはずなのに、敢えてそれとは別のカテゴリーとして「興胡」を生み出したのは、必ず唐側にそうしたい事情があったからに違いない。『唐会要《とうかいよう》』巻八六・関市之条によれば、七四三年、唐帝国の西部において「興販の往来は絶えず、以て利を求むるを託《まか》すと雖《いえど》も、終《つい》に外蕃と交通し、因循《いんじゅん》する（旧習を改めない）こと頗《すこぶ》る久しく、殊《とく》に穏便に非ず」として、以後は安西四鎮《あんせいよんちん》節度使と途上の郡県に命じて禁断を加えよという詔勅が出されている。いかにも西域で活躍する商人が外国と交通することによって国防上の機密が漏洩するのを防ごうとしたようであるが、しかしこの記事は、それ以前から唐が西域商人たちを利用するために彼らに商業活動を許してきたのであり、一方で西域商人は外国と交通することを従来の習慣としていたという実態を暴露しているのである。

そしてこの実態がそれ以後もたいして変わらなかったことを、ペリオ＝チベット語文書一二八三番から復元されるネットワークが雄弁に物語っているのである。唐政府は建て前上は商人の自由な外国貿易を認めない立場ながら、実際はそれを黙認し、古くからソグド人が構築してきた国際商業・情報網を巧みに利用していたとさえ思われるのである。そうであればソグド＝ネットワークは変質しながらも継続していたわけである。もしこのような私の見方が許されるならば、従来は柔然・突厥・ウイグルなどの遊牧国家ばかりがソグド人を利用してきたといわれてきたが、拓跋《たくばつ》（タブガチ）国家である唐も同じだったという真におもしろい結論になる。

シルクロード貿易の実態

西域の金銀銭

七世紀初めに唐の支配が西域におよぶ直前のシルクロード東部では、金銀と絹織物が主要な国際通貨であった。『大慈恩寺三蔵法師伝』巻一によれば、インドへ仏法を求めるために旅立った玄奘《げんじょう》が河西第一の都会である涼州にいたり、そこで西域商人を含む聴衆たちに向けて説法をした時、多数の金銭・銀銭が布施されたという。

そしてさらに、ゴビ砂漠を越えて密出国した玄奘を、東部天山の内懐に抱かれたトゥルファン盆地で迎えた高昌国王・麴文泰《きくぶんたい》が、中央アジアを通ってインドに往復するための旅費として玄奘に与えたのは「黄金一百両、銀銭三萬、綾および絹など五百疋」であった。さらに『大唐西域記』巻一で玄奘は阿耆尼《アグニ》（＝焉耆《えんぎ》）国・屈支《クッチ》（＝亀茲《クチャ》）国・迦畢試《カピシ》国の通貨が金銭・銀銭・小銅銭であり、覩貨邏《トハラ》国（旧バクトリア）でも金銭・銀銭を使っていると報告している。

これらの記事は、なによりもよく当時の中央アジアの国際通貨が金銀銭と絹織物であったことを物語っている。しかしながら、その一方で、『大慈恩寺三蔵法師伝』巻二には、高昌国と阿耆尼国の中間にある銀山について「山は甚だ高く広く、皆是れ銀礦《ぎんこう》にして、西国の銀銭の従い出る所なり」とあり、これを、現在の新疆ウイグル自治区〜北中国からの金銀銅銭の出土状況と重ね合わせて考えれば、当時の中央アジアでは国際通貨としても現地通貨としても銀銭が最も重んじられていたと推定される。本書第五章で取り上げたソグド文女奴隷売買契約文書や漢文契約文書により、七世紀のトゥルファンにおいても銀銭が高額貨幣として通行していた事実が確認されているのであるから、この推定にもはや疑いの余地はない。また銀銭と同時に豪華な金銀器も大量に西方から中国にもたらされた。

高額貨幣としての絹織物

しかしながら唐による征服後、河西からパミールまでの中央アジア東部は中国経済圏に入ることになったのであり、必然的に絹織物（帛練繒綵綾羅《はくれんそうさいりょうら》錦などで「帛練」はその総称的代名詞）が銀銭に代わって高額貨幣の代表となっていく。特に八世紀になると銀銭は完全に唐の銅銭に取って代わられてしまう。銅銭は個々の価値は低いが、高額であっても品質が多種多様で統一的な計数機能を持てない絹織物に代わって、価値計算の単位となったのである。荒川正晴によれば、中国本土から支配下の西域に軍事費として送付される布帛の量も、八世紀に入ると飛躍的に増大し、それにともなってソグド商人をはじめとする商業活動は前代にもまして活発となるのである。

この時代になっても相変わらずソグド人の手によって西方の金銀器が東方に運ばれたことは、考古学的資料によって十分に推測されるところであるが、彼らがパミール以東において銀銭ないし銀塊を主たる交易手段としたことはもはやなかったようである。七世紀末にはトゥルファン文書から銀銭使用が消えるのみならず、早くも六七〇年前後に天山地方で活動したソグド商人が銀ではなく絹を高額貨幣としている事実が漢文文書から明らかになっている。

また八世紀の第一＝四半世紀の様子を伝える『慧超《えちょう》往五天竺《てんじく》国伝』では、ヒンドゥークシュ山脈以南の西天竺国（西インド）での銀銭使用、建駄羅《ガンダーラ》国と謝䫻《しゃいっ》国（ザブリスタン）での金銀布施に言及する一方、パミール山中の胡蜜《こみっ》国（ワハン）と識匿《しきとく》国（シグナン）の条ではそれぞれ次のようにいう。

ここ胡蜜の王は、兵力が貧弱なため自衛できず、現在は大寔《タジク》（＝大食＝ウマイヤ朝）の管轄下にあり、毎年絹三〇〇〇疋を税として送っている。

そこ（＝識匿）の王はいつも二／三〇〇人の者を大パミール平原に派遣して、例の興胡《こうこ》や（外国の）使節団から略奪している。たとえ略奪して絹を獲得しても、倉庫に積み上げて腐るにまかせるばかりであり、（それで）衣服を作ることを知らない。

同じ『慧超伝』には西北インドのガンダーラあたりにまで中国領からソグド商人がやってきたことが記されているから、この時期のシルクロード東部においては、金銀銭よりもむしろ実物貨幣としての絹を多く持参するソグド商人の姿が広範に見られたといってよかろう。

貨幣の役割を担う絹織物

紀元一千年紀の中国本土では、金銀はさほど流通しておらず、貨幣として主に用いられたのは、前漢以来の五銖銭《ごしゅせん》に代表される銅銭と、絹織物・穀物などの実物貨幣であった。公権力のお墨付きを持ち、計数機能に優れている点で、銅銭の方が優位にあったとはいえ、両者は並行して用いられたのである。隋代まで伝統的に用いられた五銖銭に代わって唐初には「開元通宝《かいげんつうほう》」が発行され、以後唐から五代まで「開元通宝」その他の銅銭が発行され続けるが、租庸調制《そようちょう》の下ではまだ納税は穀物・布帛などの現物によっていた。

ようやく七八〇年になって、それまでの租庸調制に代わって両税法《りょうぜいほう》が施行されると、納税には銅銭を用いることが原則となり、地方にまで銅銭経済が浸透していく。しかしながら、銅銭は重くて安く、金銀・絹織物のような軽くて高いものの対極にあって、遠距離を運ぶ必要のある国際通貨には適していない。それどころか国内でさえ、遠隔地間で税金や軍事費などをまとめて移送する場合には、銅銭ではなく軽貨と呼ばれる高級絹織物や金銀が使われたのである。ただし金は絶対量が少なく、銀は銀鉱山のある嶺南や江南の一部や、それが集中し蓄積される長安・洛陽・揚州などの大都会を中心に流通しただけであり、全国のいずこにおいても一般には絹織物（特に綾・羅）が遠方への価値輸送手段となったのである。

唐代にはまだ銀を以て物価を表示した事例はなく、宋代になって初めて現れる。唐代の中国本土においてようやく流通し始めた銀でさえ、価値尺度を備えた完全な貨幣とはなっていないわけで、銀以上に稀少な金は、貨幣よりむしろ財宝として扱われた。それゆえ、漢代以来の一〇〇〇年以上にわたって、さまざまな輸入品の代価として、あるいは政治的・軍事的安寧を得るために中国から外国に向けて支払われた国際通貨の大宗は、中国の特産であり、かつ軽くて価値の高い絹織物以外にありえなかったのである。

モンゴル高原〜天山山脈の草原地帯に興亡した遊牧国家の馬と、中国の絹織物との交易に前近代中央ユーラシア史の原動力があるとする松田壽男による「絹馬交易」の研究は、この間の事情をきわめて説得的に述べている。それによれば、特に突厥・ウイグル帝国にとっては絹が重要だったことが明らかである。このことは、かつて漢が匈奴《きょうど》に与えた歳幣《さいへい》には絹以外に穀物が、そして後代に宋から遼・金・西夏に与えられた歳幣には絹に銀が加えられただけでなく、それらが絹に劣らぬ重みを有していたのと好対照である。つまり突厥やウイグルの国際通貨は絹織物であって、銀ではなかったのである。まして、より稀少で、伝統的に遊牧民がステータスシンボル（威信財）あるいは本当の財宝として自ら所有することを好んだ金製品の材料である金であったはずはない。

唐・ウイグルの絹馬交易

唐との絹馬交易でとりわけ有名なのはウイグル帝国（東ウイグル）である。安史の乱で国家存亡の危機に立たされた唐帝国は、ウイグルの軍事的援助を得ることでかろうじて生きながらえることができたのであるが、見返りとしてそれ以後定期・不定期に大量の絹織物が唐から東ウイグルの本拠であるモンゴリアに送られることになった。一部は歳幣として定期的に贈られたものであるが、大部分は不定期にウイグルからもたらされる馬の代価として送られたのである。後者がすなわち絹馬交易によるものであり、それは東ウイグル末期まで続いた。

この絹馬交易は、かつてはウイグルの非道ぶりを言いたてる漢籍の記事を真に受けて、不要な馬を押しつけられる強制された貿易であるという見方（唐財政がこれによって圧迫されたというウイグル悪玉説）が支配的であったが、最近では齋藤勝が、実際に唐が必要とした軍馬の供給にとって重要な交易であったという新見解を提出した。中華主義的バイアスのかかった漢文史料の虚構を暴くその論証過程は見事であり、馬が軍事力の根幹であった時代、唐にとって最大の輸入品は馬だったはずであるから、私は齋藤の新説に全面的に同意する。

さて、この馬の代価（馬価絹《ばかけん》）としてモンゴリアに年々蓄積される膨大な量の絹織物は、ソグド商人の手により、軽くて高価な商品、ひいては貨幣として西方の中央アジア・西アジア・東ローマなどに運ばれたにちがいない。それに対してウイグルが得たのは、金銀器、ガラス製品、玉・琥珀《こはく》・真珠・珊瑚《さんご》その他の宝石類、さまざまな香料薬品類、ソグド・インド・ペルシア・西アジアなど西方産の絨毯《じゅうたん》・壁掛け・つづれ織り・棉布その他の織物類等の奢侈《しゃし》品であったと思われる。

ただ注意したいのは、馬価絹というのは一定の規格のある平絹《ひらぎぬ》であり、錦や綾・羅、さらに金襴《きんらん》などの高級絹織物ではない。そしてそのレートは馬一頭につき平絹二五匹程度であった。平絹はあくまで計算基準であり、それとこれら高級絹織物とのレートも決まっており、実際の馬価絹支払いには平絹だけでなく高級絹織物も大量に含まれたと思われるが、実態はわからない。一方、朝貢品への回賜や歳幣として唐より外国にもたらされた絹織物がまさしく唐の国家威信をかけた最高級品であったことが、石見清裕によって明らかにされている。さらに石見は、「互市《ごし》」と呼ばれる民間貿易で使用された貨幣としての「帛練《はくれん》・蕃綵《ばんさい》」も、高級品であったろうと推定している。

遊牧民側が馬価絹で購入した商品のなかで、一番わかりやすいのは金銀器である。突厥・

ソグド人がもたらした品々　右は、モンゴルにある突厥のビルゲ可汗廟で出土した銀の鹿。高16㎝。モンゴル国立歴史博物館蔵。左は、銀製の水差し。ソグド銀器の傑作といわれる。ラクダに翼をつけた怪獣（守護神）をあしらっている。高39.7㎝。エルミタージュ美術館蔵

ウイグルなど草原世界の王侯貴族がいかに金銀器を愛好したかは、正史の突厥伝・ウイグル伝などの漢籍記事、そしてギリシア語で残された東ローマからの使者の報告のみならず、モンゴリア・トゥヴァ・南シベリア・天山山中などより出土した実物がこれをよく示している。つい最近、モンゴリアのオルホン河畔にある突厥のビルゲ可汗廟がトルコ共和国隊によって発掘され、多数の金銀器が出土したため、自分たちの遠い祖先の地における大発見として喧伝されたことは記憶に新しい。これらの出土品には名品が多く、当然ながら唐からの歳賜品も含まれようが、草原世界に流入した馬価絹によ

り、自らの嗜好に合わせて唐都のみならずトゥルファン・クチャやソグディアナなどからやってくる商人から買い集めた財宝も多かったにちがいない。

奴隷とソグド＝マネー

さて、もう一点忘れてならないのは、本書第五章でクローズアップしたソグド人奴隷のことである。これまで私は、多い年には数万頭から一〇万頭にも達する大量の馬の見返りに突厥・ウイグル帝国に流入した絹の価格はあまりに巨大すぎて、いかに金銀器・宝石・香料・高級織物類などが高価であったにしても、人口の少ない遊牧民国家の上流階級が使用・浪費するにはおのずから限度があり、絶対に収支の「釣り合い」がとれないのではないかと訝《いぶか》ってきた。三五〇頁に引用したパミール山中の識匿国の例のように、使い切れない馬価絹は倉庫に積み上げたまま腐るに任せたのかとさえ疑った。

しかしながら、今やこの見返り商品の中に大量の奴隷がいたと仮定したら、長年の謎は解けるのである。北朝から隋唐にかけて中国には西域から多数の芸能人・音楽家・美術家・工芸職人・医術者などが迎え入れられ、文化交流の花を咲かせてきた。だとしたら、草原の遊牧民世界にもそれに匹敵する豪華な暮らしがあり、絨毯を敷き高価な錦繍《きんしゅう》で覆われた美しいテントで、着飾った王侯貴族や妻妾たちが金銀器やガラス細工で葡萄酒を飲みながら、西域伝来の歌舞音曲やサーカスを楽しんでいるなどということがあっても不思議はない。そこでは、中国の宮廷と同じく、歌舞音曲を支える奴隷もいれば、美貌を買われて妻妾となる奴隷もおり、草原の貴族たちに西域の音楽や各種の文化が流布していったことだろう。

ここで想起されるのが、時代はやや遡《さかのぼ》るが、次の二つの事例である。『旧唐書』巻二九・音楽志二と『通典』巻一四二・楽二によれば、北周の武帝が突厥第一帝国から阿史那氏の王女を皇后として娶《めと》った時、西域諸国出身の随員が一緒にやってきたため、それから長安に亀茲楽・疏勒楽・安国楽・康国楽が大いに集まったという。つまり、突厥宮廷にすでにこういう音楽を演奏する楽人集団が侍《はべ》っていたはずであり、これを恒常的に支えるために、大量の馬価絹が消費されたことであろう。

また、則天武后の一族の武延秀《ぶえんしゅう》が突厥・カプガン可汗の娘を娶るために突厥に派遣された時、その地に抑留されてしまうが、そこで突厥語・突厥舞のみならず胡旋舞まで習得した。そのため、帰国後に彼は宮廷サロンの花形プリンセスであった安楽《あんらく》公主に気に入られ、ついにはその婿となったのである。これも、突厥にソグドの胡旋舞を教えるほどの文化的下地があった、ということを意味している。突厥宮廷は唐宮廷からみても決してダサくはなかったのである。

隋唐代には西域の胡人の代表であるソグド人が、貿易の相手として北方草原の覇者である突厥やウイグルのもとに多数入り込み、植民聚落を形成したり、場合によっては都市さえ建設した。そして、突厥やウイグルと緊密に結びつき、そこにソグド文化を持ち込んだだけでなく、自分たちも遊牧民化していった。必然的に相当の混血が起こり、新たにソグド系突厥人、ソグド系ウイグル人とでも呼ぶべき集団が形成されてきた。東ウイグル時代には、これらの純ソグド人ならびに半ソグド人たちが、中国での貿易活動を有利にするために、ウイグルと詐称することが往々にしてあったことは、牟羽《ぼうう》可汗時代の漢籍史料から十分認識されている。すでに紹介したように、牟羽可汗がクーデターで倒された時、ともに殺害された彼の与党と側近のソグド人は合わせて約二〇〇〇人いたのである。

そしてしばらくの潜伏期間を挟んで、第七代懐信《かいしん》可汗の時から、ウイグルのソグド人とマニ教僧侶の動きが史料上で活発になる。再びソグド商人が絹馬交易の仲介者となり、ウイグルの圧力を背景にして唐国内の大都市に設置させたマニ教寺院を宿泊施設・倉庫・銀行、時には緊急時の避難所などとしてうまく利用しつつ、ついには唐本土の金融資本のかなりの部分さえ掌握するようになる。それが「回鶻銭《かいこつせん》」、すなわち「ウイグル＝マネー」と呼ばれるものである。内外の多くの学者はこれを文字通りにウイグル人が商人化した結果と考えてきたが、それは誤りで、実体はソグド＝マネーなのである。経験のない遊牧民がいきなり国際商人になどなれるはずはない。これについては『岩波講座世界歴史』に発表した拙稿「《シルクロード》のウイグル商人――ソグド商人とオルトク商人のあいだ――」で詳しく述べたので、ここでは繰り返さない。

終章　唐帝国のたそがれ

中央アジア史上の関ヶ原

唐・チベット・ウイグルの一時的鼎立

中央アジア史上の「関ヶ原の戦い」といえば、一般的にはまず最初に、七五一年に唐と大食《タジク》（＝アッバース朝）との間で行なわれた「タラス河畔の戦い」が挙げられるであろう。しかし、もし本当にそうであったなら、どうして敗北した唐の最高責任者であった安西都護《あんせいとご》（または安西四鎮節度使《あんせいよんちんせつどし》）の高仙芝《こうせんし》は即刻処刑されなかったのであろうか。彼は転任させられたものの、官位を剝奪されることもなく、その後も他の所で活躍している。彼が実際に罪を問われて処刑されるのは、安史の乱が起こり、討伐軍の副将として陝州《せんしゅう》にいた時、洛陽が敵の手に落ちるという重大局面を迎えて、むざむざと潼関《どうかん》にまで退いたため、玄宗《げんそう》の怒りをかったからなのである。つまり玄宗にとっては、タラス河畔の戦いなど、たいした事件ではなかったのである（前嶋信次）。

それを裏書きするように、タラス戦以後も西域に駐留していた唐軍の士気は高く、高仙芝に代わった封常清《ほうじょうせい》の指揮のもと、七五三年には、パミール方面から中央アジア進出を狙っていたチベット軍の重要な橋頭堡《きょうとうほ》であるバルチスタンを奪取した。まさに赫《かく》々たる戦果といってよい。唐が中央アジアからの退場を余儀なくされたのは、あくまでこの直後に勃発した安史の乱によって西域経営どころではなくなり、乱鎮圧後は唐本土の確保さえ危うい小さな中華王朝になりさがったからである。もはやそこにかつての大唐帝国の面影はない。

もしタラス河畔の戦いがまぎれもなく天下分け目の戦いであったのなら、勝者となった大食はなぜパミールを越え、イスラム化を推し進めなかったのであろうか。実はそのような余裕などありはしなかったから、そうしなかっただけなのである。戦いに勝利したのも、初めは唐側に付いていたトルコ系遊牧民族のカルルクが寝返ったからにすぎない。

中央アジアの大勢を決した「関ヶ原の戦い」ともいうべきものは、私の考えでは、八世紀末葉に東部天山の北麓を舞台に、ウイグルとチベットの間で行なわれた北庭《ほくてい》争奪戦の方である。

唐を挟んで南北に分立していたウイグル帝国とチベット（吐蕃）帝国が直接の交渉を持ち、北庭争奪戦に至る確執が芽生えたのは安史の乱の終結した七六三年のことである。チベットは、それを遡ること一世紀前に吐谷渾《とよくこん》を征服して青海地方を占領して以来、しばしば唐と国境争いを演じつつ領土を拡大し、安史の乱による混乱を絶好の機会として河西《かさい》・隴右《ろうゆう》地方を手中に収めていた。そして七六三年一〇月、チベットが一時的にせよ唐都長安を占領し、傀儡《かいらい》政権を樹立するという一大事件に発展したのである。

一方、それとほとんど時期を同じくして、唐側における安史の乱鎮圧の最大の功労者の一人である僕固懐恩《ぼくこかいおん》は、出身がウイグルと同じ九姓鉄勒《てつろく》に属する僕骨（＝僕固）部であったこと、しかも実の娘がウイグルの牟羽可汗《ぼううカガン》の妃になっていたことから、謀叛の疑いをかけられることとなり、進退窮まった結果、ついにウイグル・チベット・吐谷渾・党項《タングート》などと手を結んで叛旗を翻すにいたった。実はここにも中央ユーラシア型国家（いわゆる征服王朝）成立の芽はあったのであるが、それほどの大乱も、七六五年の懐恩の病死後、両雄並び立たずという諺《ことわざ》のごとくウイグルがチベットと袂《たもと》を分かち、再び唐に付き、それと連合してチベット軍を大破したことによって終結した。これ以後、ウイグルとチベットは仇敵となったのである。

ウイグル対チベットの北庭争奪戦

七八九〜七九二年にウイグルとチベットの間で起こった北庭争奪戦は、一般にはもちろんのこと、学界でもあまりよく知られておらず、しかもその結末についてはチベットが勝利者であるという見方が、権威ある『アジア歴史事典』（平凡社）にさえ採られていた。ウイグルが勝利したという安部健夫説が発表されてからも、内外の学界では長らく、チベット勝利説が優勢であり、近年の譚其驤《たんきじょう》編『中国歴史地図集』第五冊でさえそれに引きずられ、ハミ〜トゥルファン〜カラシャール〜クチャ地方をチベット領としている。それは安部説に大きな不備があったからで、私はその不備を補って、北庭戦の最終的な勝利者はウイグルであったことを論証し、今ではこれがほぼ定説化しつつある。

八世紀を通じ、中央ユーラシアのど真ん中にある狭義の中央アジアの覇権を争ってきたのは、東の唐帝国、南のチベット帝国、西のイスラム帝国（大食、前半はウマイヤ朝、後半はアッバース朝）、そして北のトルコ帝国（最初は突厥《とっくつ》第二帝国、中葉からはウイグル帝国）の四者である。八世紀後半に入り、これらのうち西のイスラム帝国にはパミール越えの余力がなく、東の唐は安史の乱で西域支配の手を緩めざるをえない状況に陥った時、残ったのは北のウイグルと南のチベットである。両者のうちではウイグルが安史の乱鎮圧によって唐とは友好的であるのに対し、チベットは敵対的であった。

タリム盆地には太宗《たいそう》～玄宗時代の西域支配の遺産としてトゥルファン地方に直轄領の西州があり、焉耆《カラシャール》・亀茲《クチャ》・疏勒《カシュガル》・于闐《コータン》のいわゆる安西四鎮《あんせいしちん》にはまだ唐の鎮守軍が残っていたが、中国本土から西域へいたる回廊地帯である河西を安史の乱後にチベットに占領されてしまったため、補給を絶たれて難儀していた。七八一年、唐の伊西北庭節度使・李元忠と四鎮節度留後・郭昕《かくきん》が、天山北路から漠北のオルホン河流域を迂回するいわゆる「ウイグル道」に道を借りて唐本国に使者を派遣してきたのは、そういう時期のことであった。ウイグルはこれを奇貨として東部天山地方にあった北庭やその周辺の遊牧民族からの収奪を強めたのである。

一方、チベットの方は、七六四年に涼州を奪取してから順々に西へ歩を進め、最後まで唐勢力が孤塁を守っていた沙州（敦煌）を七八六年に占領して河西回廊を完全に掌握し、以後はロプノール地方～コータン地方のタリム盆地南縁部（西域南道）への進出を本格化させて

マザール＝ターク　西域南道コータン北方のタクラマカン砂漠の中にあるチベット要塞址。著者撮影

いく。そして七八九年、チベット軍は天山北路にいたカルルク・白服《はくふく》突厥の軍も率いて北庭地方を襲撃し、まずはウイグル軍に勝利してそれをモンゴリアにまで退却させるのである。それまでウイグル側にいた沙陀《さだ》突厥もチベットに降った。以後、七九二年まで一進一退が繰り返されるのであるが、上述のようにその最終的勝利はウイグルに帰したのである。

この北庭争奪戦以後、トゥルファン盆地を含む東部天山地方全体がウイグル帝国の勢力下ないし影響下に入った。そしてタリム盆地北辺以北（シルクロードでいえば草原の道とオアシスの道の西域北道）がウイグル領、タリム盆地南辺（オアシスの道の西域南道）〜河西回廊〜隴右《ろうゆう》以南がチベット領となって、唐が退場した後の中央アジア東部を南北に分け合うことになるのである。チベットの要塞址がコータン北方の砂漠中に屹立《きつりつ》するマザール＝ターク上と、ミーランとで発見されているのは、決して偶然ではない。

三国会盟とウイグルの西遷

唐・チベット・ウイグルの三国会盟

八二一～八二二年に唐とチベット（吐蕃）が会盟（講和条約）を結んだ事実は、ラサに残る有名な「唐蕃《とうばん》会盟碑」や漢籍史料からよく知られている。しかるに、一九八〇年代初めにハンガリーのJ＝セルブと我が国の山口瑞鳳《ずいほう》によって、実はこの時、この両者間だけでなくウイグル帝国とチベット帝国の間にも講和が結ばれたのではないかという驚くべきことが、敦煌出土チベット語文書と後世のチベット語典籍史料から推定された。すでに唐とウイグルは安史の乱鎮圧以降親密な関係にあるから、それが事実とすれば、唐・チベット・ウイグルの間に三国会盟が成立していたことになる。ただしそれを裏付ける史料が唐側にもウイグル側にも一切見つかっていなかった。しかし、当時のユーラシア東部における三国の存在はあまりにも大きく、その三国が会盟を結んだとなれば世界史上の一大事件であり、それに言及した史料が唐にもウイグルにも一切見つからないというのはいかにも不可思議である。

そこで私はそれを追い求めた結果、パリに所蔵される敦煌文書の断片ペリオ三八二九番に「盟誓得使三国和好」なる文言があることを発見、これこそが正しくその三国会盟に言及する唯一の漢文文書ではないかと予測し、そのことを一九八七年に発表した概説論文において述べておいた。ところが一九九七年になって、中国の李正宇によりサンクトペテルブルクに所蔵されるある敦煌文書断片（Dx. 1462）がペリオ三八二九番とぴたりと接合する事実が発表され、その結果、私の予想が当たっていたことが証明されたのである。つまり両者は一つの文書が上下に切れたものであり、接合・復元した完全な文章から、三国会盟の実在だけでなく、当時のチベットの領土が河西回廊北方のエチナにまで広がり、そこが国境線であったことまで判明したのである。

この新事実を、北庭争奪戦の結果に関する私の説と、先学による蓄積のある唐蕃会盟碑の研究成果と合体させるならば、ここに八二〇年代当時の唐・チベット・ウイグルの国境をほぼ正確に画定できる。それを図示すれば、左頁の地図のようになろう。清水県（秦州、天水）と固原（原州）を結ぶ南北線が唐とチベットの境界、エチナまでがチベット領、ゴビ＝アルタイ東南部以北がウイグル領である。つまり東西に走るゴビ砂漠がウイグルと唐・チベットとを隔てる天然の境界となっている。

天然国境は変わらない

これに関連して注目すべきなのは、ゴビ＝アルタイ東南部のセブレイに、カラバルガスン碑文と同じくウイグル語・ソグド語・漢文の三言語で記されたセブレイ碑文が今も残っていることである。以下は、我々の現地調査による記録である。

セブレイ碑文は、セブレイ村の東南約六キロの地点で、ズールン山脈とセブレイ山の中間にある幅七〜八キロの南向きの斜面状平原の中にある。この平原は半砂漠状で、地表は草よ

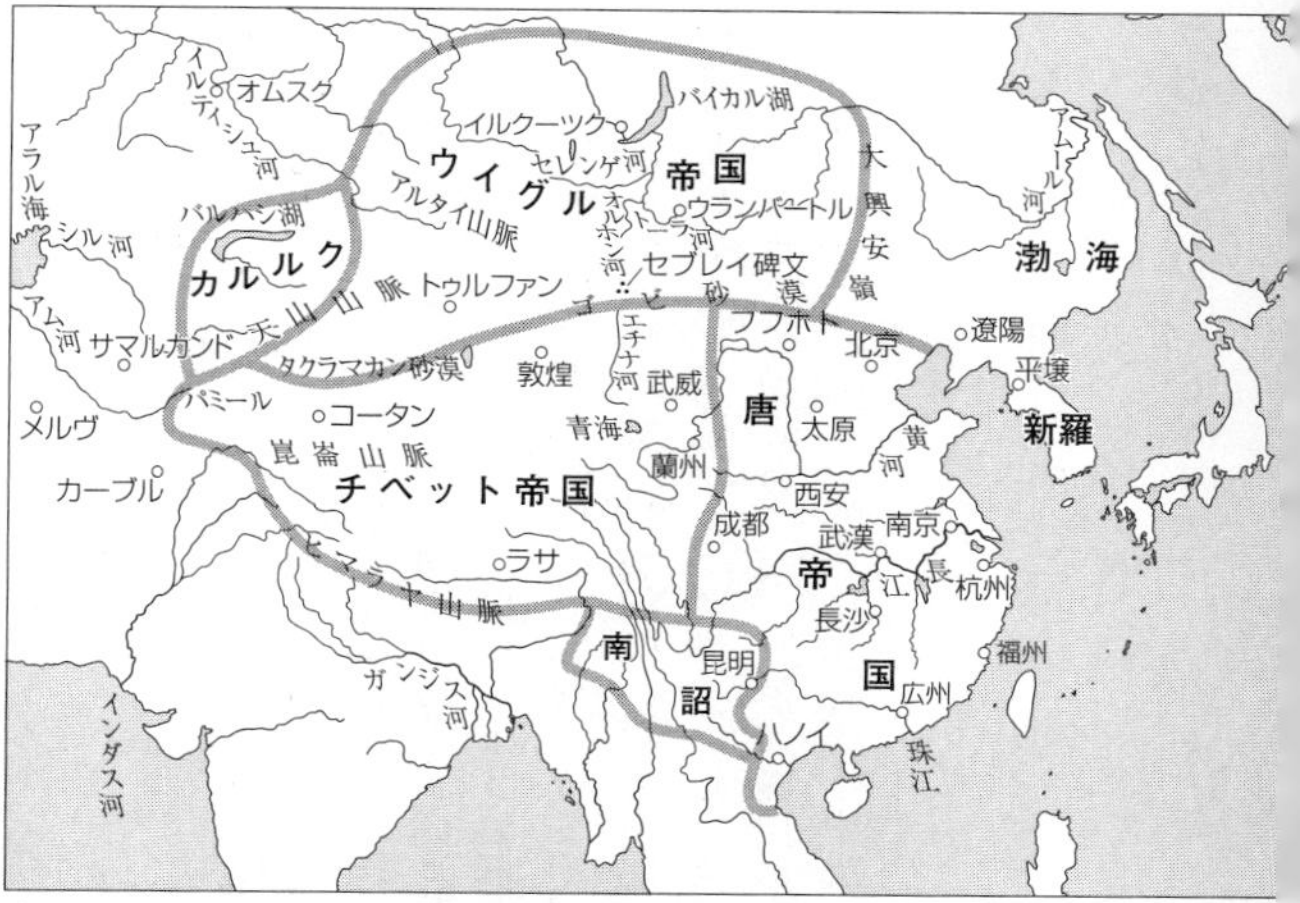

唐・チベット・ウイグル三国会盟時の領域

りも砂礫《されき》が目立つゴビ灘《たん》である。やや急な角度で南の方五～六キロ先まで下っていき、半砂漠状の大平原につながっている。そのはるか向こうの数十キロ先にはフレン＝ハナン山脈・ノヨン山などがそびえている。

　これらの山々は馬で容易に越えられ、その南側は中国甘粛省のエチナ河下流域に通じる。北側は平原の先に別の山脈が低く見え、その方向には本当の砂漠があって、車で越すには難渋するが、馬ならばなんの問題もないという。その砂漠の向こうはオンギ河下流域だから、モンゴル本土の中央部のオルホン河流域から中国のエチナ河流域に出るルート上に、この平原は位置していることになる。

　現在でもここがモンゴル国と中華人民共和国の国境であり、中国から羊毛やカシミアを買い付けにモンゴル入りする中国商人がこのルートを使い、ジープで一日かけて北の砂漠を渡り、オンギ河流域のアルバイヘールに出てからハイウェイでモンゴルの首都ウランバートルに直行するという。甘粛地方の河西回廊からウイグルへの入り口として唐代の漢籍に見える「花門山《かもんざん》」「花門山堡《ほ》」というのは、まさしくこのあたりを指すに違いない。

ラサに現存する唐蕃会盟碑によれば、唐とチベットの講和条約の本質は、両国間の国境画定である。とすれば、セブレイ碑はこの三国会盟を、ウイグルの側で記念し、モンゴル中央部から南下してそこまでは明らかにウイグル領であることを内外に宣言する性質のものではなかったか。またこの三国会盟は、八世紀末の北庭争奪戦の勝利者がウイグルであり、その後も天山地方に足場を維持していたからこそ、ありえたのである。

振り返ってみれば漢王朝が匈奴の勢力を北中国～河西回廊の農牧接壌地帯から駆逐した後の両者の境界も、元朝《げんちょう》がモンゴリアに退いた後の明朝《みん》と旧モンゴル勢力である北元との境界も、やはりゴビ砂漠であった。天然の国境は変わらないのであり、ゴビ砂漠が国境でなかったのはモンゴル帝国・元朝と清朝《しん》という中央ユーラシア型国家（征服王朝）の支配した時代だけなのである。

西ウイグル王国の誕生

八三〇年代末葉、ウイグル帝国が連年の自然災害と内訌《ないこう》に続き、ついに八四〇年、キルギスの侵攻を許して崩壊すると、大量のウイグル人がモンゴリアを脱出した。南に向かい中国北辺の内モンゴル陰山地方に達した集団は唐に受け入れられず、衝突を繰り返しながら、やがて集団としては消滅する。

一方、西方に向かったゆうに一〇万を超す大量の部衆は、八世紀末からの勢力圏であった東部天山地方に落ち着き、八五〇年頃までには焉耆を首都とした西ウイグル王国を誕生させた。遊牧民のウイグルが最初からオアシス農業圏のトゥルファン盆地に本拠を置いたわけではなく、夏の首都である北庭とならんで高昌《こうしょう》が冬の首都になるのは九世紀末か一〇世紀に入ってからである。また、別の一派は花門山を通って河西地方に向かい、まずはエチナ方面に拠って遊牧生活を送り、チベット族が八四〇年代のチベット帝国の内部瓦解によって河西回廊から撤退した後、南進して甘州ウイグル王国を建てることになる。

もしウイグルが先の北庭戦で敗北して東部天山地方を失っていたなら、キルギスに敗れた

ウイグル王族の供養人像　麻布の幡に描かれている。10〜11世紀頃。ベルリンのアジア美術館蔵

敗残の部衆が大挙してここに押しかけることは不可能であったはずである。幸いにここを勢力下に収めていたからこそ、モンゴル勃興まで続く西ウイグル王国の歴史は始まるのである。そしてその西ウイグルのもとで、狭義の中央アジアの東部がトルキスタン化していくのであるから、北庭争奪戦の中央アジア史上における大きな意義は明らかであろう。つまり、勝者がトルコ系のウイグルであったからこそ、その後の中央アジアはトルキスタン化して、現在に至っているのである。そうでなければ、トルキスタンではなくチベッティスタンになって、今頃はチベット仏教圏に含まれていたかもしれないのである。

ソグド人の行方

本書でしばしば主役を演じたソグド人とそのソグド語・ソグド文字は、いつごろ、どのように消滅していったのだろうか。第二章でも少し触れておいたが、本国ソグディアナは、八世紀中葉にアッバース朝の直接支配下に入り、それ以後イスラム化が進行するにつれて、徐々にソグド人としての宗教的・文化的独自性は失われていく。特にサーマーン朝治下では、アラビア文字ペルシア語が主流となった。そのような近世ペルシア語が現在のタジク語につながっていく。一方、カラハン朝以後のトルコ系イスラム諸王朝治下でトルキスタン化が進むと、アラビア文字トルコ語が支配的となっていく。

カラハン朝出身の大学者カーシュガリーの手になる百科事典『トルコ語アラビア語総覧』によると、西部天山の北麓には一一世紀まで本国出身のソグド人集団が確認されるが、彼ら

ソグド語のマニ教徒書簡に挿入された細密画　マニの象徴である白冠が生命の木の上に配されている。仏教絵画の影響が強い。ベゼクリク千仏洞から出土。トゥルファン博物館蔵

はソグド語とトルコ語を話すバイリンガルであり、トルコの服装を採用し、トルコの習慣に染まってしまっていたという。ただ彼らはソグド文字だけはかろうじて保持していたが、それも一一〜二世紀後には消滅する。それでもソグド語のサルト「隊商」から派生したサルタク・サルタグルと呼ばれ、漢文で回回商人と呼ばれるようになるトルコ系・ペルシア系のムスリム商人の中に、混血していった旧ソグド人の痕跡が色濃く残るのである。

西トルキスタンの都市部・平野部の言語がトルコ語とペルシア語にすっかり替わってしまった後も、山間部ではソグド語ないしその兄弟言語が細々と保たれたらしい。二〇世紀後半、ザラフシャン河上流にあるヤグノーブ渓谷で約三〇〇〇人が話していたヤグノーブ語は、その唯一の生き残りである。

一方、唐代にシルクロード東部に進出して

「誓願図」のソグド人　仏の足元にひざまずくソグド商人の風貌。トゥルファンのベゼクリク千仏洞に描かれた最後のソグド人。本書79頁も参照

いたソグド人の後裔たちはどうなったか。彼らも決して死に絶えたわけではない。実はそのかなりの部分は、西ウイグル王国や甘州ウイグル王国、さらに五代の沙陀《さだ》諸王朝の中で商業経済を支える者として、あるいは武人として生き残ったのである。

前者の典型が西ウイグル王国のソグド商人、いや正しくはソグド系ウイグル商人である。トゥルファンのベゼクリク千仏洞に残るウイグル仏教壁画の年代については、今や私の新説により一〇世紀後半〜一四世紀前半であることが学界で認められている。その中で一一〜一二世紀に属すると断言できるベゼクリク第二〇窟（グリュンヴェーデル編号第九窟）の誓願図に見える商人の風貌は、いずれもコーカソイドに特徴的な深目高鼻多毛、あるいは紅毛碧眼《こうもうへきがん》であり、これこそが現代にまで残された最後の

ソグド人の姿である。

このように、ソグド人は消滅したのではなく、他の民族のなかに融解していったのである。ソグド人がもたらしたソグド文字がほぼそのままウイグル文字となり、そのウイグル文字が一三世紀にモンゴル文字となった。さらにそのモンゴル文字が一六世紀末〜一七世紀初に少しく工夫・改良されて満洲文字となる。それゆえ中央ユーラシア型国家・清朝にさえソグド文化は受け継がれたのであり、中国の内蒙古自治区で使われるモンゴル文字は現代にまで残るソグド文化の遺産なのである。

あとがき

近代文明の源は西欧だという考えは近視眼的である。新大陸を含むグローバル世界になる前のユーラシア世界では、各地の諸民族・諸政治勢力は騎馬遊牧民が登場した約三〇〇〇年前から有機的につながっているのである。ある場所で生じた変化の波は、ある時は素早く、ある時はゆっくりと世界各地に波及していったのであり、近代ヨーロッパ世界はその長期波動の末に生まれてきたにすぎない。

現在の高校世界史教科書に従って、いわゆる四大文明を生み出したエジプト～西アジア、インド、中国、そしてそれに続いて発展した地中海周辺の歴史を個々ばらばらに教えても、決して世界史の流れは理解できない。それは、近代以前においては地上最強の軍事力を誇った中央ユーラシア遊牧騎馬民勢力の動向と、これら諸文明圏を結びつけてきた中央ユーラシアと南海、すなわち広義のシルクロード世界の歴史がすっぽりと抜け落ちているからである。世界史を構想するには、遊牧民族が活躍した中央ユーラシアの歴史を除外するわけにはいかない。

また、すべての人類はアフリカから出現し、世界中へ拡散していったという人類史的立場からみると、中央ユーラシア史は西アジア史・地中海世界史・ヨーロッパ史・インド史・東アジア史と直結し、日本人および日本文化の起源問題とも関連している。シルクロードという東西南北に亘る交通網を擁した中央ユーラシアは、近代世界システム成立以前の世界史において経済的にも文化的にも重要な役割を担ったのである。

本書の具体的な目的は、名実ともに世界一の繁栄を誇った唐（王朝・帝国）をユーラシア史の中に位置づけ、遊牧国家（特に鮮卑・突厥・ウイグル）とシルクロードとの関わりの中で眺めることにあった。言い換えれば、今から三〇〇〇年前から五〇〇年前までの前近代ユーラシア世界史の主役となった遊牧騎馬民集団の動向と、その時代のヒト・モノ・情報・文化交流の動脈としてのシルクロードの重要性を論じつつ、唐の本質について大局的に叙述することであった。それと同時に中国、特に北朝・隋・唐という鮮卑系国家（拓跋国家）にとっては「シルクロード東部」こそが政治（軍事）の熱い舞台であり、経済（貿易）・文化交流の最前線であったことを描きたかった。そして究極的には、そもそもすべての民族・文化は多元的であること、それゆえこれからの人類にとっては西洋（西欧）中心史観も中華主義思想も不要であり、日本を含めて世界中に見られる偏狭な民族主義や愛国主義とは訣別すべきであることを理解していただくねらいがあった。このような本書の二重・三重の意図は、いったいどの程度まで理解されたであろうか。

真に「世界史」の名に値する最初の歴史書は、モンゴル帝国イル汗朝に宰相として仕えたラシード＝ウッディーンが一四世紀初頭に著した『集史』であり、これがモンゴル時代の西アジアで成立したことの意義は実に大きい。つまり世界最初の「世界史」は、ヘロドトスのギリシアでも司馬遷の中国でもなく、モンゴルに結集する遊牧民勢力が作りあげた名実ともに史上初の世界帝国において、その統治下にあるイスラム文化圏で生まれたのである。

しかるにその次に「世界史」を叙述したのは、なんと明治以降の日本人になってしまうといっても過言ではない。そしてその日本人とは西洋史学者ではなく東洋史学者、それも多数派の中国史学者ではなく、かつて満蒙《まんもう》史・塞外《さいがい》史・西域史といわれた中央ユーラシア史の研究に邁進してきた少数派の人々だったのである。今や歴史学の一環として中国以外のアジアを研究することを大学の制度として保証し、しかも遊牧民族を夷狄《いてき》視せず客観的に見ることができるのは世界広しといえども日本だけである。中央ユーラシア・西アジア・東南アジアを含む本当にグローバルな世界史を、学問的最高水準を踏まえて叙述できる環境は、もはや日本にしかないのである。

明治維新以後の近代日本は欧米に倣って国家建設を行ない、西欧中心史観をそのままに受容し、近代化の名のもと欧米列強と共にアジア諸国に多大の苦痛を与えた。そして天皇制が変容した第二次世界大戦以後、左翼リベラルが台頭したが、その勢力がよって立つ理論（マルクス主義その他）も欧米より輸入されたものであった。一方、明治体制への復古を願う国家主義者や偏狭な愛国主義者は極端に日本民族と日本文化の純粋性を強調・美化する方向に走っている。しかし最近では今上陛下《きんじょう》御自身が、日韓共催のサッカー・ワールドカップを翌年に控えた二〇〇一年一二月の記者会見で、自分たちの先祖が現在の韓民族の祖先と密接な関係にあることに言及されたのである。民族も文化も言語もすべては長い人類史の中で互いに混じり合いながら生成発展してきたものであって、純粋という名の排他的思想に学問的根拠は微塵《みじん》もないと認識すること、これこそが人類の未来を切り開く道であると、私は信じている。

二〇〇六年秋、高校における「世界史必修漏れ問題」が一挙に浮上した。序章でも述べたように、我々は誰よりも高校における世界史教育に危惧を抱き、大阪大学主催で高校歴史教員の研究会（今は同僚の桃木至朗が主宰）を開くなどしてきたが、まだ事態を甘く見ていたようである。ことここに至っては、もっと極端な提言をせざるをえない。

ほとんどの大学生にとっては、高校の世界史が「一生もの」になる。だから「世界史必修」には大きな意義がある。しかし、現在のように肥大化した世界史教科書を高校生に押しつけるのはもはや無理である。教科書はもっとスリム化し、一方で少なくとも総合大学の入試に簡単な世界史問題を出すべきである。教科書をスリム化するには、西洋史を大幅に削減すればよい。現代の日本人にとって、ギリシアの思想家やルネサンスの芸術家たちの名前を細かく覚えたり、フランス革命を日単位で暗記したりする必要など全くない。逆にこれまで軽視されてきた近隣の朝鮮・北アジア・東南アジアの歴史と遊牧騎馬民族の動向などについては、やや記述を増やしてはどうか。

日本史ももちろん大事であるが、自国史しかやらないのでは、戦後六〇年、世界史上最高に教養のある国民を形成してきた我が国の知的水準が、結局は核兵器を手放そうとしない今の傲慢な国連の常任理事国と同レベルにまで堕してしまうのである。人類史を後ろ向きに歩まないためには、世界中の人間が世界史を学ぶ必要があるのであり、不十分とはいえその先駆けをなしてきた日本がその名誉ある地位を放棄してはならない。

本書では随所において民族とは何か、国家とは何か、本当の愛国心とはどうあるべきかを考え、歴史を人類史的視点から知ることの必要性を説いてきた。無知からは何も生まれない。無知な者にも選挙権のある民主主義は、必ずや衆愚政治の危機に瀕するであろう。

学術文庫版あとがき

本書執筆から約一〇年が経とうとしているが、その間に各種の新聞や学術雑誌の書評をはじめとして、公私にわたって広くさまざまな御意見・感想を頂戴した。その中には傾聴すべきものが多々あり、まことに感謝に堪えないが、この度の学術文庫化にあたっては、それらを一つ一つ取り込んで加筆・修正することは避けている。なぜなら本書はあくまで二〇〇六年までに私が到達していた学問的成果と歴史観を表明したものであり、今後も二〇〇七年の出版物として扱っていただきたいからである。もちろん単純な誤植・誤脱は修正し、初版「あとがき」にあった記憶違い箇所に関して「興亡の世界史」シリーズ月報で訂正記事を出した分は取り込んでいるが、基本的には原文主義を採ることとする。従って、本書の中には随所に「最近では」「つい最近」「最新の」「今では」といった表現が出てくるが、それらはいずれも二〇〇六年の執筆時点を基準にしていることに御注意願いたい。

ただしこの原文主義にもいささか大きな例外が二つある。その第一は、主に序章に集中してはいるが、その後の各章でも随所において分量が増えていることである。それでは原文主義に反するではないかとお叱りを受けるであろうが、実はその増加分は二〇〇七年以後に追記したものではなく、二〇〇六年の執筆時点ですでに書かれていたものである。出来上がった原稿が当初の予定枚数をはるかに超過していたため、編集担当者と相談の上、一章を丸ごと削除しただけでなく、序章を筆頭に随所で削減作業を行なった。しかし改めて読み返してみると、カットしすぎて情報不足になっていたり、やはり元の方が文意がより明確であると思われる箇所が目に付くので、それらを復活させた次第である。もちろん、その復活増加分によって論旨が変わることは一切ないし、本書全体にわたる典拠として巻末に掲げた参考文献に一件の変更もない。

もう一つの例外は、初版本の三二頁で新ウイグル人に対して「偽《にせ》ウイグル」という表現を使ったため、日本に留学中の現代ウイグル人の間で物議をかもしたことに配慮し、書き直した点である。この表現は読者が古代ウイグルと新ウイグルを区別しやすいようにという意図から用いた比喩であり、私に現代ウイグル人を貶《おとし》める気持ちなどさらさらない。本書全体が中華主義を批判するものであり、「偽ウイグル」と書いた後の数頁を読んでもらえれば、現在の中国政府が漢民族中心という現実をごまかすためにウイグル人・モンゴル人・チベット人・満洲人などいわゆる少数民族をすべて含めた新たな「中華民族」をでっち上げようとしている政策に私が批判的であることは明白となるはずである。私はむしろ現中国内で民族自治の拡大（ただし独立ではない！）をめざすウイグル人・モンゴル人・チベット人の味方であって、敵ではない。とはいえ不快な思いをさせたことに陳謝の意を込めて、本書三三〜三四頁では書き直しをしている。

この私の初めての概説書は、その大部分が私のオリジナルな研究成果に基づいており、いずれも史料的裏付けがあるだけでなく、全一〇章のうち六章には典拠となった原論文もある。そのほぼすべてが、奇しくも本年（二〇一五年）の初頭に出版された私の初めての学術論文集『東西ウイグルと中央ユーラシア』（名古屋大学出版会）に収載されている。一方、本書『シルクロードと唐帝国』の第一稿から一章まるごと削除した分は、改めて学術論文「唐代における胡と仏教的世界地理」に仕立て直して二〇〇七年末発行の『東洋史研究』六六巻三号に掲載された。本書第四章で、「私の責任において、胡姫とは「ソグド人の若い女性」であると断言」しているのは、この論文に基づいている。

ところで『シルクロードと唐帝国』の序章で私は、世の中にある歴史関係の論著は理科系的歴史学・文科系的歴史学・歴史小説という三つの範疇《はんちゅう》に分類できるという考えを初めて公表した。要点を繰り返すならば、理科系的歴史学というのは、原典史料に基づいて緻密に論理展開され、他人の検証に十分堪えうる、つまり理科系でいう「追実験《ついじっけん》」を可能にする学術的論著である。しかしそれだけで歴史というストーリーを組み立てるには不足が生じるから、その空白を埋めて繋ぎ合わせるための「推論」が必要となる。その「推論」が合理的な科学としての枠を逸脱しないのが文科系的歴史学であり、自由気儘《きまま》に空想を膨らませるのが文学としての歴史小説である。もちろん近現代史を見すえた歴史評論も、文科系的歴史学に含まれる。つまり歴史学の真骨頂である「事実の発見」が理科系的歴史学であり、歴史観の違いや世に言う歴史認識の違いなどで意見を戦わせるのは文科系的歴史学の範疇である。それゆえ私は、理科系的歴史学レベルでの誤りを指摘された場合にはすぐに反応する義務があるが、文科系的歴史学レベルでの批判には必ずしもすぐに回答する必要はないと考えている。

幸い本書の本文中における理科系的歴史学レベルでの誤りはただ一カ所だけであった。それは一六九・一七〇頁（初版一六一頁）に現れる史善応を史国（＝キッシュ国）出身のソグド人と見なしてしまった点である。ところがこの人物の墓誌が新たに出土し、それが二〇一三年に発表されたことにより、史善応は突厥の阿史那氏出身の王族であることが判明したのである。しかしこの点を修正すると本書はもはや二〇〇七年の原本とは異なってしまうから、敢えて修正せずに、初版の原文のままに残すこととする。

この一〇年間に私が発表した理科系的歴史学の分野における論著で、本書の内容と密接に関わるものを列挙すれば、①「東ウイグル帝国マニ教史の新展開」（『東西ウイグルと中央ユーラシア』所収）、②「シルクロード東部出土古ウイグル手紙文書の書式（前編・後編）」（『大阪大学大学院文学研究科紀要』五一＆森安孝夫編『ソグドからウイグルへ』汲古書院）、③『ウイグル＝マニ教史関係史料集成』（『近畿大学国際人文科学研究所紀要』平成二六年度版）、④「東ウイグル帝国カリチョル王子墓誌の新研究」（『史艸』五六）がある。②と③ではシルクロード貿易の実態を窺わせる古代ウイグル手紙文書を詳しく取り上げ、③には古ウイグル語の「牟羽可汗マニ教改宗始末記」［ベルリン所蔵U 72 & U 73］の全文和訳を含み、④では東ウイグル帝国の王朝革命を扱い、ヤグラカル王朝の系譜を復元した。これらの新研究はいずれも本書の内容をより充実させてくれるものであるが、幸い本書との矛盾点は見つかっておらず、本書の価値はいささかも揺らいでいない。

しかるに、本書第一章で取り上げたシルクロード史観に対しては間野《まの》英二氏からやや異例とも言える批判（『史林』九一巻二号、二〇〇八年）が寄せられた。これによって、かつて私の恩師・護《もり》雅夫先生と間野氏の間にあったシルクロード史観論争が、間野氏と私の間の論争に転化したかの如き様相になったが、あえて正面切った反論は控えている。なぜなら、上に述べたように、史観論争というのは文科系的歴史学の範疇なのであるから、正否や勝敗は決めようがないし、そもそも論争では第三者に論点を明らかにするため敢えて極端な言い回しをすることがあるのは当然で、その点を批判されても仕方ないからである。

ただ本書のタイトルとも関わるので一言だけ言及すれば、西洋中心史観の打倒を声高に叫ぶ森安が西洋の学者が作り出したシルクロードという言葉を使用するのは実に奇妙なことだという間野氏からの批判には、正直言ってお答えのしようがない。私は常に人口に膾炙《かいしゃ》した用語は簡単に抹殺せずに、出来るだけそれを活用する方向で、必要な場合は定義し直した上で使っているのである。「シルクロード」はその典型であるが、他にも四大文明・トルコ（テュルクではない）・キルギス（クルクズではない）・奴隷王朝・イスラム教（イスラームではない）・ネストリウス派キリスト教・遊牧騎馬民族などがある。いずれにせよ論争の最終的審判は、かなり時間が経った後の第三者に委ねるしかなかろう。もし読者が、このシルクロード史観論争に強いこだわりを持たれた場合は、間野氏の文章と合わせて、拙著『東西ウイグルと中央ユーラシア』の序文とあとがき、さらには護雅夫『草原とオアシスの人々』

（三省堂、一九八四年、八五～一〇七頁）も読まれるようお願いしておきたい。

本書は私の最初の一般向け概説書であるが、照準を高校社会科の教員と大学の史学系学科の学生・院生に合わせたため、概説書としてはかなり高度なものになっている。それでも、我が国の読書界のみならず実業界にも本書を読みこなし、それぞれに高い評価をし、知人に推奨して下さる方がおられることを知ったのは、嬉しい驚きであった。もちろん、古い友人からは正直に、あの本は難しすぎて読めないという声もたくさんいただいた。近い将来、二冊目の概説書を書く機会があったならば、どのように工夫したら良いかと、目下は一般向けのシルクロード講演会を積極的に引き受けながら、思案している次第である。とはいえ実はこの方が学術論文執筆より遥かに難しいことも痛感している。

二〇一五年一二月吉日

森安孝夫

・山田信夫『北アジア遊牧民族史研究』　東京大学出版会　1989年
・山根清志「唐代の奴婢売買と市券」　唐代史研究会編『東アジア古文書の史的研究』　刀水書房　pp.384-399　1990年
・吉岡真「北朝・隋唐支配層の推移」『岩波講座世界歴史（新版）9　中華の分裂と再生』　岩波書店　pp.255-286　1999年
・吉田豊「ソグド語雑録（II）」『オリエント』31-2　pp.165-176　1989年
・吉田豊「ソグド語資料から見たソグド人の活動」『岩波講座世界歴史（新版）11　中央ユーラシアの統合』　岩波書店　pp.227-248　1997年
・吉田豊「中央アジアオアシス定住民の社会と文化」　間野英二編『アジアの歴史と文化８　中央アジア史』　同朋舎発行　角川書店発売　pp.42-54　1999年
・吉田豊「粟特人在中国国際研討会」『唐代史研究』7　pp.240-248　2004年
・吉田豊／森安孝夫／新疆ウイグル自治区博物館「麴氏高昌国時代ソグド文女奴隷売買文書」『内陸アジア言語の研究』4　pp.1-50　1989年
・李丹婕／中田裕子訳「唐代六胡州研究論評」『東洋史苑』65　pp.1-19　2005年
・E. I. ルーボ＝レスニチェンコ（高浜秀訳）「六朝時代（三〜六世紀）のシルクロード」『ユーラシア』新2号　pp.91-108　1985年
・E. I. ルボ＝レスニチェンコ／坂本和子「双龍連珠円文綾について」『古代オリエント博物館紀要』9　pp.93-117　1987年
・歴史学研究会編『世界史とは何か――多元的世界の接触の転機』（講座世界史1）東京大学出版会　1995年　▶清水宏祐「十字軍とモンゴル――イスラーム世界における世界史像の変化」・堀直「草原の道」などを収載。
・和田博徳「吐谷渾と南北両朝との関係について」『史学』25-2　pp.80-104　1951年
・Etienne de la Vaissière, *Sogdian Traders. A History*. Tr. by J. Ward, (Handbook of Oriental Studies, Section 8: Central Asia, Volume 10), Leiden / Boston : Brill, 2005.

・Moriyasu Takao, "On the Uighur Buddhist Society at Čiqtim in Turfan during the Mongol Period." In: Mehmet Ölmez / Simone-Christiane Raschmann (eds.), *Splitter aus der Gegend von Turfan, Festschrift für Peter Zieme anläßlich seines 60. Geburtstags*, (Türk Dilleri Araştırmaları Dizisi 35), Istanbul / Berlin : Şafak Matbaacılık, 2002, pp.153-177.
・森安孝夫編『シルクロードと世界史』 大阪大学21世紀COEプログラム「インターフェイスの人文学」報告書第3巻　大阪大学大学院文学研究科　2003年　▶森安孝夫「コレージュ＝ド＝フランス講演録　ウイグル＝マニ教史特別講義」・鈴木宏節「トニュクク碑文研究史概論」などを収載。
・森安孝夫編『中央アジア出土文物論叢』 朋友書店　2004年　▶森安孝夫「序文——シルクロード史観論争の回顧と展望」・森安孝夫「シルクロード東部における通貨——絹・西方銀銭・官布から銀錠へ」などを収載。
・森安孝夫「亀茲国金花王と硇砂に関するウイグル文書の発見」『三笠宮殿下米寿記念論集』 刀水書房　pp.703–716　2004年
・森安孝夫「シルクロード「学」へのまなざし」 NHK「新シルクロード」プロジェクト編『NHKスペシャル　新シルクロード1　楼蘭・トルファン』 日本放送出版協会　pp.196–210　2005年
・森安孝夫／A. オチル共編『モンゴル国現存遺蹟・碑文調査研究報告』 大阪大学文学部内　中央ユーラシア学研究会　1999年　▶モンゴルでの現地調査日記と突厥・ウイグル関係諸碑文の訳注を多数含む。
・矢吹慶輝『マニ教と東洋の諸宗教』 佼成出版社　1988年
・山口瑞鳳「沙州漢人による吐蕃二軍団の成立と mKhar tsan 軍団の位置」『東京大学文学部文化交流研究施設研究紀要』4　pp.13–47　1981年
・山下将司「玄武門の変と李世民配下の山東集団——房玄齢と斉済地方」『東洋学報』85–2　pp.19–49　2003年
・山下将司「新出土史料より見た北朝末・唐初間ソグド人の存在形態——固原出土史氏墓誌を中心に」『唐代史研究』7　pp.60–77　2004年
・山下将司「隋・唐初の河西ソグド人軍団——天理図書館蔵『文館詞林』「安修仁墓碑銘」残巻をめぐって」『東方学』110　pp.65–78　2005年
・山田信夫編『ペルシアと唐』（東西文明の交流2） 平凡社　1971年　▶小谷仲男「仏教美術の東方伝播」・布目潮渢「唐と西域」・糸賀昌昭「長安とバグダード」・山田信夫「トルコ族とソグド商人」などを収載。

・森部豊「8〜10世紀の華北における民族移動——突厥・ソグド・沙陀を事例として」『唐代史研究』7　pp.78–100　2004年
・森安孝夫「チベット語史料中に現われる北方民族——DRU–GU と HOR」『アジア・アフリカ言語文化研究』14　pp.1–48　1977年
・森安孝夫「増補：ウィグルと吐蕃の北庭争奪戦及びその後の西域情勢について」　流沙海西奨学会編『アジア文化史論叢3』　山川出版社　pp.199–238　1979年
・森安孝夫「渤海から契丹へ——征服王朝の成立」『東アジア世界における日本古代史講座7　東アジア世界の変貌と日本律令国家』　学生社　pp.71–96　1982年
・森安孝夫「景教」　前嶋信次ほか共編『オリエント史講座3　渦巻く諸宗教』　学生社　pp.264–275　1982年
・森安孝夫「吐蕃の中央アジア進出」『金沢大学文学部論集　史学科篇』4　pp.1–85　1984年
・森安孝夫「中央アジア史の中のチベット——吐蕃の世界史的位置付けに向けての展望」　長野泰彦／立川武蔵共編『チベットの言語と文化』冬樹社　pp.44–68　1987年
・森安孝夫「ウイグル文書箚記（その二）」『内陸アジア言語の研究』5　pp.69–89　1990年
・森安孝夫『ウイグル＝マニ教史の研究』『大阪大学文学部紀要』31/32合併号全冊　1991年
・森安孝夫「仏教と異宗教との出遭い」　龍谷大学三五〇周年記念学術企画出版編集委員会編『仏教東漸——祇園精舎から飛鳥まで』　思文閣出版　pp.108–125　1991年
・森安孝夫「日本における内陸アジア史並びに東西交渉史研究の歩み——イスラム化以前を中心に」『内陸アジア史研究』10　pp.1–26　1995年
・森安孝夫「ポール・ペリオ」　高田時雄編『東洋学の系譜　欧米篇』　大修館書店　pp.137–152　1996年
・森安孝夫「《シルクロード》のウイグル商人——ソグド商人とオルトク商人のあいだ」『岩波講座世界歴史（新版）11　中央ユーラシアの統合』　岩波書店　pp.93–119　1997年
・森安孝夫「大英図書館所蔵ルーン文字マニ教文書 Kao. 0107 の新研究」『内陸アジア言語の研究』12　pp.41–71　1997年
・森安孝夫「ウイグルから見た安史の乱」『内陸アジア言語の研究』17　pp.117–170　2002年

・『松田壽男著作集』全6巻　六興出版　1986-1987年
・間野英二『中央アジアの歴史：草原とオアシスの世界』（講談社現代新書、新書東洋史⑧）　1977年
・間野英二「中央アジア史とシルクロード――シルクロード史観との訣別」『朝日アジアレビュー』33　pp.30-36　1978年春季号
・間野英二／堀川徹共編『中央アジアの歴史・社会・文化』（財）放送大学教育振興会　2004年
・三上次男／護雅夫／佐久間重男『中国文明と内陸アジア』（人類文化史4）　講談社　1974年
・三崎良章『五胡十六国――中国史上の民族大移動』（東方選書）　2002年
・水谷真成訳注、玄奘著『大唐西域記』（中国古典文学大系22）　平凡社　1971年
・室永芳三『大都長安』（教育社歴史新書）　1986年（初版は1982年）
・護雅夫『古代トルコ民族史研究Ⅰ～Ⅲ』全3巻　山川出版社　1967-1997年
・護雅夫編『漢とローマ』（東西文明の交流1）平凡社　1970年
・護雅夫『李陵』（中公叢書）　中央公論社　1974年
・護雅夫『古代遊牧帝国』（中公新書）　1976年
・護雅夫／神田信夫共編『北アジア史（新版）』（世界各国史12）　山川出版社　1981年
・護雅夫『草原とオアシスの人々』（人間の世界歴史7）　三省堂　1984年
・護雅夫／岡田英弘共編『中央ユーラシアの世界』（民族の世界史4）　山川出版社　1990年　▶岡田英弘「中央ユーラシアの歴史世界」・林俊雄「草原の民」・加藤九祚「オアシスの民と国家」・片山章雄「モンゴル高原から中央アジアへ」・山口瑞鳳「民族の構成と軍事国家「吐蕃」の体制」などを収載。
・森部豊「魏博節度使何弘敬墓誌銘試釈」『吉田寅先生古稀記念アジア史論集』吉田寅先生古稀記念論文集編集委員会（立正大学東洋史研究室内）　pp.125-147　1997年
・森部豊「唐前半期河北地域における非漢族の分布と安史軍淵源の一形態」『唐代史研究』5　pp.22-45　2002年
・森部豊「唐代河北地域におけるソグド系住民――開元寺三門楼石柱題名及び房山石経題記を中心に」『史境』45　pp.20-37　2002年
・森部豊「唐末五代の代北におけるソグド系突厥と沙陀」『東洋史研究』62-4　pp.60-93　2004年

・樋口隆康編『続シルクロードと仏教文化』東洋哲学研究所　1980年　▶佐藤武敏「シルクロード出土の絹織物」・由水常雄「ガラスの東伝」などを収載。
・日野開三郎『唐代邸店の研究』(『日野開三郎東洋史学論集』第17巻) 三一書房　1992年 (初版は九州大学文学部、1968年)
・日野開三郎『続・唐代邸店の研究』 九州大学文学部東洋史研究室　1970年
・日野開三郎『日野開三郎東洋史学論集４　唐代両税法の研究本篇』 三一書房　1982年
・日野開三郎『日野開三郎東洋史学論集５　唐・五代の貨幣と金融』 三一書房　1982年
・平田陽一郎「突厥他鉢可汗の即位と高紹義亡命政権」『東洋学報』86-2　pp.1-34　2004年
・福島恵「唐代ソグド姓墓誌の基礎的考察」『学習院史学』43　pp.135-162　2005年
・藤善真澄『安禄山——皇帝の座をうかがった男』 人物往来社　1966年 (中公文庫　2000年)
・藤善真澄『安禄山と楊貴妃——安史の乱前後』 清水書院　1972年
・藤善真澄『隋唐時代の仏教と社会　弾圧の狭間にて』(白帝社アジア史選書5)　白帝社　2004年
・E.G.プーリイブランク「安禄山の出自について」『史学雑誌』61-4　pp.42-57　1952年
・前嶋信次／加藤九祚共編『シルクロード事典』芙蓉書房　1975年　▶護雅夫「シルクロードと東西文化の交流」を含む。
・松田壽男『東西文化の交流』 至文堂　1962年 (『松田壽男著作集』第3巻　六興出版　pp.7-211　1987年)
・松田壽男『砂漠の文化　中央アジアと東西交渉』(中公新書)　中央公論社　1966年 (『松田壽男著作集』第1巻　六興出版　1986年。同時代ライブラリー　岩波書店　1994年)
・松田壽男「東西絹貿易」『古代史講座』13　学生社　pp.145-180　1966年 (『松田壽男著作集』第3巻　六興出版　pp.214-256　1987年)
・松田壽男『古代天山の歴史地理学的研究 (増補版)』早稲田大学出版部　1970年 (初版は1956年)
・松田壽男『アジアの歴史——東西交渉からみた前近代の世界像』日本放送出版協会　1971年 (『松田壽男著作集』第5巻　六興出版　1987年。同時代ライブラリー　岩波書店　1992年)

・長澤和俊訳／慧立・彦悰撰『玄奘法師西域紀行』（東西交渉旅行記全集6）　桃源社　1965年
・長澤和俊『シルク・ロード史研究』　国書刊行会　1979年（「シルク・ロード研究の展望――序説にかえて」を含む）
・長澤和俊／横張和子『絹の道　シルクロード染織史』　講談社　2001年
・那波利貞「唐代の長安城内の朝野人の生活に浸潤したる突厥風俗に就きての小攷」『甲南大学文学会論集』27　pp.1–55　1965年
・那波利貞『唐代社会文化史研究』　創文社　1974年
・布目潮渢／栗原益男『隋唐帝国』（講談社学術文庫）　1997年
・羽田明『西域』（世界の歴史10）　河出書房新社　1969年
・羽田明『中央アジア史研究』臨川書店　1982年　▶「ソグド人の東方活動」・「東西文化の交流」を再録。
・羽田亨（解題：間野英二）『西域文明史概論・西域文化史』（東洋文庫545）平凡社　1992年　▶初版は『西域文明史概論』弘文堂書房、1931年。『西域文化史』座右宝刊行会、1948年。
・羽田亨『羽田博士史学論文集』上下　京都大学文学部内東洋史研究会1957–1958年　▶上巻には「唐代回鶻史の研究」「漠北の地と康国人」など、下巻には「回鶻文字考」「唐故三十姓可汗貴女阿那氏之墓誌」などを収載。
・羽田正『イスラーム世界の創造』（東洋叢書13）　東京大学出版会2005年
・濱口重國『唐王朝の賤人制度』（東洋史研究叢刊15）東洋史研究会1966年
・林俊雄「掠奪・農耕・交易から観た遊牧国家の発展――突厥の場合」『東洋史研究』44–1　pp.110–136　1985年
・林俊雄「ウイグルの対唐政策」『創価大学人文論集』4　pp.111–1431992年
・林俊雄『ユーラシアの石人』（ユーラシア考古学選書）　雄山閣　2005年
・原宗子『「農本」主義と「黄土」の発生』　研文出版　2005年
・原田淑人『西域発見の絵画に見えたる服飾の研究』（東洋文庫論叢4）（財）東洋文庫　1925年（再録：同氏『唐代の服飾』（財）東洋文庫1970年）
・スコット・ピアース（早大北朝史研究会訳）「代の地――内陸アジア境界地域社会の起源・発展および歴史的意義」『史滴』27　pp.22–462005年

・鈴木宏節「突厥阿史那思摩系譜考——突厥第一可汗国の可汗系譜と唐代オルドスの突厥集団」『東洋学報』87-1　pp.37-68　2005年
・妹尾達彦「唐代長安東市の印刷業」『東アジア史における国家と地域』(唐代史研究会報告8)　刀水書房　pp.200-238　1999年
・妹尾達彦『長安の都市計画』(講談社選書メチエ)　2001年
・妹尾達彦「世界都市長安における西域人の暮らし」『シルクロード学研究叢書』9　(財) なら・シルクロード博記念国際交流財団／シルクロード学研究センター　pp.21-99　2005年
・關尾史郎『西域文書からみた中国史』(世界史リブレット10)　山川出版社　1998年
・ソグド人墓誌研究ゼミナール「ソグド人漢文墓誌訳注 (1) 固原出土「史射勿墓誌」(隋・大業6年)」『史滴』26　pp.51-72　2004年
・ソグド人墓誌研究ゼミナール「ソグド人漢文墓誌訳注 (2) 固原出土「史訶耽夫妻墓誌」(唐・咸亨元年)」『史滴』27　pp.153-183　2005年
・田辺勝美『ガンダーラから正倉院へ』　同朋舎出版　1988年
・田辺勝美「ソグド美術における東西文化交流」『東京大学東洋文化研究所紀要』130　pp.213-277　1996年
・田辺勝美／前田耕作共編『世界美術大全集　東洋編　第15巻　中央アジア』　小学館　1999年
・東京国立博物館／NHK／NHKプロモーション編『シルクロード　絹と黄金の道』(日中国交正常化30周年記念特別展)　NHK・NHKプロモーション　2002年
・礪波護／武田幸男『隋唐帝国と古代朝鮮』(世界の歴史6)　中央公論社　1997年
・礪波護『隋唐の仏教と国家』(中公文庫)　中央公論新社　1999年
・百橋明穂／中野徹共編『世界美術大全集　東洋編　第4巻　隋・唐』　小学館　1997年
・内藤みどり『西突厥史の研究』　早稲田大学出版部　1988年
・内藤みどり「突厥カプガン可汗の北庭攻撃」『東洋学報』76-3／4　pp.27-57　1995年
・内藤みどり「突厥による北庭のバスミル攻撃事件」『東洋学報』81-4　pp.1-31　2000年
・内藤みどり「突厥・ソグド人の東ローマとの交流と狼伝説」『史観』150　pp.29-50　2004年
・長澤和俊『シルクロード』校倉書房　1962年

ロード写本学入門」。武内紹人「中央アジア出土チベット文献」・吉田豊「ソグド語の写本」・熊本裕「コータン写本学」などを収載。
・『しにか』7–9　1996年9月号　大修館書店　▶特集は「花の都・長安」。氣賀澤保規「世界史上の長安」・妹尾達彦「宇宙の都から生活の都へ」・金子修一「市井の暮らし」などを収載。
・『しにか』9–7　1998年7月号　大修館書店　▶特集は「シルクロード再発見」。林俊雄「天山山中の新発見」・菅谷文則「「胡人」の墓を発掘する」などを収載。
・『しにか』13–10　2002年9月号　大修館書店　▶大特集は「シルクロードの旅人」。桑山正進「玄奘」・吉田豊／影山悦子「ソグド人――典籍を補う最新の出土資料から」・大澤孝「突厥」などを収載。
・嶋崎昌『隋唐時代の東トゥルキスタン研究』東京大学出版会　1977年
・白鳥庫吉「西域史上の新研究（1）康居考」『東洋学報』1–3　pp.307–349　1911年（再録：『白鳥庫吉全集　第6巻　西域史研究・上』岩波書店　1970年）
・白鳥庫吉「粟特国考」『東洋学報』14–4　pp.1–93　1924年（再録：『白鳥庫吉全集　第7巻　西域史研究・下』岩波書店　1971年）
・『シルクロード（月刊）』4–2　1978年2／3月号　シルクロード社　▶東トルキスタン特集。池田温「トゥルファン漢文文書に見える外族」・佐藤長「吐蕃と東トルキスタン」・羽田明「タリム盆地のトルコ化について」・護雅夫「ソグド人と中央アジア史――間野英二氏の見解について」などを収載。
・シルクロード学研究センター『トルファン地域と出土絹織物』（シルクロード学研究 8）（財）なら・シルクロード博記念国際交流財団／シルクロード学研究センター　2000年
・シルクロード学研究センター『新疆出土のサーサーン式銀貨』（シルクロード学研究19）（財）なら・シルクロード博記念国際交流財団／シルクロード学研究センター　2003年
・新疆ウイグル自治区博物館編『新疆ウイグル自治区博物館』（中国の博物館　第二期第1巻）講談社　1987年
・杉山正明『遊牧民から見た世界史――民族も国境もこえて』日本経済新聞社　1997年
・杉山正明「中央ユーラシアの歴史構図――世界史をつないだもの」『岩波講座世界歴史（新版）11　中央ユーラシアの統合』岩波書店　pp.3–89　1997年
・杉山正明『中国の歴史 8　疾駆する草原の征服者』講談社　2005年

・後藤勝「西域胡安氏の活動と漢化過程」『岐阜県高等学校社会科研究会研究彙報』7　pp.36–54　1968年
・後藤勝「ソグド系帰化人何氏について――西域帰化人研究　その2」『岐阜教育大学紀要』14　pp.1–20　1987年
・後藤勝「ソグド系帰化人安吐根について――西域帰化人研究　その3」『岐阜教育大学紀要』16　pp.21–30　1988年
・後藤勝「東魏・北斉朝の西域人――西域帰化人研究　その4」『岐阜教育大学紀要』19　pp.47–64　1990年
・小松久男編『中央ユーラシア史』（新版世界各国史4）　山川出版社　2000年　▶林俊雄「草原世界の展開」・梅村坦「オアシス世界の展開」・濱田正美「中央ユーラシアの「イスラーム化」と「テュルク化」」などを収載。
・小松久男／梅村坦／宇山智彦／帯谷知可／堀川徹共編『中央ユーラシアを知る事典』　平凡社　2005年
・『西域美術――大英博物館スタイン・コレクション敦煌絵画』全3巻　講談社　1982–1984年
・『西域美術――ギメ美術館ペリオ・コレクション』全2巻　講談社　1994–1995年
・齋藤勝「唐・回鶻絹馬交易再考」『史学雑誌』108–10　pp.33–58　1999年
・齋藤勝「唐代の馬政と牧地」『日中文化研究』14　pp.44–51　1999年
・齋藤勝「9・10世紀敦煌の牧羊代行業について」『歴史学研究』796　pp.1–15　2004年12月号
・佐口透『ロシアとアジア草原』（ユーラシア文化史選書3）　吉川弘文館　1966年
・佐口透／山田信夫／護雅夫訳注『騎馬民族史2　正史北狄伝』（東洋文庫223）　平凡社　1972年
・佐藤圭四郎『東西アジア交流史の研究』（東洋史研究叢刊56）　同朋舎　1998年
・佐藤武敏『長安』（世界史研究叢書8）　近藤出版社　1971年
・佐藤長『古代チベット史研究』上下（東洋史研究叢刊5）　同朋舎　1977年（初版は1958–1959年）
・佐藤長『中国古代史論考』　朋友書店　2000年
・史念海／森部豊訳「漢・唐時代の長安城と生態環境」『アジア遊学』20　pp.27–55　2000年
・『しにか（月刊）』2–1　1991年1月号　大修館書店　▶特集は「シルク

史』561　pp.18–33　1995年2月号
・川本芳昭『中国の歴史５　中華の崩壊と拡大』　講談社　2005年
・岸辺成雄『唐代音楽の歴史的研究　楽制篇』上下　東京大学出版会　1960–1961年
・岸辺成雄「唐代楽器の国際性」・「燉煌画に現われた音楽資料――ことに河西地方の音楽との関係について」・「南北朝隋唐における河西の音楽――西涼楽と胡部新声とについて」　東洋音楽学会編『唐代の楽器』（東洋音楽選書2）音楽之友社　1968年
・岸辺成雄『古代シルクロードの音楽――正倉院・敦煌・高麗をたどって』　講談社　1982年
・来村多加史『唐代皇帝陵の研究』　学生社　2001年
・許新国「都蘭県吐蕃（チベット）古墳群の発掘と研究」　大阪経済法科大学／北京大学考古学系共編『7・8世紀の東アジア』大阪経済法科大学出版部　pp.13–22　2000年
・姜伯勤／池田温訳「敦煌・吐魯番とシルクロード上のソグド人（1〜3）」『東西交渉（季刊）』5–1　pp.30–39　5–2　pp.26–36　5–3　pp.28–33　1986年
・栗原益男「七、八世紀の東アジア世界」　唐代史研究会編『隋唐帝国と東アジア世界』　汲古書院　pp.139–161　1979年
・桑原隲藏『東洋史説苑』　弘文堂書房　1927年　（『桑原隲藏全集』第1巻に収録。岩波書店　1968年）
・桑原隲藏「隋唐時代に支那に来住した西域人に就いて」『内藤博士還暦祝賀支那学論叢』　1926年　（『桑原隲藏全集』第2巻に収録。岩波書店　pp.270–360　1968年）
・桑山正進「インドへの道――玄奘とプラバーカラミトラ」『東方学報』55　pp.145–210　1983年
・桑山正進『カーピシー＝ガンダーラ史研究』　京都大学人文科学研究所　1990年
・桑山正進編『慧超往五天竺国伝研究』　京都大学人文科学研究所　1992年（臨川書店　1998年）
・氣賀澤保規『中国の歴史６　絢爛たる世界帝国』　講談社　2005年
・原州聯合考古隊『唐史道洛墓』（原州聯合考古隊発掘調査報告1）　勉誠出版　2000年
・呉玉貴「唐朝における東突厥の降衆の安置問題に関する一考察」　大阪経済法科大学／北京大学考古学系共編『7・8世紀の東アジア』　大阪経済法科大学出版部　pp.49–100　2000年

人の世界」・森部豊「安史の乱とソグド人」などを収載。
・榎一雄『シルクロードの歴史から』 研文出版 1979年
・榎一雄編『講座敦煌2 敦煌の歴史』 大東出版社 1980年 ▶榎一雄「漢魏時代の敦煌」・菊池英夫「隋・唐王朝支配期の河西と敦煌」・森安孝夫「ウイグルと敦煌」などを収載。
・『榎一雄著作集 第3巻 中央アジア史Ⅲ』 汲古書院 1993年
・『榎一雄著作集 第5巻 東西交渉史Ⅱ』 汲古書院 1993年
・榎本淳一「唐代の朝貢と貿易」『古代文化』50-9 pp.25-32 1998年
・岡崎勝世『聖書 vs. 世界史——キリスト教的歴史観とは何か』(講談社現代新書) 1996年
・岡崎敬編『シルクロードと仏教文化』 東洋哲学研究所 1979年 ▶岡崎敬「シルクロードの考古学」・井ノ口泰淳「シルクロード出土の仏典」・護雅夫「シルクロードとソグド人」などを収載。
・岡田英弘「中央ユーラシア史の可能性」『アジア・アフリカ言語文化研究所通信』71 pp.53-58 1991年
・岡田英弘『世界史の誕生』(ちくまライブラリー) 1992年(ちくま文庫 1999年)
・小野川秀美「河曲六胡州の沿革」『東亜人文学報』1-4 pp.193-226 1942年
・小野川秀美「鉄勒の一考察」『東洋史研究』5-2 pp.1-39 1940年
・小野川秀美「突厥碑文訳注」『満蒙史論叢』4 pp.249-425 1943年
・小野川秀美「蒙古史中世(突厥回鶻時代)」『支那周辺史(上)』 白揚社 pp.335-427 1943年
・影山悦子「サマルカンド壁画に見られる中国絵画の要素について——朝鮮人使節はワルフマーン王のもとを訪れたか」『西南アジア研究』49 pp.17-33 1998年
・影山悦子「ソグディアナにおける絹織物の使用と生産」『オリエント』45-1 pp.37-55 2002年
・影山悦子「中国北部に居住したソグド人の石製葬具浮彫」『西南アジア研究』61 pp.67-79 2004年
・片山章雄「Toquz Oγuz と「九姓」の諸問題について」『史学雑誌』90-12 pp.39-55 1981年
・片山章雄「突厥ビルゲ可汗の即位と碑文史料」『東洋史研究』51-3 pp.138-157 1992年
・金子修一『隋唐の国際秩序と東アジア』 名著刊行会 2001年
・河内春人「東アジアにおける安史の乱の影響と新羅征討計画」『日本歴

男「安史の乱と藩鎮体制の展開」などを収載。
・『岩波講座世界歴史（新版）9　中華の分裂と再生』 岩波書店　1999年　▶妹尾達彦「中華の分裂と再生」・梅村坦「草原とオアシスの世界」・川本芳昭「北朝国家論」・吉岡真「北朝・隋唐支配層の推移」などを収載。
・『岩波講座世界歴史（新版）11　中央ユーラシアの統合』 岩波書店　1997年　▶杉山正明「中央ユーラシアの歴史構図」・森安孝夫「《シルクロード》のウイグル商人」・吉田豊「ソグド語資料から見たソグド人の活動」などを収載。
・石見清裕『唐の北方問題と国際秩序』 汲古書院　1998年　▶本書執筆に利用された多数の論文を再録して重要。
・石見清裕「ラティモアの辺境論と漢〜唐間の中国北辺」『東アジア史における国家と地域』（唐代史研究会報告8）　刀水書房　pp.278–299　1999年
・石見清裕「唐の国際秩序と交易」『アジア遊学』26　pp.23–38　2001年
・石見清裕「唐の絹貿易と貢献制」『九州大学東洋史論集』33　pp.61–92　2005年
・石見清裕／森安孝夫「大唐安西阿史夫人壁記の再読と歴史学的考察」『内陸アジア言語の研究』13　中央ユーラシア学研究会　pp.93–110　1998年
・岩本篤志「「斉俗」と「恩倖」――北斉社会の分析」『史滴』18　pp.43–60　1996年
・岩本篤志「徐顕秀墓出土貴石印章と北斉政権」『史滴』27　pp.136–152　2005年
・梅村坦『内陸アジア史の展開』（世界史リブレット11）　山川出版社　1997年
・栄新江『中古中国与外来文明』　北京　生活・読書・新知三聯書店　2001年
・栄新江（西林孝浩訳）「ソグド祆教美術の東伝過程における転化――ソグドから中国へ」『美術研究』384　pp.57–73　2004年
・江上波夫編・解説『シルクロードの世界』（『現代のエスプリ』167）　至文堂　1981年
・江上波夫編『中央アジア史』（世界各国史16）　山川出版社　1987年　▶江上波夫・伊瀬仙太郎・嶋崎昌・香山陽坪・山口瑞鳳などが執筆。
・NHK「文明の道」プロジェクトほか『NHKスペシャル文明の道３　海と陸のシルクロード』 日本放送出版協会　2003年　▶吉田豊「ソグド

究』(北海道大学) 1　pp.49-92　1965年
・池田温「中国古代物価の一考察——天宝元年交河郡市估案断片を中心として(一・二)」『史学雑誌』77-1　pp.1-45　77-2　pp.45-64　1968年
・池田温「唐朝処遇外族官制略考」 唐代史研究会編『隋唐帝国と東アジア世界』汲古書院　pp.251-278　1979年
・池田温編『講座敦煌3　敦煌の社会』 大東出版社　1980年　▶菊池英夫「唐代敦煌社会の外貌」・梅村坦「住民の種族構成」・池田温「敦煌の流通経済」などを収載。
・池田温「口馬行考」『佐久間重男教授退休記念　中国史・陶磁史論集』燎原　pp.31-57　1983年
・池田温「中国古代の奴婢観」『中村治兵衛先生古稀記念　東洋史論叢』刀水書房　pp.25-44　1986年
・池田温ほか編『世界歴史大系　中国史2　三国～唐』 山川出版社　1996年
・池田温『敦煌文書の世界』 名著刊行会　2003年
・石田幹之助『長安の春』(講談社学術文庫) 1979年 (初版は創元社1941年)
・石田幹之助(解説：榎一雄)『増訂　長安の春』(東洋文庫91) 平凡社　1967年　▶初版や文庫本よりこの増訂版の方が収載論文がはるかに多く、推奨したい。
・石田幹之助『東亜文化史叢考』 (財)東洋文庫　1973年
・石田幹之助『石田幹之助著作集2　東と西』 六興出版　1985年
・石渡美江「唐鏡における西方銀器の影響」『古代オリエント博物館紀要』18　pp.213-232　1997年
・伊瀬仙太郎『中国西域経営史研究』 巌南堂書店　1968年(初版は1955年)
・伊瀬仙太郎「遊牧国家と西域人——特に西域人の背反行為を中心として」『東京学芸大学紀要　第3部門』19　pp.143-151　1967年
・井ノ口泰淳／水谷幸正共編『アジア仏教史　中国編5　シルクロードの宗教』 佼成出版社　1975年
・岩佐精一郎『岩佐精一郎遺稿』 (和田清編、岩佐傳一発行) 1936年
・『岩波講座世界歴史(旧版) 6　古代6』 岩波書店　1971年　▶榎一雄「中央アジア・オアシス都市国家の性格」・嶋崎昌「遊牧国家の中央アジア支配と中国王朝」・羽田明「ソグド人の東方活動」・山田信夫「トルキスタンの成立」・佐藤長「チベット民族の統一とラマ教の成立」・栗原益

参考文献

概説書においては他人の先行研究から多くを借用していても、それを明記しないのが一般的である。しかしここでは、本書の内容の直接的典拠や批判対象となった専門論文・著書はすべて列挙する。一方、読者の参考になると私が判断した専著・概論については、第二次世界大戦後の日本語のものを中心とし、戦前のものは原則として掲載しない。ただし、きわめて重要で評価が高い場合は、この限りでない。

配列は、著者名・編者名（なければ書名・雑誌名）の五十音順に、同一著者の場合は年代順にする。論文に頁数（pp.）を入れるのは、大作かノート程度のものかの区別をするための判断基準となるからである。長らく日中の学界では、その記載無しで通ってきたが、今やそれはグローバル＝スタンダードに反し、著書はともかく論文についてそれがない文献目録は価値が半減する。

・安部健夫『西ウィグル国史の研究』 彙文堂書店　中村印刷出版部　1955年
・荒川正晴「唐の対西域布帛輸送と客商の活動について」『東洋学報』72-3／4　pp.31-63　1992年
・荒川正晴「唐帝国とソグド人の交易活動」『東洋史研究』56-3　pp.171-204　1997年
・荒川正晴「北朝隋・唐代における「薩宝」の性格をめぐって」『東洋史苑』50／51 合併号　pp.164-186　1998年
・荒川正晴「ソグド人の移住聚落と東方交易活動」『岩波講座世界歴史（新版）15　商人と市場』岩波書店　pp.81-103　1999年
・荒川正晴「唐朝の交通システム」『大阪大学大学院文学研究科紀要』40　pp.199-335　2000年
・荒川正晴「魏晋南北朝隋唐期の通過公証制度と商人の移動」『中国の歴史世界 ――統合のシステムと多元的発展』東京都立大学出版会　pp.337-349　2002年
・荒川正晴『オアシス国家とキャラヴァン交易』（世界史リブレット62）山川出版社　2003年
・荒川正晴「唐代前半の胡漢商人と帛練の流通」『唐代史研究』7　pp.17-59　2004年
・池田温「8世紀中葉における敦煌のソグド人聚落」『ユーラシア文化研

西暦	中国・シルクロード史	日本および世界
840	ウイグル帝国、キルギスによる侵攻から崩壊。大量の人口が漠南・河西・天山地方へと移動	838年、最後の遣唐使派遣。円仁入唐 843年、ヴェルダン条約にて、フランク王国三分
845	唐で仏教・マニ教・景教などの弾圧（会昌の廃仏）	
848	沙州の張議潮、チベット帝国より独立、事実上の河西帰義軍節度使政権、成立	この頃、チベット帝国が衰亡
9世紀中葉	東部天山地方に西ウイグル王国、成立。以後、天山山脈以南のタリム盆地のトルキスタン化が進行	859年、南詔王、皇帝を称し、国号を「大礼」と改める
875	黄巣の乱、勃発	この頃、ソグディアナを中心に東イランを支配するサーマーン朝成立
880	黄巣、長安で皇帝に即位	
881	唐・僖宗、成都に蒙塵	
883	沙陀族の李克用、黄巣を破り長安を奪回。李克用、河東節度使となる	
884	黄巣の乱、終結	894年、遣唐使廃止
890年代	甘州ウイグル王国、成立	
		901年、南詔、漢人宰相の簒奪に遭い、滅亡
907	朱全忠、唐を滅ぼし、後梁を建国（五代時代の始まり）	909年、北アフリカにファーティマ朝成立
916	遼（契丹）帝国、成立	918年、高麗、成立
923	沙陀突厥系の王朝・後唐、成立（以後、後晋・後漢・後周と続く）	926年、契丹、渤海を滅ぼす
		935年、高麗、新羅を滅ぼす

西暦	中国・シルクロード史	日本および世界
	る僕固懐恩を援助。チベットが唐都長安を占領し、傀儡政権を一時的に樹立	
764	涼州が、唐からチベットの手に落ちる	恵美押勝の乱
765	唐に反乱した僕固懐恩、病没。ウイグルはチベットと袂を分かち、再び唐側に付き、チベット軍を大破	770年、阿倍仲麻呂、唐にて没する
778	ウイグル牟羽可汗、従父兄の頓莫賀達干を太原に侵入させる	
779	ウイグルの牟羽可汗、反マニ勢力を結集した頓莫賀達干のクーデターにより、側近のソグド人とともに殺される	
780	唐で両税法施行	
786	チベット、敦煌（沙州）を占領し、河西回廊を完全に掌握	
789～792	ウイグル帝国とチベット帝国、東部天山地方の領有をめぐって熾烈な北庭争奪戦をくりひろげる	
792	ウイグルが北庭争奪戦で勝利し、以後、トゥルファン盆地を含むタリム盆地北辺以北がウイグルの勢力圏、タリム盆地南辺～河西回廊以南がチベットの直轄領土となる	794年、平安京遷都
795	ウイグル帝国でヤグラカル王朝よりエディズ王朝に替わり、懐信可汗が即位	
9世紀の第1=四半世紀	ウイグル帝国・チベット帝国がともに絶頂期	800年、カール大帝、西ローマ皇帝戴冠 802年、カンボジアにアンコール王国成立 804年、最澄・空海、入唐
821	唐より太和公主がウイグルに嫁ぐ	
821～823	唐とチベット、会盟を結び（唐蕃会盟碑）、さらにウイグルが加わって三国会盟が成立	

西暦	中国・シルクロード史	日本および世界
751	タラス河畔の戦い。カルルクの寝返りにより、唐が大食（イスラム軍）に敗北。この年、安禄山、さらに河東節度使までも兼任	フランク王国カロリング朝、成立 752年、東大寺創建、大仏開眼供養。ジャワにシャイレンドラ朝が成立
753	唐、チベットよりバルチスタンを奪取	鑑真、日本に渡る 754年、南詔、唐に大勝
755	安史の乱、勃発	
756	安禄山、洛陽で大燕聖武皇帝として即位。唐・玄宗皇帝、長安から蜀へ蒙塵する。玄宗に代わった粛宗が、ウイグル帝国に援軍を求め遣使。ウイグルの磨延啜（葛勒可汗）は軍を出動させ、オルドス地方を安定させる	イベリア半島に後ウマイヤ朝成立。フランク王国・ピピン、ラヴェンナを教皇に寄進
757	安禄山、安慶緒らに暗殺され、史思明が独立を図る。唐・ウイグル連合軍、洛陽を一時的に奪回。ウイグル帝国、セレンゲ河畔にソグド人・漢人のためにバイバリク城を築く	
758	ウイグル、唐に公主降嫁を要請し、唐はそれを容認	
759	史思明、大燕皇帝として即位。ウイグルの牟羽可汗、即位	
760	史思明、洛陽に入城	
762	ウイグル帝国の牟羽可汗、史朝義に誘われ唐を侵略するが、かえって唐軍とともに洛陽を奪還。 安禄山の仮子である張忠志、五州をもって唐側に帰順し、唐はこれを成徳軍節度使に任命し、李姓を与える（李宝臣）	
763	安史の乱、終結。牟羽可汗、安史の乱に際して進駐した洛陽から、マニ教僧侶を連れ帰る。唐の僕固懐恩が反乱を起こす。ウイグル牟羽可汗はチベットとともに、妻の実父であ	

西暦	中国・シルクロード史	日本および世界
713〜715	突厥、三次にわたり唐の北庭を攻撃。この頃、突騎施も蘇禄のもとで復興	713年、震国王、唐から「渤海郡王」に冊封され、震国は「渤海」と改称する
714・715	突厥、カルルク遠征	
716	突厥のカプガン可汗、非業の死。ビルゲ可汗、キョルテギン兄弟が奪権し、カプガン一派を粛清	
718	唐、安西節度使を設置	717年、玄昉・吉備真備・阿倍仲麻呂ら入唐
719	突騎施の勢力伸張により、唐は砕葉鎮を放棄	
720	唐・玄宗、突厥ビルゲ可汗を包囲攻撃しようと企図。突厥は逆に唐の北庭・河西に進撃	『日本書紀』完成
721〜722	オルドスの六州胡、唐に対して反乱	
722	唐で募兵制の萌芽始まる	
725	玄宗、泰山で封禅の儀を挙行	727年、渤海の使者、日本に至る
		732年、フランク王国、トゥール・ポワティエ間の戦いで、ウマイヤ朝軍を退ける
742	バスミル・カルルク・ウイグルが連合し、突厥第二帝国の骨咄葉護可汗を敗走させ、バスミルの阿史那施を可汗に推戴。この年、安禄山、平盧節度使となる	738年、南詔王、唐から「雲南王」に冊封される
744	バスミル・カルルク・ウイグル、突厥遺民の烏蘇米施可汗を捕殺し、首級を長安に送る。次いで、ウイグル・カルルク、連合してバスミルを破る。さらにウイグルの骨力裴羅が闕毗伽可汗として即位し、ウイグル帝国（東ウイグル可汗国）成立。この年、安禄山、范陽節度使を兼任	740年、藤原広嗣の乱 741年、国分寺建立の詔 743年、墾田永年私財法
745	カルルク、ウイグルと不和となり、主部はセミレチエへと移動	
8世紀中葉	ソグディアナ、アッバース朝の直接支配下に入り、以後イスラム化が進行	750年、南詔、唐から離反し、チベットと同盟。ウマイヤ朝滅亡し、アッバース朝成立

西暦	中国・シルクロード史	日本および世界
691	突厥でイルテリシュ可汗の弟・黙啜がカプガン可汗として即位。周（唐）では仏教を道教より上位に置く	
692	周（唐）、旧西突厥の突騎施と連合して西域に進出していたチベット軍を撃破し、安西都護府を再び亀茲に進出させる	
693	突厥第二帝国のカプガン可汗、オルドス西端の霊州に侵入後、周（唐）と和親	
694	マニ教が中国に公式伝播	藤原京遷都
695	則天武后の命により洛陽に天枢を建立	
696	突厥のカプガン可汗、契丹の反乱に際して周（唐）側で討伐に参加し、冊立される。カプガンは則天武后に対し、突厥降戸の返還・単于都護府の地の割譲を要求	
698	突厥、大軍を華北各地に放ち、人的資源として大量の漢人男女を略奪	震（渤海）、建国
701・702	突厥、オルドスに進軍し、六州胡を経略	701年、大宝律令完成
702	周（唐）、天山北路東端部の庭州金満城に北庭都護府を設置。この頃、突騎施、天山北路の中西部で勢力増大	
703	突厥、バスミルを征伐	
705	則天武后が失脚し、国号が周より唐に戻る	
708	唐、黄河大屈曲部の北側に突厥に対する受降城を設置	
708・710	突厥、突騎施に遠征	
709	イスラム軍、ソグディアナのブハラを征服	
709・710	突厥、チク・キルギスに遠征	
710	唐の安西都護府、突厥第二帝国の遠征軍に一時的に屈す。唐、河西節度使を設置（節度使の起源）	平城京遷都
712	唐・玄宗、即位。イスラム軍、ソグディアナのサマルカンドを制圧	711年、イスラム軍、イベリア半島の西ゴート王国を滅ぼす

西暦	中国・シルクロード史	日本および世界
668	唐、新羅と共同して高句麗を滅ぼす。平壌に安東都護府設置	667年、近江大津宮に遷都
669	唐、瀚海都護府を安北都護府と改称	
670	チベットの于闐侵攻により、唐の安西都護府は亀茲から西州に退却。チベットの西域支配拡大。唐は安西四鎮を一旦廃止	
671	義浄、海路でインドに向かう	672年、壬申の乱
674	唐、皇帝を天皇、皇后を天后と改称。これを二聖と称す	676年、新羅、朝鮮半島を統一 678年、チベット（吐蕃）、唐と青海で戦い、大勝
679	唐、霊州～夏州南境にいたソグド人・ソグド系突厥のもとに六胡州を設置。唐の裴行倹が阿史那都支に率いられた旧西突厥勢力を打倒し、唐の駐留軍のために砕葉鎮を建設。焉耆に代わって砕葉が安西四鎮の一つとなる。唐、ベトナムに安南都護府を置く	ブルガール汗国成立
682	突厥の阿史那骨咄禄、イルテリシュ可汗と号し、突厥帝国を再興（突厥第二帝国成立）	
683	突厥のイルテリシュ可汗、唐の単于都護府を陥落させる	
685	唐の安北都護府、漠北から河西のエチナ地方へ撤退	
686	漠北の大旱魃により、鉄勒の難民がゴビを渡って河西地方に流入	
686～687	突厥第二帝国、本拠地を漠北のオルホン河～オトュケン山地方に移す	
687	チベットの西域進出が再び活発化	
689	則天文字制定	
690	武周革命により則天武后が皇帝として即位。諸州に大雲寺を置く	

西暦	中国・シルクロード史	日本および世界
	ドより大量の仏典を携えて帰国	645年、大化改新。蘇我氏滅ぶ
646	唐・太宗、薛延陀を倒し、漠北モンゴリアの鉄勒諸部を服属させる。玄奘の『大唐西域記』成る	
647	唐、ウイグルの要請により、漠北の鉄勒諸部に対し6羈縻府と7羈縻州を設定し、これらを統轄する燕然都護府を漠南に設置	
648	唐、高句麗遠征に失敗。西突厥の阿史那賀魯、庭州に内属して、唐の羈縻を認める。唐、亀茲を征服	
649	唐、焉耆・亀茲・疏勒・于闐に軍を送り、安西四鎮を創設。唐、漠南の突厥遺民に対し、定襄・雲中両都督府へ編成替え	
651	西突厥の阿史那賀魯、再独立をめざしトルコ系諸部を統合して唐に叛旗を翻す。唐の西域支配体制は一時瓦解	ササン朝ペルシア、滅亡 652年、班田収授法を施行
657	西突厥の阿史那賀魯、唐に敗北	
658	唐、安西都護府を西州から亀茲に移し、ソグディアナに康居都督府を置く	
659	旧西突厥の思結部のキョルイルキン都曼が于闐を攻撃するが、唐の蘇定方に打破される。唐の西域支配、一時的に伸張	
660	鉄勒諸部、唐に対し反乱を起こす	新羅・唐、百済を撃ち、扶余を陥落させる
661	パミール以西の16国にそれぞれ都督府を設置し、すべて安西都護府の監督下に置く	ウマイヤ朝、成立
662	唐、鉄勒諸部の反乱に対し、大規模出兵	
663	唐、鉄勒諸部の反乱を鎮圧し、燕然都護府を瀚海都護府と改称して漠北に移置。漠南には雲中都護府を新設し、突厥降戸を統治	百済遺民・日本、白村江の戦いにて唐・新羅に大敗。唐、百済の地を占領。チベット帝国、吐谷渾を滅ぼす
664	唐、雲中都護府を単于都護府と改称。唐の政治の実権は高宗から則天武后に移る	

西暦	中国・シルクロード史	日本および世界
626～627	東突厥支配下のモンゴリアで、九姓鉄勒諸部が反乱	
627～628	玄奘、河西回廊を通過し、トゥルファンの麴氏高昌国に至る	
628	玄奘、西部天山北麓の砕葉にて、西突厥の統葉護可汗に謁見	
629	唐、薛延陀の夷男を真珠毗伽可汗として冊立。突厥の東面の小可汗である突利可汗、唐に来降	ソンツェン＝ガンポ、チベット（吐蕃）皇帝に即位
630	唐、東突厥ならびに隋亡命政権を滅ぼす。ソグド人を含む大量の突厥遺民が唐国内に流入。ソグド人首領の石万年に率いられていたハミ地方の七城が唐に服属。唐はハミに西伊州を置く	第一回遣唐使派遣
632	唐、ハミの西伊州を伊州と改める	遣唐使、唐使高表仁を伴い、帰国
634	唐、吐谷渾征伐開始。チベット帝国、初めて唐に遣使	
635	唐、吐谷渾を征服し、傀儡政権化	
639	突利可汗の弟である結社率が、唐に反乱を起こす。唐は阿史那思摩に李姓を賜り、新可汗に冊立し、突厥遺民を漠南の旧地に帰す	
640	唐、麴氏高昌国を滅ぼす。その首都を西州と改称し、そこに安西都護府を設置。天山を挟んで西州と対置する北麓の地に庭州を置き、西突厥に備える	
641	薛延陀の夷男、嫡子に鉄勒諸部を率いさせ、漠南の新突厥集団を攻撃。この年、文成公主、チベットに降嫁	642年、イスラム軍、ニハーヴェンドの戦いでササン朝ペルシアを破る
643	阿史那思摩の率いる新突厥集団内部に反乱が起こり、阿史那思摩はオルドスに逃げ帰る	
644	唐、西突厥勢力下の焉耆を征服。玄奘、イン	

西暦	中国・シルクロード史	日本および世界
	で突厥軍に包囲され窮地に陥る	616年、ササン朝ペルシアがエジプトへ遠征
617	李淵、太原で挙兵し、南下して長安城に入る。煬帝の孫の楊侑を擁立し、自らは唐王となる。李軌、涼州（武威）に政権樹立	
618	隋・煬帝、揚州（江都）にて部下の反乱に遭い、殺される。高祖（李淵）、唐を建国し、武徳と改元	
619	涼州ソグド人安氏、群雄・李軌を捕らえ、河西の地を唐に献上。群雄・劉武周、太原を陥れる。この年、唐、租庸調制	アヴァール族、ビザンツ帝国領を侵寇
620	東突厥・処羅可汗の方針転換で、突厥が唐と連合し、劉武周を破る	
621	東突厥・頡利可汗、万余騎を率いて群雄・苑君璋の軍とともに山西の雁門を攻撃	
622	東突厥・頡利可汗、群雄・劉黒闥と連合、自らも数万騎を率いて山西〜オルドス各地を席巻	ムハンマド、聖遷。ヘジラ暦元年
623	唐、隋末唐初の群雄の多くを鎮圧し、619年設置の関中十二軍を廃止	吐谷渾と党項、唐の河州に侵攻
624	東突厥・頡利可汗、突利可汗とともに寧夏の固原方面から長安の北わずか100キロにまで侵入	
625	唐、関中十二軍を再度設置（最高指揮官はソグド人安修仁を含め李淵派のみ、李世民派を締め出す）。東突厥・頡利可汗、10万の軍で山西〜オルドス各地に侵入	
626	唐の李世民、玄武門の変を起こし、兄と弟を殺害（この時、ソグド人安興貴父子は李世民側にいた）。李世民はまず皇太子となり、次いで父・李淵を退位させ、太宗として即位。玄武門の変による唐の混乱を見て、頡利可汗は長安北郊に迫り、太宗と対峙するも退却	

西暦	中国・シルクロード史	日本および世界
	ロス）が、配下のソグド商人マニアクを派遣し、突厥と東ローマ（ビザンツ）帝国との間で直接の絹貿易ルートを開くことを企図	この頃、突厥・ササン朝ペルシアが連合してエフタルを滅ぼす
572	突厥第一帝国、他鉢可汗即位	
574	北周・武帝、廃仏を断行	
577	北周・武帝、北斉を滅ぼす	
578	北周、突厥・北斉亡命政権連合に対し勝利	
581	文帝（楊堅）、北周の禅譲を受けて隋を建国	
583	隋、大興城（長安）に遷都。突厥第一帝国、東西分裂の様相を呈す	
589	隋、南朝の陳を倒し、中国全土を統一	
599	東突厥の突利可汗が隋に降り、隋はこれを啓民可汗として冊立し、義城公主を降嫁	593年、聖徳太子、摂政となる
604	隋、煬帝即位	
605	西突厥に隷属していた鉄勒部の契苾哥楞が易勿真莫賀可汗となり、東部天山地方に覇を唱え、高昌国に重臣を派遣して往来する商胡より徴税	603年、冠位十二階を制定 606年、インドにヴァルダナ朝成立（戒日王即位）
	この頃、大運河の建設進行	
607	隋・煬帝、漠南にある啓民可汗の牙帳を訪問	小野妹子を隋に派遣。法隆寺創建 608年、隋・煬帝、裴世清を倭国に遣わす。
609	隋・煬帝、吐谷渾を親征	高向玄理ら、隋に留学
610	隋、伊吾（ハミ）を占領	610年頃　ムハンマド、イスラム教の布教開始
612～614	隋、３回の高句麗遠征にいずれも失敗	
614	東突厥内のソグド人・史蜀胡悉の率いる一団、隋の名臣・裴矩の計略により馬邑（朔州）に設けられた互市場におびきだされて皆殺しにあう	
615	東突厥・始畢可汗、軍団を率いて大同盆地西部へ南下入寇。出征した隋・煬帝、雁門付近	

西暦	中国・シルクロード史	日本および世界
442	北涼の残党、トゥルファンを攻略（高昌国の起源）	
452	ソグド王の請願により北魏の捕虜となっていたソグド人を解放	
		476年、西ローマ帝国、滅亡
		478年、倭王・武、宋に遣使
		481年、フランク王国、成立
485	北魏、均田制を施行	
490	高車国王・阿伏至羅、ソグド人・商胡越者を北魏洛陽に遣使	
494	北魏、洛陽に遷都	
501	トゥルファン盆地に麹氏高昌国、成立	6世紀　ササン朝ペルシア、最盛期。クメール人、真臘を建国
523	北魏で六鎮の乱勃発	
534	柔然可汗の阿那瓌、北魏最末期の混乱に乗じて侵攻する意図で使者を北魏に派遣（使節団中にソグド人・安吐根が含まれる）	520年、新羅、律令を公布
534	年末～翌年初、北魏が東魏・西魏に分裂	527年、筑紫国造磐井の乱。ビザンツ帝国でユスティニアヌス帝即位
541	東魏と柔然、婚姻によって和親	
545	西魏の実権を握る宇文泰、酒泉のソグド人安諾槃陀を公式使節団の長として突厥に派遣	
6世紀中葉	突厥、モンゴリア西部のアルタイ地方から勃興	
546	突厥の首長ブミン（土門）、西魏に遣使	
550	東魏より禅譲を受けて北斉成立	
552	ブミン、伊利可汗と号し、突厥第一帝国、成立	百済・聖明王、日本に仏像・経論を献じる
553	西魏、四川を南朝の梁から奪取し、吐谷渾と南朝の通行を断つ	
556~557	西魏が滅亡し、北周が成立	562年、新羅、任那を得る。加羅諸国、滅亡
568	突厥の西面可汗イステミ（室点蜜、ディザブ	

年　表

西暦	中国・シルクロード史	日本および世界
3世紀	ソグド商人、三国志時代の中国に登場	239年、邪馬台国・卑弥呼、魏へ遣使し親魏倭王の印綬を受ける
311	西晋・懐帝、永嘉の乱にともなう混乱で洛陽脱出を図り、匈奴の劉聰に捕縛される	
312～314	敦煌西方出土のソグド語古代書簡の作成年代	
313	劉聰、懐帝を殺害	高句麗、楽浪郡を滅ぼす。コンスタンティヌス帝、ミラノ勅令によりキリスト教を公認 320年頃　グプタ朝、成立
335	西域僧・仏図澄、後趙の国師となる	４世紀中葉　百済と新羅、成立 375年、西ゴート族、ドナウ川を南に渡りローマ領に入る
386	拓跋珪、北魏を建国	391年、高句麗・広開土王即位。倭軍、百済・新羅軍を破る 395年、ローマ帝国、東西に分裂
399	法顕、インドへ求法の旅に出発	
401	西域僧・鳩摩羅什、長安に到着	５世紀　エフタル、強盛。グプタ朝最盛期
402	柔然、モンゴリアで可汗を称す	
429	北魏の世祖太武帝、モンゴリアへ遠征し、柔然の大檀可汗に大勝。既に柔然中に涼州のソグド人あり	413年、倭王・讃、東晋に遣使 427年、高句麗、平壌に遷都
439	北魏、河西地方を支配していた北涼を征服し、華北統一。北涼の首都・姑臧（涼州・武威）より、人的資源としてソグド人を含む三万余家を北魏の首都・平城（大同）に徙民	

〈ワ　行〉

地図一覧（掲載順）

〈ヤ　行〉

〈ラ　行〉

〈マ　行〉

〈ナ　行〉

〈ハ　行〉

〈タ　行〉

〈サ　行〉

〈カ　行〉

索引

一般的な国名・地名や本巻全体にわたって頻出する用語(遊牧、突厥・ウイグル・ソグド人、中国の王朝名など)については省略するか、主要な記載のあるページのみを表示する。

〈ア　行〉

KODANSHA

本書の原本は、二〇〇七年二月、「興亡の世界史」第05巻として
小社より刊行されました。

森安孝夫（もりやす　たかお）

1948年福井県生まれ。東京大学文学部卒業。同大学院在学中に、フランス政府給費留学生としてパリ留学。金沢大学助教授、大阪大学教授、近畿大学特任教授などを経て、（財）東洋文庫監事・研究員、大阪大学名誉教授。博士（文学）。おもな著書に『ウイグル＝マニ教史の研究』『東西ウイグルと中央ユーラシア』『シルクロード世界史』、編著書に『中央アジア出土文物論叢』ほか。2024年没。

講談社学術文庫

定価はカバーに表示してあります。

興亡の世界史

シルクロードと唐《とう》帝《てい》国《こく》

森安《もりやす》孝《たか》夫《お》

2016年３月10日　第１刷発行
2025年１月16日　第10刷発行

発行者　篠木和久
発行所　株式会社講談社
東京都文京区音羽2-12-21　〒112-8001
電話　編集（03）5395-3512
販売（03）5395-5817
業務（03）5395-3615

装　幀　蟹江征治
印　刷　大日本印刷株式会社
製　本　株式会社国宝社

ISBN978-4-06-292351-4

「講談社学術文庫」の刊行に当たって

これは、学術をポケットに入れることをモットーとして生まれた文庫である。学術は少年の心を養い、成年の心を満たす。その学術がポケットにはいる形で、万人のものになることは、生涯教育をうたう現代の理想である。

こうした考え方は、学術を巨大な城のように見る世間の常識に反するかもしれない。また、一部の人たちからは、学術の権威をおとすものと非難されるかもしれない。しかし、それはいずれも学術の新しい在り方を解しないものといわざるをえない。

学術は、まず魔術への挑戦から始まった。やがて、いわゆる常識をつぎつぎに改めていった。学術の権威は、幾百年、幾千年にわたる、苦しい戦いの成果である。こうしてきずきあげられた城が、一見して近づきがたいものにうつるのは、そのためである。しかし、学術の権威を、その形の上だけで判断してはならない。その生成のあとをかえりみれば、その根は常に人々の生活の中にあった。学術が大きな力たりうるのはそのためであって、生活をはなれた学術は、どこにもない。

開かれた社会といわれる現代にとって、これはまったく自明である。生活と学術との間に、もし距離があるとすれば、何をおいてもこれを埋めねばならない。もしこの距離が形の上の迷信からきているとすれば、その迷信をうち破らねばならぬ。

学術文庫は、内外の迷信を打破し、学術のために新しい天地をひらく意図をもって生まれた。文庫という小さい形と、学術という壮大な城とが、完全に両立するためには、なおいくらかの時を必要とするであろう。しかし、学術をポケットにした社会が、人間の生活にとってより豊かな社会であることは、たしかである。そうした社会の実現のために、文庫の世界に新しいジャンルを加えることができれば幸いである。

一九七六年六月　　　　野間省一

中世ヨーロッパの歴史

堀越孝一著

ヨーロッパとは何か。その成立にキリスト教が果たした役割とは？　地中海古代社会から森林と原野の内陸部へ展開、多様な文化融合がもたらしたヨーロッパ世界の形成過程を「中世人」の眼でいきいきと描きだす。

1763

中世ヨーロッパの都市の生活

J・ギース、F・ギース著／青島淑子訳

一二五〇年、トロワ。年に二度、シャンパーニュ大市が開催され、活況を呈する町を舞台に、ヨーロッパの人々の暮らしを逸話を交え、立体的に再現する。活気に満ち繁栄した中世都市の実像を生き生きと描く。

1776

十二世紀ルネサンス

伊東俊太郎著（解説・三浦伸夫）

中世の真っ只中、閉ざされた一文化圏であったヨーロッパが突如として「離陸」を開始する十二世紀。多くの書がラテン訳され充実する知的基盤。先進的アラビアに接し文明形態を一新していく歴史の動態を探る。

1780

紫禁城の栄光　明・清全史

岡田英弘・神田信夫・松村　潤著

十四～十九世紀、東アジアに君臨した二つの帝国。遊牧帝国と農耕帝国の合体が生んだ巨大な多民族国家・中国。政治改革、広範な交易網、度重なる戦争……。シナが中国へと発展する四百五十年の歴史を活写する。

1784

文明の十字路＝中央アジアの歴史

岩村　忍著

ヨーロッパ、インド、中国、中東の文明圏の間に生きた中央アジアの民。東から絹を西から黄金を運んだシルクロード。世界の屋根に分断されたトルキスタン。草原の民とオアシスの民がくり広げた壮大な歴史とは？

1803

生き残った帝国ビザンティン

井上浩一著

興亡を繰り返すヨーロッパとアジアの境界、「文明の十字路」にあって、なぜ一千年以上も存続しえたか。皇帝・貴族・知識人は変化にどう対応したか。ローマ皇帝の改宗から帝都陥落まで「奇跡の一千年」を活写。

1866

ウィリアム・H・マクニール著／清水廣一郎訳
ヴェネツィア 東西ヨーロッパのかなめ　1081〜1797

ベストセラー『世界史』の著者のもうひとつの代表作。十字軍の時代からナポレオンによる崩壊まで、軍事・造船・行政の技術や商業資本の蓄積に着目し、地中海最強の都市国家の盛衰と、文化の相互作用を描き出す。

2192

パット・バー著／小野崎晶裕訳
イザベラ・バード 旅に生きた英国婦人

日本、チベット、ペルシア、モロッコ……。外国人が足を運ばなかった未開の奥地まで旅した十九世紀後半の最も著名なイギリス人女性旅行家。その幼少期から異国での苦闘、晩婚後の報われぬ日々まで激動の生涯。

2200

南川高志著
ローマ五賢帝「輝ける世紀」の虚像と実像

賢帝ハドリアヌスは、同時代の人々には恐るべき「暴君」だった！「人類が最も幸福だった」とされるローマ帝国最盛期は、激しい権力抗争の時代でもあった。平和と安定の陰に隠された暗闘を史料から解き明かす。

2215

川北　稔著
イギリス　繁栄のあとさき

今日英国から学ぶべきは、衰退の中身である——。産業革命を支えたカリブ海の砂糖プランテーション。資本主義を担ったジェントルマンの非合理性……。世界システム論を日本に紹介した碩学が解く大英帝国史。

2224

本村凌二著
愛欲のローマ史 変貌する社会の底流

カエサルは妻に愛をささやいたか？　古代ローマ人の愛と性のかたちを描き、その内なる心性と歴史の深層をとらえる社会史の試み。性愛と家族をめぐる意識の変化は、やがてキリスト教大発展の土壌を築いていく。

2235

笈川博一著
古代エジプト 失われた世界の解読

二七〇〇年余り、三十一王朝の歴史を繙く。ヒエログリフ（神聖文字）などの古代文字を読み解き、『死者の書』から行政文書まで、資料を駆使して、宗教、死生観、言語と文字、文化を概観する。概説書の決定版！

2255

学術文庫版

興亡の世界史 全21巻

編集委員＝青柳正規　陣内秀信　杉山正明　福井憲彦

アレクサンドロスの征服と神話……………森谷公俊
シルクロードと唐帝国…………森安孝夫
モンゴル帝国と長いその後…………杉山正明
オスマン帝国500年の平和…………林 佳世子
大日本・満州帝国の遺産…………姜尚中・玄武岩
ロシア・ロマノフ王朝の大地…………土肥恒之
通商国家カルタゴ…………栗田伸子・佐藤育子
イスラーム帝国のジハード…………小杉 泰
ケルトの水脈…………原 聖
スキタイと匈奴 遊牧の文明…………林 俊雄
地中海世界とローマ帝国…………本村凌二
近代ヨーロッパの覇権…………福井憲彦
東インド会社とアジアの海…………羽田 正
大英帝国という経験…………井野瀬久美惠
大清帝国と中華の混迷…………平野 聡
人類文明の黎明と暮れ方…………青柳正規
東南アジア 多文明世界の発見…………石澤良昭
イタリア海洋都市の精神…………陣内秀信
インカとスペイン 帝国の交錯…………網野徹哉
空の帝国 アメリカの20世紀…………生井英考
人類はどこへ行くのか…………大塚柳太郎　応地利明　森本公誠
松田素二　朝尾直弘　ロナルド・トビ ほか

いかに栄え、なぜ滅んだか。今を知り、明日を見通す新視点！